高等学校土木工程专业"十四五"系列教材

地铁隧道工程

主　编　邹宝平
副主编　牟军东　程思齐　胡如盛　谢仁良　刘晓岩

中国建筑工业出版社

图书在版编目（CIP）数据

地铁隧道工程 / 邹宝平主编；牟军东等副主编. — 北京：中国建筑工业出版社，2025.3. — （高等学校土木工程专业"十四五"系列教材）. — ISBN 978-7-112-30939-9

Ⅰ. U231.3

中国国家版本馆 CIP 数据核字第 2025DW3998 号

本教材为普通高等教育土建类专业教材，主要介绍地铁隧道工程的地质勘察和线路设计方法与施工技术。全书共分 9 章，主要内容包括绪论、地铁隧道工程地质勘察、地铁隧道线路设计与选择、明挖法施工技术、矿山法施工技术、盾构法施工技术、施工监控量测、安全风险管控与应急管理和日常运营与保护。

本书可作为高等学校土建工程和轨道交通领域中土木工程、城市地下空间工程、隧道工程、城市轨道交通工程、岩土工程等专业本科生和研究生的教学用书，也可供相关专业技术人员在从事地铁工程建设的管理、设计、施工、勘察和监理等工作时参考。

本书配备课件，请选用此教材的教师通过以下方式获取：1. 邮箱：jckj@cabp.com.cn；2. 电话：(010)58337285。

责任编辑：赵　莉　吉万旺
责任校对：张惠雯

高等学校土木工程专业"十四五"系列教材

地铁隧道工程

主　编　邹宝平
副主编　牟军东　程思齐　胡如盛　谢仁良　刘晓岩

*

中国建筑工业出版社出版、发行（北京海淀三里河路 9 号）
各地新华书店、建筑书店经销
北京红光制版公司制版
三河市富华印刷包装有限公司

*

开本：787 毫米×1092 毫米　1/16　印张：12　字数：289 千字
2025 年 3 月第一版　2025 年 3 月第一次印刷
定价：32.00 元（赠教师课件）
ISBN 978-7-112-30939-9
(44660)

版权所有　翻印必究
如有内容及印装质量问题，请与本社读者服务中心联系
电话：(010) 58337283　QQ：2885381756
（地址：北京海淀三里河路 9 号中国建筑工业出版社 604 室　邮政编码：100037）

本书编委会

主　编　邹宝平

副主编　牟军东　程思齐　胡如盛　谢仁良　刘晓岩

参　编　牛要闯　陈　鎏　赵　保　葛　潇　金晓波
　　　　　邓沿生　陈其志　陈永国　冉　龙　吴李泉
　　　　　孔勃文　曹春晖　陈云腾

序

  随着城市建设的步伐不断加快,城市轨道交通建设也迎来了新的里程碑。截至 2024 年 12 月,31 个省(自治区、直辖市)和新疆生产建设兵团共有 54 个城市开通运营城市轨道交通线路 331 条,运营里程 10945.6km。地铁隧道工程是城市轨道交通的重要组成部分,起连接地铁站点和承载列车运行的作用,其建设质量至关重要。目前有关隧道工程的专业教材内容主要集中在矿山法隧道、铁路隧道和公路隧道方面,由于地铁隧道多位于人流密集的市区中心或其周边地域,具有建筑物密集、建筑物结构类型变化大、地下管线种类繁多、交通情况复杂和施工场地狭小等特点,因而其设计方法和施工技术与传统的矿山法隧道等存在显著差异,因此亟需编写能反映地铁隧道工程学科领域最新知识和行业产业最新发展趋势的专业教材。

  该书作者从绪论、地铁隧道工程地质勘察、地铁隧道线路设计与选择、明挖法施工技术、矿山法施工技术、盾构法施工技术、施工监控量测、安全风险管控与应急管理以及日常运营与保护等方面总结和归纳了地铁隧道工程的全过程建造技术,同时用习近平新时代中国特色社会主义思想铸魂育人,始终把思想政治教育贯穿于教材体系,为打造培根铸魂、启智增慧的高质量教材贡献了力量。

  编写一本高质量的地铁隧道工程教材是一项艰巨、复杂的工作。该书历经五年的努力,参考了大量的国内外已出版的相关规范、标准、书籍和刊物,得到了许多单位的大力支持,是高校与行业产业部门共同合作的成果,是对地铁隧道工程的系统总结和归纳,凝结了作者多年的工程智慧,内容丰富,数据翔实,具有重要的教学参考价值和工程指导意义。因此,我十分乐意向广大读者推荐这本教材。

中国科学院院士 何满潮
2025 年 2 月 10 日

前　言

随着城市化向更高级阶段迈进，以及城市群战略的实施，经济结构调整和产业升级，城市轨道交通迎来了新一轮的高质量发展。地铁隧道工程是城市轨道交通的重要组成部分，其建设过程面临地质条件多样化、跨江越海常态化、结构断面多元化、建设环境复杂化等诸多难题，加之新技术、新方法不断出现以及现有主要设计规范和标准的较大变化，因而对地铁隧道勘察、设计、施工、监测、安全风险管控等均提出了非常高的要求，因此亟需对专业教材进行更新和完善。在总结近年来杭州、广州、上海、北京等城市地铁隧道工程新技术和新方法的基础上，结合多年地铁隧道工程的教学、科研和实践经验，编写了本教材。

本书在总结和归纳地铁隧道工程的基本理论、工程案例等方面的知识与规范的基础上，汇编为9章，主要内容包括绪论、地铁隧道工程地质勘察、地铁隧道线路设计与选择、明挖法施工技术、矿山法施工技术、盾构法施工技术、施工监控量测、安全风险管控与应急管理、日常运营与保护。本书由浙江科技大学邹宝平担任主编，杭州市地铁集团有限责任公司牟军东、杭州市建设工程质量安全监督总站程思齐、中铁隧道局集团有限公司市政工程公司胡如盛、中铁二局集团有限公司浙江分公司谢仁良、中铁十六局集团北京轨道交通工程建设有限公司刘晓岩担任副主编，浙江科技大学邓沿生、陈其志、陈永国、冉龙、吴李泉、孔勃文、曹春晖，中铁隧道局集团有限公司市政工程公司牛要闯，中铁十六局集团北京轨道交通工程建设有限公司陈鎏，中铁三局集团桥隧工程有限公司赵保，上海市政工程设计研究总院（集团）有限公司轨道交通与铁路设计研究院葛潇、金晓波，绍兴市交通投资集团有限公司陈云腾等担任本书的编委。具体分工如下：邹宝平、邓沿生、冉龙编写了第1章，邹宝平、陈鎏、刘晓岩、吴李泉编写了第2章，牟军东、葛潇、金晓波、邓沿生编写了第3章，程思齐、陈其志编写了第4章，胡如盛、赵保、孔勃文编写了第5章，邹宝平、牛要闯、曹春晖编写了第6章，谢仁良、陈云腾、邓沿生编写了第7章，刘晓岩、陈云腾、陈鎏、陈永国编写了第8章，邹宝平、牟军东、冉龙编写了第9章，陈骏、黄楷、尹佳浩、胡波、孔永欢、陈玉、夏克俭、沈宸介、潘志伟、张睿淏等参与了本书的整理、编写、绘图工作。全书由邹宝平统稿、校稿，由夏建中主审。杭州市地铁集团有限责任公司张金荣和赵胜利、广东华隧建设集团股份有限公司邝光霖、绍兴市轨道交通集团有限公司卢慈荣、中国矿业大学（北京）陶志刚、中铁二局集团有限公司李德明对本书提供了素材和编写建议。

本书以反映本学科领域的最新知识、科研进展、行业产业最新发展趋势和实践创新成果的编写理念为基础，依据现行规范、标准和工程案例，与行业产业部门联合，系统归纳和总结地铁隧道工程全过程建设的重难点，力求知识系统、概念明确，始终将思想政治教育与文化知识融合，较全面地反映当前地铁隧道工程的知识和内容。本书建议教学学时为32～60学时，读者可根据自身教学大纲和教学要求，合理安排学时。

在本书的编写过程中，参阅和引用了许多专家学者的著作及其他研究成果，参考文献中列出部分文献，在此表示诚挚的谢意。由于编者水平有限，本书难免有疏漏和不足之处，敬请读者批评指正，多提宝贵意见，以便我们进一步修改和完善。

编者

2024 年 12 月

目 录

第1章 绪论 ... 1
1.1 地铁隧道的基本概念 ... 1
1.2 地铁隧道工程的特点 ... 2
1.3 地铁隧道工程的发展历程 ... 3
1.4 地铁隧道工程发展存在的问题 ... 6
1.5 地铁隧道工程的发展趋势 ... 7
1.6 本章小结 ... 8
思考题 ... 8

第2章 地铁隧道工程地质勘察 ... 9
2.1 地铁隧道工程勘察方法 ... 9
2.2 地铁隧道地质勘察 ... 13
2.3 地铁隧道地下水勘察 ... 16
2.4 成果分析与勘察报告 ... 17
2.5 本章小结 ... 19
思考题 ... 19

第3章 地铁隧道线路设计与选择 ... 20
3.1 地铁隧道线路设计 ... 20
3.2 地铁隧道线形设计 ... 22
3.3 地铁隧道横断面设计 ... 25
3.4 工程案例 ... 29
3.5 本章小结 ... 33
思考题 ... 34

第4章 明挖法施工技术 ... 35
4.1 施工准备 ... 35
4.2 明挖法基坑围护结构 ... 35
4.3 基坑开挖与回填 ... 42
4.4 钢筋工程 ... 44
4.5 模板与支架 ... 45
4.6 混凝土浇筑 ... 46
4.7 工程案例 ... 47
4.8 本章小结 ... 50

思考题 50

第5章 矿山法施工技术 51
5.1 施工准备 51
5.2 地层超前支护与加固 52
5.3 隧道开挖 55
5.4 初期支护 67
5.5 二次衬砌 74
5.6 洞内防排水 75
5.7 工程案例 77
5.8 本章小结 86
　　思考题 86

第6章 盾构法施工技术 87
6.1 施工准备 87
6.2 掘进施工 88
6.3 管片拼装 97
6.4 壁后注浆 100
6.5 特殊地段施工 101
6.6 工程案例 104
6.7 本章小结 112
　　思考题 112

第7章 施工监控量测 113
7.1 工程影响分区与监测范围 113
7.2 工程监测等级划分 114
7.3 监测项目及要求 116
7.4 支护结构和周围岩土体监测点布设 120
7.5 周边环境监测点布设 123
7.6 监测方法及技术要求 125
7.7 监测频率与监测项目控制值 130
7.8 工程案例 135
7.9 本章小结 139
　　思考题 140

第8章 安全风险管控与应急管理 141
8.1 安全风险等级划分 141
8.2 规划阶段安全风险管控 142
8.3 可行性研究阶段安全风险管控 143
8.4 勘察设计阶段安全风险管控 144
8.5 施工阶段安全风险管控 146

 8.6 应急管理 ··· 150
 8.7 工程案例 ··· 151
 8.8 本章小结 ··· 159
 思考题 ··· 159

第9章 日常运营与保护 ··· 160
 9.1 地铁隧道运营安全评价 ··· 160
 9.2 地铁隧道结构检查 ·· 161
 9.3 地铁隧道结构健康度评定 ·· 168
 9.4 地铁隧道结构监测 ·· 176
 9.5 地铁隧道结构保养与维修 ·· 178
 思考题 ··· 180

参考文献 ··· 181

第 1 章 绪 论

本章要点及学习目标
(1) 掌握地铁隧道的基本概念、地铁隧道工程的特点；
(2) 了解地铁隧道工程的发展历程，以及各个发展阶段的特征；
(3) 了解地铁隧道发展过程中存在的主要问题。
课程思政学习
教育是强国建设、民族复兴之基。

我国是一个幅员辽阔、疆域广阔的国家，多山多丘陵的条件，使得我国桥梁隧道工程快速发展。随着城市化进程的加快，城市土地资源越来越紧缺，合理开发与综合利用城市地下空间资源，成为提高城市容量、缓解城市交通、改善城市环境的重要手段。地铁隧道工程是修建于城市地下主要用于轨道交通建设的地下工程，是城市地下空间开发利用的重要形式和组成部分。在地铁隧道的快速发展过程中，应解决好规划、设计、施工和风险管理等一系列问题。

1.1 地铁隧道的基本概念

地铁是地下铁道的简称，根据国际隧道协会的定义，地铁为轴重相对较重、单方向输送能力在 3 万人次/h 以上的城市轨道交通系统。地铁是城市公共交通的重要组成部分，主要用来运载市内通勤乘客，是城市解决交通堵塞问题最有效的方法。地铁也被作为展示城市经济实力、社会文化、服务水平的指标，具有运量大、快速、准点、安全等优势，是大城市居民出行的首选交通工具。此外，因其资源节约、环境友好等特点，符合我国能源战略和环境保护的要求。

隧道（Tunnel）是埋置于地层内的工程建筑物，是人类利用地下空间的一种形式。1970 年 OECD（国际经济合作与发展组织）召开的隧道会议综合了各种因素，对隧道的定义为："以某种用途、在地面下用任何方法按规定形状和尺寸修筑的断面面积大于 $2m^2$ 的洞室。"按所处位置不同，隧道可分为山岭隧道和城市隧道；按埋深又可分为浅埋隧道和深埋隧道。地铁隧道多为浅埋隧道，主要包括区间隧道、联络通道、折返线隧道、行人通道等形式。

地铁隧道工程（Metro Tunnel Engineering），是指对城市地铁隧道工程的规划、勘察、设计、施工和维护等进行研究的一门综合性应用科学与工程技术，是土木工程的一个重要分支。地铁隧道工程规划须符合城市整体规划要求，与地下空间开发利用统一协调；勘察应充分考虑城市复杂的周边和地下环境，避免对周边或地下的建（构）筑物造成损伤；设计应综合考虑交通类型、用途等对限界、线型、坡度、洞身所处的地层层位等的要求；复杂的周边和地下环境，给地铁隧道的施工带来巨大的挑战，并提出更高的要求。因为地铁具有运营时间超长的通勤交通属性，使地铁隧道的维护时间极短，对地铁隧道的维修保养非常不利。为了保证隧道的正常使用，还需设置一些附属建筑物，如：为了保证地铁正常运行而设置的照明设施；为了排除隧道内渗入的地下水而设置的防水设备与排水设备；为了净化隧道内车辆排出的烟尘和有害气体而设置的通风系统等。

1.2 地铁隧道工程的特点

为了解决交通堵塞问题，自1863年伦敦建成世界上第一条地铁隧道以来，地铁隧道在世界各大城市得到广泛关注和大力发展，特别是近50年来，地铁隧道已经成为城市交通的重要组成部分。当前地铁隧道建设面临地质条件多样化、跨江越海常态化、结构断面多元化、建设环境复杂化等诸多难题，特别是在城市中心城区遇深厚软土、富水砂层、沼气地层，紧邻建（构）筑物，上穿或下穿既有交通线路，下穿河流等已成常态。由于地铁隧道具有地理位置特殊、地上和地下环境复杂等特点，因而对地铁隧道的设计、施工、监测、维保等均提出了非常高的要求。因此，结合地铁隧道自身结构特点、工程水文地质条件、周边环境等，可将其特点概括如下：

（1）地铁隧道结构复杂

因地铁交通安全运行需要，地铁隧道的结构形式多样且变化频繁，主要包括行车隧道、渡线、折返线、地下存车线、联络线和其他附属建筑物。随着城市轨道交通系统的发展，地铁隧道工程也在不断地突破，出现了越来越多的超埋深隧道、超大直径隧道、超长距离隧道等，因而其赋存环境也特别复杂，致使地铁隧道的整体结构更趋复杂。

（2）工程地质水文条件复杂

地铁隧道埋深相对较浅，主要位于第四纪沉积层或堆积层，性质较软，自稳能力差。由于地区的地质历史过程不同，不同城市的工程地质和水文地质条件相差较大，如沿海地区的上海、杭州一带广泛分布着海成淤泥质砂土粉土和粉质黏土，山陕甘高原广泛分布着坡积-洪积、坡积-冲积和风积黄土与黄土质岩石等。特别是地铁隧道建设过程中遇到特殊的地质情况，如岩溶地层、富含浅层气地层、高强度孤石地层等，在施工之前都很难精准地将隧道所穿过的地层情况调查清楚。

（3）周边环境复杂

地铁隧道工程多位于人流密集的市区中心或其周边地域，具有建筑物密集、建筑物结构类型变化大、地下管线种类繁多、交通情况复杂和施工场地狭小等特点，且地铁线路较长，不可避免地会遇到邻近或上下穿越既有建（构）筑物、交通线路、管线、河流、湖泊等环境施工，这对地铁隧道的设计和施工都提出了更高的要求，既要严格控制地铁隧道施工对周边环境的影响，又要保障地铁隧道自身的安全稳定。

（4）安全风险大

地铁隧道工程的作业面主要位于地下，具有隐蔽性且环境复杂，其安全风险主要包括工程本身的风险和周边环境的风险。如果工程地质和水文地质条件不明确，对邻近建筑物和市政管线等周边环境的认识也不清晰，极易发生涌水涌砂、坍塌、管片变形和破损等安全事故，对工程本身和周边环境造成巨大损失和不可挽回的后果。

1.3 地铁隧道工程的发展历程

由于世界各国城市化进程的加快,城市中心人口密集、交通拥堵、用地紧张、基础设施落后以及环境恶化等问题日益突出,欧洲各国、美国、日本等发达国家较早地开始大规模开发利用城市地下空间,如地铁、商场、通道、仓库等。至20世纪末,地铁已成为国内外各大城市公共交通的重要组成部分。我国地铁隧道的建设(港澳台地区除外)相对较晚,经历了70多年的发展历程,主要分为以下四个阶段:

(1) 起步阶段(20世纪50年代~80年代初)

20世纪50年代,我国首都北京率先开展地铁建设。北京地铁一期工程苹果园至北京站自1954年开始筹备,直到1965年7月1日开始动工建设,至1969年10月1日建成通车,线路总长达23.6km,是中国(港澳台地区除外)最早的地铁线路。天津地铁1号线新华路至海光寺段于1976年1月28日通车运行,总长3.6km,该阶段地铁建设主要以人防功能为指导思想,车站和区间均采用明挖法施工,具有施工难度小、质量可控、工期短和造价低等优势,但也存在占地较多、拆迁量大、影响交通和噪声污染等问题。

(2) 平稳发展阶段(20世纪80年代中~2000年)

改革开放后,由于经济、文化等领域的快速发展,地铁建设也由服务于战备转为服务于经济发展。我国政府也加大了对城市交通基础设施的投入,开始强调轨道交通对城市交通系统的引导和城市发展的作用,发展大运量轨道交通系统的理念开始显现。继北京、天津之后,上海、广州等城市也开始修建地铁。上海是1993年5月徐家汇站到锦江乐园站建成通车实现了轨道交通零的突破,广州是1997年6月西塱站至黄沙站建成通车实现了轨道交通零的突破。上海从1990年至2000年末,共建成地铁1号线、地铁2号线和3号线一期工程,全长约63.8km。广州于1998年末建成地铁1号线,全长18.6km。截至2000年底,我国(港澳台地区除外)新增地铁运营里程约120km。

(3) 快速发展阶段(20世纪末~2017年)

20世纪末,我国陆续批准一批城市进行地铁隧道建设,并投入大量资金,为地铁建设带来重大机遇。这一时期,北京、上海、天津、广州、南京、深圳、重庆和成都等城市均已陆续进行多条轨道交通建设和规划,中国已成为世界上城市轨道交通发展速度最快的国家之一。截至2017年末,中国(港澳台地区除外)共计34个城市开通城市轨道交通并投入运营,开通线路165条,运营线路长度达到5033km,其中地铁3884km,占比77.2%,其他制式城市轨道交通运营线路长度约1149km,占比22.8%。同时共有62个城市的城市轨道交通线网规划获批,规划线路总长7321km。因此,这一时期中国城市轨道交通进入快速发展新时期,运营规模、客运量、在建线路长度和规划线路长度均创历史新高,可研批复投资额、投资完成额均为历年之最。城市轨道交通发展日渐网络化、差异化,制式结构多元化,网络化运营逐步实现。例如成都地铁,其首条线路1号线一期工程于2005年底动工建设,2010年9月底开通,标志着成都正式迈入地铁时代;2012年9月,2号线一期开通,成都地铁"十"字骨架建立;2016年7月,3号线一期开通,成都地铁"米"字骨架成型;2017年9月,成都首条机场地铁专线10号线一期开通;2017年12月,成都首条地铁环线7号线开通,标志着成都中心城区轨道交通骨干成网,成都正式迈入"井+环"地铁线网时代。

（4）高质量发展阶段（2018年至今）

城市轨道交通是现代城市交通系统的重要组成部分，是城市公共交通系统的骨干。随着城市化向更高级阶段迈进，以及城市群战略的实施，经济结构调整和产业升级，城市轨道交通迎来了新一轮的高质量发展。2018年7月，《国务院办公厅关于进一步加强城市轨道交通规划建设管理的意见》（国办发〔2018〕52号）发布，提高了城市修建地铁及轻轨的条件，在完善规划管理规定和有序推进项目实施方面，明确指出要严格建设申报条件、强化规划衔接提高建设规划质量、严格建设规划报批和审核程序、强化建设规划的导向和约束作用、强化项目建设和运营资金保障、坚守安全发展底线等。2019年9月，中共中央、国务院印发了《交通强国建设纲要》，指出建设城市群一体化交通网，推进干线铁路、城际铁路、市域（郊）铁路、城市轨道交通融合发展。2022年10月，党的二十大报告也明确指出加快建设交通强国。因此，这一时期城市轨道交通的在建线路和规划线路的规模除保持快速发展外，同时也关注高质量发展。根据交通运输部公布的《2024年12月城市轨道交通运营数据速报》可知，截至2024年12月，31个省（自治区、直辖市）和新疆生产建设兵团共有54个城市开通运营城市轨道交通线路331条，运营里程10945.6km，如表1.1所示。根据表1.1绘制的城市轨道交通运营里程位居前十的城市及其运营线路条数如图1.1所示。

我国（港澳台地区除外）城市轨道交通运营里程统计表　　　　表1.1

序号	城市	运营线路数（条）	运营里程（km）	客运强度（万人次每千米日）
1	北京	29	879.0	1.14
2	上海	22	871.6	1.22
3	广州	19	693.9	1.36
4	成都	15	634.2	0.99
5	深圳	18	595.1	1.59
6	武汉	15	561.2	0.74
7	杭州	12	516.0	0.81
8	重庆	11	494.6	0.83
9	南京	15	483.3	0.64
10	西安	11	385.2	1.13
11	郑州	12	382.7	0.66
12	青岛	8	360.9	0.37
13	苏州	11	355.4	0.50
14	天津	9	309.9	0.62
15	沈阳	12	284.7	0.68
16	大连	6	237.1	0.28
17	合肥	6	231.8	0.73
18	长沙	7	219.0	1.28
19	宁波	6	194.2	0.57

续表

序号	城市	运营线路数	运营里程（km）	客运强度（万人次每千米日）
20	昆明	6	165.9	0.50
21	佛山	6	150.2	0.35
22	贵阳	4	146.5	0.55
23	长春	6	140.8	0.54
24	福州	5	139.0	0.62
25	南昌	4	128.5	0.95
26	南宁	5	128.2	0.84
27	无锡	4	110.8	0.55
28	厦门	3	98.4	0.77
29	济南	3	96.7	0.37
30	哈尔滨	3	91.6	1.21
31	石家庄	3	74.3	0.97
32	徐州	3	72.2	0.45
33	绍兴	3	61.2	0.19
34	南通	2	58.8	0.22
35	常州	2	54.0	0.37
36	温州	1	52.5	0.11
37	呼和浩特	2	49.0	0.48
38	海宁	1	46.4	0.08
39	芜湖	2	46.2	0.24
40	洛阳	2	43.5	0.39
41	昆山	2	43.0	0.36
42	东莞	1	37.8	0.36
43	兰州	2	33.5	1.18
44	乌鲁木齐	1	26.8	0.44
45	黄石	1	26.8	0.05
46	太原	1	23.3	0.59
47	淮安	1	20.1	0.10
48	句容	1	17.3	0.12
49	嘉兴	1	13.8	0.06
50	文山	1	13.4	0.01
51	红河	1	13.4	暂停运营
52	天水	1	12.9	0.02
53	咸阳	1	10.7	0.64
54	三亚	1	8.4	0.08
总计		331	10945.6	30.9亿人次

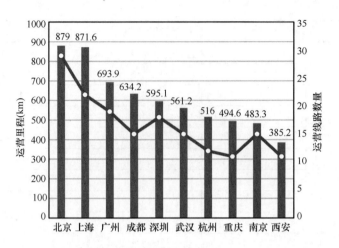

图 1.1 轨道交通运营里程位居前十的城市及其运营线路数

由图 1.1 可知，截至 2024 年 12 月，北京、上海、广州、成都、深圳、武汉和杭州等城市的轨道交通运营里程均超过 500km，其中北京为 879km，位居全国第一，运营线路 29 条，运营线路条数位居全国第一。

1.4 地铁隧道工程发展存在的问题

自 1965 年起我国（港澳台地区除外）开始修建城市地铁隧道以来，经过 60 年左右的发展已经取得了不错的成绩，未来我国城市地铁隧道会继续向更深、更长和更大发展，同时也应注意发展中存在的诸多问题。

(1) 地铁隧道线路规划

地铁隧道属于地下工程，具有不可逆性，一旦建成便不能轻易改动。因此地铁隧道线路须与城市总体规划相协调，综合考虑工程、水文地质条件、既有地下设施、既有建（构）筑物、地下管线、土地所有权和地价、施工技术、经济能力、建成后的综合效益及对城市的影响等多个方面，要符合城市地下开发利用的分层化和深层化总体规划布局，使地下空间各层功能相互协调，发挥各自的功能优势。

(2) 地铁隧道运营管理

地铁隧道结构复杂、机电设备众多、养护维修工作量大，在建成后的运营管理过程中仍存在许多薄弱环节。如地铁隧道施工或运营过程中产生的管片或衬砌破损、错台、过大变形和渗漏水等病害，由于修补困难，造成不同程度的安全隐患。此外，由于运营地铁隧道保护区界限不清，周边施工时易打穿运营地铁隧道，造成严重的安全隐患和不良的社会影响。为了保障地铁正常运营，应做到"早期发现，及时维修"，提高发现问题、解决问题和应急情况下的快速反应能力，充分发挥隧道使用功能。

(3) 绿色地铁隧道技术

绿色隧道是指在隧道全寿命周期内，有效节约资源、合理保护环境并减少可控污染，为人们提供畅通、高效、便捷舒适的出行环境以及与自然和城市和谐共生的地下建筑。地铁作为城市地下空间开发利用的主要形式，应重视绿色地铁隧道技术的发展与应用，结合隧道建造和运维需求，综合考虑安全耐久、资源节约、环境舒适、绿色施工、运营高效等一系列因素，通过软件和硬件措施，在隧道规划、设计、施工和运维各个阶段逐步实现技术应用。如地铁隧道毗邻空间利用、装配式建造技术、噪声控制、照明节能、通风环保、隧道地热利用、防灾减灾及智慧管养等方面，全面实现地铁隧道全寿命周期内的安全、节能和环保。

1.5 地铁隧道工程的发展趋势

无论是在建地铁的线路长度还是运营地铁的里程数，中国已经成为世界地铁隧道建设和运营的第一大国。得益于国家的"一带一路"倡议，我国地铁隧道技术加快了"走出去"步伐，目前已在世界各国工程建设市场占有一席之地。但在工程技术水平上，我国与德国、美国、日本、法国等国家相比，仍然存在一定的差距。在未来的地铁隧道工程实践中，必须不断总结经验，特别是瞄准学科前沿和产业关键技术，重点关注以下几个方面。

（1）"全生命周期"绿色地铁隧道建设理论

地铁隧道工程都是建造于岩土介质中的结构物，而目前人们对于岩土介质的性质以及岩土介质中结构的共同作用机理还缺乏成熟的规律性认识。"全生命周期"绿色地铁隧道建设主要解决低碳发展过程中的痛点和难点问题，主要涉及地铁隧道建设过程中的勘察、设计、施工和运营等方面，如地铁隧道的盾构渣土资源化利用、减振降噪一体化新型轨道结构、隧道绿色充填材料等。与国外发达国家相比，我国虽然已经形成了具有自主知识产权的地铁隧道建设技术体系，但是诸如低碳环保等技术标准的研究还不够深入和系统，基础理论研究还需要加强。

（2）自动化、智能化地铁盾构掘进机研发

盾构机作为地铁隧道建设的"掘进神器"，在过去很长一段时间，我国的盾构机完全依赖进口，如今我国自主研发的地铁盾构机在国内市场的占有率高达90%以上，占全球市场份额近70%。随着我国城市轨道交通建设投资的不断增加和规模的不断扩大，在新一轮科技革命和产业变革的浪潮推动下，新一代信息技术的进步也为盾构法地铁隧道建造向自动化、智能化方向发展提供了"加速度"。与此同时，"一带一路"倡议实施以及东南亚、非洲国家等发展中国家的基础设施建设空间巨大，国际市场具有广袤的发展空间。因此，今后城市轨道交通建设和城市地下空间开发的发展方向应该是采用自动化、智能化地铁盾构掘进机配套作业的模式。这将极大地节约人力资源，更好地保证施工的安全和工程质量。

（3）"数智"地铁隧道信息化建设

"数智"地铁隧道指数字地铁隧道和智慧地铁隧道。传统地铁隧道建设过程中的信息化水平不足，导致地铁隧道安全风险感知薄弱、应急救援效率低下等问题日益凸显。如何借助虚拟现实（VR）、建筑信息模型（BIM）、物联网（IoT）、视频监控（Video）、人工智能（AI）和云计算等技术，精准感知地铁隧道施工信息，高度还原地铁隧道的建设场景与周边复杂环境，实现海量数据的快速处理和分析，精准识别拟建地铁隧道工程的各类安全风险，实现及时有效发布地铁隧道施工的预警信息，解决地铁隧道施工过程缓变性灾害难发现、复杂不良地质难监测、应急事件处置慢等难题，最终实现无人地铁隧道建设和运营。

(4) 地铁隧道全要素美丽生态环境保护

地铁隧道工程建设多位于人口密集、建（构）筑物密布的城市区域，不可避免地会对周边环境产生影响，如地铁盾构施工可能产生的振动、地表隆降、弃土外运过程中产生的固体废弃物污染、施工废水排放产生的水污染等。建立覆盖噪声、大气、振动、固体废弃物、水、土壤和建（构）筑物沉降等领域的全要素生态环境保护体系，坚持地铁隧道建设的绿色低碳发展，是解决地铁隧道建设过程中产生各类生态环境问题的治本之策。因此，在地铁隧道建设过程中，应加强地铁隧道全要素美丽生态环境保护意识，在地铁隧道的规划、设计、勘察、施工、运营等各环节中，应避免对生态环境产生不利的影响。

1.6 本 章 小 结

本章阐述了地铁隧道的基本概念，总结了地铁隧道工程的特点，主要包括地铁隧道结构复杂、工程地质水文条件复杂、周边环境复杂和安全风险大。以我国地铁隧道建设为背景，总结了地铁隧道发展经历的四个主要阶段，即起步阶段（20 世纪 50 年代～80 年代初）、平稳发展阶段（20 世纪 80 年代中～2000 年）、快速发展阶段（20 世纪末～2017 年）和高质量发展阶段（2018 年至今）。最后基于地铁隧道发展现状，讨论了地铁隧道工程发展过程中存在的主要问题和未来的发展趋势。

思 考 题

1.1 什么是地铁隧道？地铁隧道工程的特点有哪些？
1.2 我国地铁隧道工程发展的主要历程有哪些？
1.3 地铁隧道工程绿色低碳发展过程中应注意哪些问题？
1.4 简述我国及国外地铁隧道工程今后的发展方向。

第 2 章 地铁隧道工程地质勘察

本章要点及学习目标
(1) 了解地铁隧道工程主要勘察阶段的划分特征，理解与掌握各个阶段的目的、任务、内容、方法、手段及资料要求；
(2) 理解与掌握地铁隧道工程地下水勘察的主要内容和要求；
(3) 熟练掌握地铁隧道工程勘察成果评价内容与方法要求；
(4) 熟练掌握地铁隧道工程勘察报告主要内容和撰写要求。
课程思政学习
教育、科技、人才是中国式现代化的基础性、战略性支撑。

地铁隧道工程勘察的目的，是查明地铁隧道工程沿线线路的工程地质条件和水文地质条件，以及地铁隧道施工和运营对沿线及周边环境的影响和防护；为地铁线路规划、设计、施工、运营提供所必需的工程勘察资料，并对可能存在的岩土工程地质问题、环境影响问题进行分析评价，提出合理的地铁设计方案和施工措施，从而使地铁隧道工程开发利用符合经济合理化和安全可靠性的原则要求。

地铁隧道工程勘察根据工程重要性等级、场地复杂程度等级以及工程周边环境风险等级制定勘察方案，开展岩土工程勘察工作；常规地铁隧道勘察阶段可划分为可行性研究勘察阶段、初步勘察阶段与详细勘察阶段；地铁隧道岩土工程勘察，是在搜集当地已有勘察设计资料、工程周边环境资料和建设经验的基础上，结合不同的线路敷设方式以及各类工程的建筑类型、结构形式、施工方法，提出适宜的勘察手段，合理布置勘察工作量，查明工程地质与水文地质条件，进行岩土工程评价，提供设计施工所需要的岩土参数，提出岩土治理、环境保护以及工程监测等建议。

2.1 地铁隧道工程勘察方法

地铁隧道工程勘察的方法，主要有收集研究既有资料、工程地质调查与测绘、工程地质勘探等几种。近年来，随着物联网、云计算、大数据等新一代信息技术与传统行业的不断融合创新，越来越多的创新科学技术在地铁隧道勘察工作中得到了发展和应用，如微动探测方法等。

2.1.1 收集研究既有资料

收集研究既有资料，不仅是地铁隧道工程勘察外业工作之前的重要前置内容，也是地铁隧道工程勘察的主要方法之一。收集研究既有资料主要内容包括：
(1) 区域地质资料，包括地层、岩性、地质构造、土质等。
(2) 区域地形地貌资料，包括区域地貌类型及其主要特征、不同地貌单元与不同地貌部位的工程地质评价等。

(3) 区域水文地质资料，包括地下水的类型、补给来源、排泄条件，含水层的岩性特征、埋藏深度、水位变化、污染情况及其与地表水体的关系。

(4) 各种特殊地质地段及不良地质作用的形成、分布、形态、规模、发育程度及其对地铁隧道工程建设的影响。

(5) 区域地震资料，包括沿线及其附近地区的历史地质情况、地震烈度、地震破坏情况及其与地貌、岩性、地质构造的关系等。

(6) 管线资料，包括给水、通信、电力等。

(7) 气象资料，包括气温、降水、蒸发、温度、风速、风向等。

(8) 调查人类活动对拟建地铁隧道工程场地稳定性的影响，包括车辆循环动荷载、人工洞穴、地下采空、大挖大填、抽水排水等。

(9) 其他相关资料，包括邻近拟建地铁隧道工程的建（构）筑物变形和工程经验以及植被、水文、土壤、土的标准冻结深度、用地资料等。

2.1.2 工程地质调查与测绘

工程地质调查与测绘主要是指在进行地铁隧道工程勘察工作过程中，将地质调查作为基础性工作，测绘地质情况，根据测绘结果得出勘察结论，为地铁隧道工程设计提供真实且可行的数据方法。地铁隧道工程沿线工程地质调查与测绘主要包括工程场地的地形地貌、地层岩性、地质构造、工程地质和水文地质条件、不良地质作用和特殊性岩土等。

(1) 工程地质调查

工程地质调查的方法主要有直接观察法和访问群众法。

直接观察法是工程地质调查最重要和最基本的方法。它主要利用自然迹象和露头，进行由此及彼、由表及里的观察分析工作，以达到认识地铁隧道线路沿线的工程地质条件的目的。

访问群众法是工程地质调查常用的方法。通过对地铁隧道工程沿线居民的调查访问，了解有关问题的历史情况及当地应对暴雨、台风、地面沉降和地震等自然灾害的基本经验。

地铁隧道工程地质调查的范围主要包括工程建设场地和邻近的一定区域，并满足以下要求：

1）隧道区间直线段为沿轴线及向两侧不少于100m；

2）地铁车站和弯道段为沿轴线及向两侧不少于200m；

3）当需追溯地质构造、地质界线，以及遇对工程建设有影响的不良地质作用、特殊性岩土和既有建筑等地段，应结合实际情况扩大范围。

(2) 工程地质测绘

工程地质测绘与工程地质调查的不同之处是：工程地质测绘的范围往往比较大，并且要求把调查研究结果填绘在一定比例尺的地形图上，以编制工程地质图。工程地质测绘的范围以能满足工程技术要求为前提，并应包括与工程地质环境有关的范围。测绘的平面比例尺，可行性研究阶段选用1∶5000～1∶2000，初步勘察阶段选用1∶2000～1∶1000，详细勘察阶段选用1∶1000～1∶500。当地质条件复杂时，比例尺可适当放大。工程地质测绘的主要内容包括：

1) 地层岩性

地层的层序、厚度、时代、成因及其分布情况，岩性、风化破碎程度及风化层厚度，土石的类别、工程性质及对工程的影响等。

2) 地质构造

断裂、褶曲的位置、构造线走向、产状等形态特征和地质力学特征，岩层的产状和接触关系，软弱结构面的发育情况及其与路线的关系、对隧道区间工程上方路基的稳定影响等。

3) 地形地貌

地形地貌的类型、成因、特征与发展过程；地形地貌与岩性、构造等地质因素的关系；地形地貌与工程地质条件的关系，对路线布置及隧道区间工程上方路基工程的影响等。

4) 水文地质条件

河、溪的水位、流量、流速、冲刷、淤积、最高洪水位与淹没情况；地下水的类型、化学成分与分布情况，地下水的补给、径流与排泄条件，含水层的岩性特征、埋藏深度、水位变化及其与地表水体的关系。

5) 不良地质现象

各种不良地质现象及特殊地质问题的分布范围、形成条件、发育程度、分布规律及其对地铁隧道工程的影响。

6) 已有建（构）筑物调查

不同地质环境中不同类型的建（构）筑物有无变形和破坏的标志，地铁隧道工程建设场地的工程地质条件，充分调查和了解不良地质环境或特殊岩土的地铁隧道建设场地的工程经验。

7) 人类活动对地铁隧道场地稳定性的影响

工作区及其附近人类的某些工程活动，如大挖大填、强烈抽排地下水、地下管线渗漏引起的地表塌陷等。此外，地铁隧道场地内如有古文化遗迹和文物，应妥善地保护发掘，并向有关部门报告。例如北京地铁7号线，为最大程度地减少对文物的影响，施工过程中提前对地铁隧道内紧邻文物建筑部分进行注浆和做隔离墙，并设立多个沉降监测点，以确保文物的安全。

2.1.3 工程地质勘探

在地铁隧道工程勘察中，需要查明地铁隧道沿线岩土性质和分布，并从现场采集岩土样品供室内试验测定岩土的物理力学性质，通常采用钻探、槽探与坑探、地球物理勘探等勘探方法进行。下面介绍几种常用方法。

（1）钻探

在工程地质勘察中，钻探是广泛采用的一种最重要的勘探手段，它可以获得深部地层的可靠地质资料，一般是在浅层槽探和坑探不能达到目的时采用。根据钻进时破碎岩石的方法，钻探可分为回转钻进、冲击钻进、锤击钻进、振动钻进、冲洗钻进等方法。钻探方法可根据岩土类别和勘察要求按表2.1选用。

钻探方法的适用范围 表 2.1

钻进方法		钻进地层					勘察要求	
		黏性土	粉土	砂土	碎石土	岩石	直观鉴别，采取不扰动试样	直观鉴别，采取扰动试样
回转	螺纹钻探	○	△	△	—	—	○	○
	无岩芯钻探	○	○	○	△	○	—	○
	岩芯钻探	○	○	○	△	○	○	○
冲击钻探		—	△	○	○	—	—	○
锤击钻探		○	○	○	△	—	○	○
振动钻探		○	○	○	△	—	△	○
冲洗钻探		△	○	○	—	—	—	—

注：○代表适用；△代表部分情况适用；—代表不适用。

钻孔直径和钻具规格应符合现行国家标准的规定，成孔口径应满足取样、原位测试、水文地质试验、综合测井和钻进工艺的要求。此外，钻探实施过程中，钻进深度、岩土分层深度允许偏差为±50mm，地下水位量测允许偏差为±20mm；钻探的回次进尺，应在保证获得准确地质资料的前提下，根据地层条件和岩芯管长度确定；钻探记录应包括回次进尺和深度、钻进情况、孔内情况、钻进参数、地下水位、岩芯记录等内容。

(2) 槽探与坑探

在建筑物密集、地下管网复杂等地铁隧道沿线工程周边环境条件下，可采用槽探与坑探的方法查明地下情况。对卵石、碎石、漂石、块石等粗颗粒土，钻探难以查明岩土性质或需要做大型原位测试时，可以采用槽探与坑探的方法。

槽探与坑探分别采用矩形截面和圆形、方形截面。在松散地层进行坑探施工时，需及时进行护壁，且应每隔 0.5~1.0m 设一检查孔，同时应结合实际情况，向坑中送风并监测坑内的有害气体含量。对槽探和坑探除文字描述记录外，尚应以剖面图、展示图和照片等反映坑、槽壁和底部的岩性、地层分界、构造特征、取样和原位测试位置。

(3) 地球物理勘探

地球物理勘探简称物探，它是指通过研究和观测各种地球物理场的变化来探测地层岩性、地质构造等地质条件。由于组成地壳的不同岩层介质往往在密度、弹性、导电性、磁性、放射性以及导热性等方面存在差异，这些差异将引起相应的地球物理场的局部变化。通过测量这些物理场的时空分布和变化特征，结合已知地质资料进行分析研究，就可以达到推断地质性状的目的。该方法兼有勘探与试验两种功能，和钻探相比，具有设备轻便、成本低、效率高、工作空间广等优点。但由于不能直接观察与采取样品，在解释地球物理勘探资料时，其成果往往存在多解性，故多与钻探等手段配合使用。

物探按其所利用的岩、土物理性质的不同，可分为电法勘探、电磁法勘探、地震勘探、声波探测等。

1) 电法勘探

电法勘探是以岩、土之间的电性差异为基础，通过观测和研究与这种电性差异有关的电场分布特点及变化规律，以查明地下地质构造的一种地球物理勘探方法。它是通过仪器观测人工电场、天然电场或交变电磁场，分析、解释这些场的特点和规律达到查明地下地质构造的目的。电法勘探方法种类繁多，目前主要使用的方法有电阻率法、充电法、自然电场法和激发极化法等。

2）电磁法勘探

电磁法勘探是利用高频电磁脉冲波的反射，探测地层构造和地下埋藏物体的电磁装置，故又称为探地雷达。它通过发射天线向地下辐射宽带的脉冲波，在地下传播中遇到不同介质的介电常数和导电率存在差异时，将在其分界面上发生反射，返回地表的电磁波被接收天线接收，根据接收的回波来判断目标的存在，并计算其距离和位置。雷达可用于空中、地面与井中探测，但主要用于地面。目前主要使用的方法有频率电磁测深法、瞬变电磁法、可控源音频大地电磁测深法等。

3）地震勘探

地震勘探是根据岩、土弹性性质差异，通过人工激发的弹性波的传播来探测地下地质情况的一种物探方法。地震勘探直接利用岩、土的密度等固有性质，较其他物探方法准确，且能探测很大的深度，在地铁隧道工程中主要用于探测覆盖层的厚度、岩层的埋藏深度及厚度、断层破碎带的位置及产状等。目前主要使用的方法有透射波法、发射波法、折射波法、瑞利波法等。

4）声波探测

声波探测是通过探测声波在岩体内的传播特征来研究岩体性质和完整性的一种物探方法。和地震勘探相类似，声波探测也是以弹性波理论为基础，两者的主要区别在于工作频率范围的不同，声波探测所采用的信号频率要大大地高于地震波的频率，因此有较高的分辨率。声波探测主要分为主动式和被动式两种工作方法。主动式测试的声波是由声波仪的发射系统或锤击等声源激发；被动式的声波是出于岩体遭受到自然界或其他作用力时，在形变或破坏过程中自身产生。

地铁隧道岩土工程勘察中主要在下列方面采用地球物理勘探：

① 探测隐伏地质界线、界面、不良地质体、地下管线；

② 在钻孔之间增加地球物理勘探点，为钻探成果的内插、外推提供依据；

③ 测定沿线大地导电率、岩土体波速、岩土体电阻率、放射性辐射参数及计算动弹性模量、动剪切模量、特征周期等。

2.2 地铁隧道地质勘察

地铁隧道是修建在地层中的建筑物，它从位置选择到具体设计直至施工，均与工程地质条件有密切关系。工程地质条件包括地层性质、地质构造、岩层产状、裂隙发育程度及风化程度、地铁隧道所处深度及其与地形起伏的关系、地层含水程度、有无不良特殊性岩土和不良地质作用等。基于以上原因，在地铁隧道的勘察中，应十分注意工程地质工作，加强地铁隧道勘察。地铁隧道勘察阶段的划分应与设计阶段相适应，一般分为可行性研究勘察、初步勘察和详细勘察。

2.2.1 可行性研究勘察

可行性研究勘察应调查地铁隧道工程沿线场地的岩土工程条件、周边环境条件，研究控制线路方案的主要工程地质问题和重要工程周边环境，为线位、线路敷设形式、施工方法等方案的设计与比选、技术经济论证、工程周边环境保护及编制可行性研究报告提供地质资料。

可行性研究勘察主要包括下列工作：

（1）搜集区域地质、地形、地貌、水文、气象、地震、矿产等资料，以及沿线的工程地质条件、水文地质条件、工程周边环境条件和相关工程建设经验。

（2）调查线路沿线的地层岩性、地质构造、地下水埋藏条件等，划分工程地质单元，进行工程地质分区，评价场地稳定性和适宜性。

（3）调查对工程建设有较大影响的地下水埋藏条件、类型和补给、径流、排泄条件，分析评价对拟建地铁隧道工程的影响，提出规避和保护的初步建议。

（4）对控制线路的不良地质作用、特殊性岩土，了解其类型、成因、范围及发展趋势，分析其对线路的危害，提出规避和防治的初步建议。

（5）研究场地的地形、地貌、工程地质、水文地质、工程周边环境等条件，分析路基、地下等工程方案及施工方法的可行性，提出线路比选方案的建议。

可行性研究勘察的取样、原位测试及室内试验应结合地质或地貌单元，根据线路方案、地铁隧道沿线工程地质和水文地质条件进行布置。

2.2.2 初步勘察

初步勘察是在可行性研究勘察的基础上，按不同的地铁隧道工程线路设计方案、结构形式和施工方法，初步查明沿线的工程地质和水文地质条件，并结合设计和施工中与地质条件相关的风险因素进行综合评价。初步勘察工作需要结合沿线区域地质和场地工程地质、水文地质、工程周边环境等条件，采用工程地质调查与测绘、勘探与取样、原位测试、室内试验等多种手段相结合的综合勘察方法。初步勘察需要对控制线路平面、埋深及施工方法的关键工程或区段进行重点勘察，并结合工程周边环境提出岩土工程防治和风险控制的初步建议。

初步勘察主要包括下列工作：

（1）搜集带地形图的拟建线路平面布置图、线路纵断面、施工方法等有关设计文件及可行性研究勘察报告、沿线地下设施分布图。

（2）初步查明沿线地质构造、岩土类型及分布、岩土物理力学性质、地下水埋藏条件，进行工程地质分区。

（3）初步查明特殊性岩土的类型、成因、分布、规模、工程性质，分析其对地铁隧道工程的危害程度。

（4）查明沿线场地不良地质作用的类型、成因、分布、规模，预测其发展趋势，分析其对地铁隧道工程的危害程度。

（5）初步查明沿线地表水的水位、流量、水质，河湖淤积物的分布，以及地表水与地下水的补排关系。

（6）初步查明地下水水位，地下水类型，补给、径流、排泄条件，历史最高水位，地下水动态和周期变化规律。

（7）划分场地抗震地段、提供场地类别、抗震设防烈度、设计基本地震加速度、设计地震分组等并对场地和地基的地震效应作出初步评价。

(8) 评价场地稳定性和工程适宜性。
(9) 初步评价水和土对建筑材料的腐蚀性。
(10) 对可能采取的地基基础类型、地下工程开挖与支护方案、地下水控制方案进行初步分析评价。
(11) 季节性冻土地区，应调查场地土的标准冻结深度。
(12) 对环境风险等级较高的工程周边环境，分析可能出现的工程问题，提出预防措施的建议。

2.2.3 详细勘察

详细勘察是在初步勘察的基础上，针对建（构）筑物结构类型、埋置深度和施工方法，选择勘察手段及布置工作量，满足施工图设计要求。详细勘察工作需要结合地铁隧道工程场地的工程地质、水文地质和工程周边环境等条件，主要采用勘探与取样、原位测试、室内试验等勘察方法，辅以工程地质调查与测绘、工程物探的综合勘察方法。

详细勘察需要查明地铁隧道工程场地的工程地质和水文地质条件，提供地基土物理力学指标和岩土设计参数，结合拟建建（构）筑物的特征及施工工法作出分析和评价，并提出适宜的技术措施及建议，为施工图设计、工程施工提供依据。

详细勘察主要包括下列工作：

(1) 查明各岩土层的分布，提供各岩土层的物理力学性质指标及隧道工程设计和施工所需的基床系数、静止侧压力系数、热物理指标与电阻率等岩土参数。

(2) 查明不良地质作用、特殊性岩土及对工程施工不利的饱和砂层、卵石层、漂石层等地质条件的分布与特征，分析其对工程的危害和影响，提出工程防治措施的建议。

(3) 在基岩地区应查明岩石风化程度，岩层层理、片理、节理等软弱结构面的产状及组合形式，断裂构造和破碎带的位置、规模、产状和力学属性，划分岩体结构类型，分析隧道偏压的可能性及危害。

(4) 对隧道围岩的稳定性进行评价，对围岩进行分级和岩土施工工程分级。分析隧道开挖、围岩加固及初期支护等可能出现的岩土工程问题，提出防治措施建议，提供隧道围岩加固、初期支护和衬砌设计与施工所需的岩土参数。

(5) 对基坑边坡的稳定性进行评价，分析基坑支护可能出现的岩土工程问题，提出防治措施建议，提供基坑支护设计所需的岩土参数。

(6) 分析地下水对工程施工的影响，预测基坑和隧道突水、涌砂、流土、管涌的可能性及危害程度。

(7) 分析地下水对工程结构的作用，对需采取抗浮措施的隧道工程，提出抗浮设防水位的建议，提供抗拔桩或抗浮锚杆设计所需的各岩土层的侧摩阻力或锚固力等计算参数。

(8) 分析评价工程降水、岩土开挖对工程周边环境的影响，提出周边环境保护措施的建议。

(9) 对出入口与通道、风井与风道、施工竖井与施工通道、联络通道等附属工程及隧道断面尺寸变化较大区段，应根据工程特点、场地地质条件和工程周边环境条件进行岩土工程分析与评价。

(10) 对地基承载力、地基处理和围岩加固效果等的工程检测提出建议，对工程结构、工程周边环境、岩土体的变形及地下水位变化等的工程监测提出建议。

(11) 存在浅层气等有害气体时，需要查明其分布、成分、压力。
(12) 地铁隧道通风设计及采用冻结法施工时需要测定相关土层的热物理性指标。

另外，在详细勘察的基础上，针对施工中出现地质条件异常并对工程产生较大影响、基坑或隧道施工过程中出现桩（墙）变形过大、基坑隆起、涌水、坍塌、失稳等岩土工程问题以及发生地面沉降过大、地面坍塌、相邻建筑开裂等工程环境问题，需要进一步开展施工勘察工作。当采用明挖法、矿山法、盾构法、沉管法等施工方法修筑地铁隧道工程时，需要进行工法勘察。工法勘察需要结合地铁隧道埋深、断面尺寸、岩土特性、地下水条件及工程周边环境等对明挖、矿山、盾构、沉管等施工方法进行方案比选，提出适宜的施工方法建议。

2.3 地铁隧道地下水勘察

2.3.1 地下水勘察的要求

地铁隧道岩土工程勘察需要查明沿线与工程有关的水文地质条件，评价地下水对岩土体、工程结构和施工可能产生的作用并提出防治措施的建议。地下水勘察是在搜集已有工程地质和水文地质资料的基础上，采用水文地质调查与测绘、钻探、物探、试验、动态观测等多种手段相结合的综合勘察方法。

地下水勘察主要包括下列内容：

(1) 搜集年降水量、蒸发量及其变化等区域气象资料，评价其对地下水的影响。
(2) 查明地下水的类型和赋存状态、含水层的分布规律，划分水文地质单元。
(3) 查明地下水的补给、径流和排泄条件，地表水与地下水的水力联系。
(4) 查明勘察时的地下水位，调查历史最高地下水位、近3～5年最高地下水位、地下水水位年变化幅度、变化趋势和主要影响因素。
(5) 查明主要含水层的分布规律及其渗透性和富水性，提供工程设计所需的水文地质参数。
(6) 调查是否存在污染地下水和地表水的污染源及可能的污染程度。
(7) 评价地下水对岩土体、工程结构和施工的作用和影响，提出防治措施建议。
(8) 必要时评价地铁隧道工程修建对地下水环境的影响。
(9) 岩质地铁隧道工程还需要查明不同岩性接触带、断层破碎带及富水带的位置与分布范围。特别是当地铁隧道通过可溶岩地区时，还需查明岩溶的类型、蓄水构造和垂直渗流带、水平径流带的分布及特征，以及预测地铁隧道施工中可能发生突水、涌水段（点）的位置和最大涌水量、正常涌水量，并提出工程措施的建议。

2.3.2 地下水的作用

地铁隧道岩土工程勘察需要评价地下水的作用，包括地下水力学作用和物理、化学作用。地下水力学作用的评价主要包括下列内容：

(1) 对地下结构物和挡土墙应考虑在最不利组合情况下，地下水对结构物的上浮作用，提供抗浮设防水位；对节理不发育的岩石和黏土可根据地方经验或实测数据确定。有渗流时，地下水的水头和作用主要通过渗流计算进行分析评价。
(2) 验算边坡稳定时，主要考虑地下水对边坡稳定的不利影响。

（3）在地下水位下降的影响范围内，分析地面沉降及其对工程和周边环境的影响。
（4）在有水头压差的粉细砂、粉土地层中，分析产生潜蚀、流土、管涌的可能性。
地下水的物理、化学作用的评价主要包括下列内容：
（1）对地下水位以下的工程结构，主要评价地下水对建筑材料的腐蚀性。
（2）对软质岩、强风化岩、残积土、湿陷性土、膨胀岩土和盐渍岩土，主要评价地下水的聚集和散失所产生的软化、崩解、湿陷、胀缩和潜蚀等有害作用。
（3）在冻土地区，主要评价地下水对土的冻胀和融陷的影响。

2.3.3 地下水控制

地铁隧道岩土工程勘察需要根据施工方法、开挖深度、含水层岩性和地层组合关系、地下水资源和环境要求，评价地下水对地铁隧道工程、周边环境和工程施工的影响，并建议适宜的地下水控制方法。

降水方法可按表2.2的规定选用。

降水方法适用范围　　　　　　　　　　　　　　　　表2.2

名称		适用地层	渗透系数（m/d）	降低水位（m）
集水坑明排		风化岩石、黏性土、砂土	<20.0	<2
井点降水	电渗井点	黏性土	<0.1	<6
	喷射井点	填土、黏性土、粉土、粉砂	0.1～20.0	8～20
	真空井点	黏性土、粉土、粉砂、细砂	0.1～20.0	单级<6，多级<20
管井		砂类土、碎石土、岩溶、裂隙	1.0～200.0	>5
大口井		砂类土、碎石土	1.0～200.0	5～20
辐射井		黏性土、粉土、砂土	0.1～20.0	<20
引渗井		黏性土、粉土、砂土	0.1～20.0	将上层水引渗到下层含水层

当采用降低地下水方法时，需要评价工程降水可能引起的岩土工程问题，主要包括：对工程周边环境的影响、降水形成区域性降落漏斗和引发地下水补给、径流、排泄条件的变化以及采用减压井施工时需分析评价基底稳定性和水位下降对工程周边环境的影响。

2.4 成果分析与勘察报告

地铁隧道岩土工程勘察报告，是在搜集已有资料，取得工程地质调查与测绘、勘探、测试和室内试验成果的基础上，根据勘察阶段、工程特点、设计方案、施工方法对勘察工作的要求，进行岩土工程分析与评价，提供工程场地的工程地质及水文地质资料。勘察报告中的岩土工程分析评价，应论据充分、针对性强，所提建议应技术可行、经济合理、安全适用；岩土参数的分析与选用应符合现行国家有关标准的相关规定。

2.4.1 勘察成果分析与评价

勘察报告中的岩土工程分析评价主要包括下列内容：
（1）工程建设场地的稳定性、适宜性评价。
（2）不良地质作用及特殊性岩土对工程影响的分析与评价，避让或防治措施的建议。

（3）岩土工程的施工分级、隧道工程的围岩分级、稳定和变形分析，对施工和衬砌方案的建议。

（4）地基稳定性与均匀性分析评价。

（5）隧道工程、路基及各类建筑工程的地基承载力及变形分析，对地基基础设计方案的建议。

（6）划分场地土类型和场地类别，抗震设防烈度等于或大于6度的场地，评价地震液化和震陷的可能性，同时计算地震液化指数，提出相关预防或处置建议。

（7）工程建设与工程周边环境相互影响的预测及防治对策的建议。

（8）地下水对工程的静水压力、浮托作用等分析，对建筑材料腐蚀性的评价及防治措施的建议。

（9）对盾构法隧道还应重点分析评价盾构机选型应注意的地质问题、联络通道和区间工作井等部位的岩土工程条件、浅层气等不良地质对盾构掘进的不利影响、河流和湖泊等地表水体对盾构施工的影响、软硬不均地层中开挖措施及开挖面障碍物处理方法、盾构施工可能造成的土体变形特征。

2.4.2 勘察报告基本要求

勘察报告需要满足下列规定：

（1）各阶段勘察成果应具有连续性、完整性。

（2）相邻区段、相邻工点的衔接部位或不同线路交叉部位勘察成果资料应互相利用、保持一致；勘察报告中应统一全线工程地质单元、工程地质与水文地质分区、岩土分层的划分标准。

（3）勘探点平面图宜取合适的比例尺，图上应包含地形、线位、站位、里程、结构轮廓线等。

（4）勘探点应投影到线路里程上绘制工程地质剖面图，并包含钻孔里程、线路里程及工点剖面等。

（5）地震、地质构造图等平面图应包含地铁隧道线路位置。

2.4.3 勘察报告内容

勘察报告通常包括文字、表格、图件等部分，重要的原始支持性资料可作为报告附件。勘察报告的文字部分一般包括下列内容：

（1）勘察任务依据、拟建工程概况、勘察要求与目的、勘察范围、勘察方法与执行标准、完成工作量等。

（2）场地的地形、地貌、水文、气象、区域地质概况。

（3）勘察场地地面条件及工程周边环境、地下管线情况等。

（4）岩土工程特征描述、岩土分区、岩土分层、岩土物理力学性质、岩土施工工程等级、隧道围岩分级。

（5）地下水类型、赋存、补给、径流、排泄条件、地下水位及变化、腐蚀性评价、岩土层的透水性及富水性。

（6）不良地质作用、特殊性岩土的描述和对工程危害程度评价。

（7）场地地震效应、场地类别、抗震设防烈度、饱和粉砂粉土地震液化判别。

（8）场地稳定性和适宜性评价，地基稳定性和均匀性评价。

(9) 场地工程周边环境条件分析和工程相互影响的评价，环境保护的工程措施建议。

(10) 对各类工程进行岩土工程评价，并提出地基基础方案建议。

(11) 对设计、施工过程中可能出现的岩土工程问题进行预测，提出相应的预防措施建议。

勘察报告表格一般包括下列内容：

(1) 勘探点主要数据一览表。

(2) 各类岩土层物理力学性质指标综合统计表及参数建议值表。

(3) 原位测试成果及统计表、土工试验成果表、岩石试验成果表、水质分析成果表、土的热物理性指标测试成果表。

(4) 其他的相关分析表格。

勘察报告图件一般包括下列内容：

(1) 勘探点线平面位置图，以及工程地质纵、横断（剖）面图。

(2) 钻孔地质柱状图和现场岩芯照片。

(3) 原位测试成果图、水文地质试验综合成果图，以及必要时提供区域地质构造图、水文地质图、综合工程地质图与分区图、重要地层等值线图。

(4) 其他相关图件。

2.5 本章小结

工程地质勘察是地铁隧道工程建设中重要的关键环节，也是地铁隧道工程建设中不可缺少的重要阶段。本章首先阐明了地铁隧道工程勘察的目的，然后详细介绍了地铁隧道工程勘察方法、地铁隧道地质勘察、地铁隧道地下水勘察、成果分析与勘察报告。地铁隧道工程勘察方法重点阐述了收集研究既有资料、工程地质调查与测绘、工程地质勘探。地铁隧道地质勘察重点阐述了可行性研究勘察、初步勘察和详细勘察。地铁隧道地下水勘察重点阐述了地下水勘察的要求、地下水的作用和地下水控制。成果分析与勘察报告重点阐述了勘察成果分析与评价、勘察报告基本要求、勘察报告内容。

思 考 题

2.1 地铁隧道工程勘察方法有哪些？

2.2 地铁隧道地质勘察阶段如何划分？各个阶段的目的、任务、内容、方法、手段及提交的资料等方面有哪些要求？

2.3 地铁隧道地下水勘察的主要内容和要求有哪些？

2.4 地铁隧道勘察成果评价内容与方法有哪些？

2.5 地铁隧道勘察报告主要内容和要求有哪些？

第3章 地铁隧道线路设计与选择

本章要点及学习目标

（1）掌握地铁隧道的线路设计原则，理解设计年限、行车速度、线路类别和运行间隔等概念；

（2）掌握地铁隧道线性设计，熟练直线、圆曲线和缓和曲线等技术参数的计算；了解纵断面设计原则，熟练掌握纵断面坡度、竖曲线半径和坡度长度等设计；

（3）掌握车辆限界、设备限界和建筑限界的定义及内容；熟练掌握隧道横断面设计内容和方法。

课程思政学习

科技兴则民族兴，科技强则国家强。

3.1 地铁隧道线路设计

3.1.1 设计原则

地铁隧道线路设计应符合城市未来规划，并结合各因素进行周密设计。地铁隧道线路设计一般包括以下基本原则：

（1）线路设计必须符合城市的总体规划。快速的城市地铁隧道网络规划不仅是城市总体规划的重要组成部分，而且也是城市交通规划的重要组成部分。"交通引导布局"发展理念是引导城市发展的一条普遍规律，城市地铁隧道的规划和建设，可带动沿线地上地下空间的综合开发利用和区域经济升级。同时，地铁隧道线路规划要与城市的远景规划相结合，要具有前瞻性，如杭州市城市地铁建设规划是在杭州市国土空间总体规划的基础上，结合杭州市基本建成社会主义现代化国际大都市的远期发展目标而制定。

（2）线路设计必须与城市客流预测相适应。通过对城市主要交通干道的客流预测，定量地确定各条线路单向高峰小时客流量，也就可以确定每条线路的规模。规模确定后，就可以确定其为高容量、大容量、中容量还是小容量的城市地铁。居民每天出行的交通流向与城市的规划布局有密切关系。城市地铁只有沿城市交通主客流方向布设，才能照顾到居民快速、方便的出行需要，并能充分发挥城市地铁容量大、速度快的功能。城市地铁隧道线网不仅连通了城市内的中心区域，而且将城市的各大城区也连接在一起，极大地方便了人们的出行。

（3）规划的地铁线路尽量贯穿连接城市中心，并沿城市的主干路网进行布置。线路要贯穿连接城市交通枢纽对外交通中心（如火车站、机场、客运码头、长途客运汽车站等）、商业中心、文化娱乐中心、大型的生活居住区等客流集散数量大的场所，特别是地铁车站的规划和选址应设置在大的客流集散点，一般在市中心和居民稠密地区宜按1km左右确定车站间距，市郊可根据实际情况适当加大站间距离。

(4) 地铁线网布置应均匀，密度适当，且应与公交线网有机衔接。在考虑地铁线路走向时，应考虑各条线路的客流均匀性和沿线地面建筑情况，特别要注意保护重点历史文物古迹和保护环境，要优先考虑地形、地貌和地质条件，尽量避免通过不良地质地段和重要的地下管线等构筑物。

3.1.2 地铁隧道线路设计

(1) 设计年限

根据地铁有关设计规范的相关规定，设计年限分为初期、近期和远期。初期按建成通车后第3年确定，近期按建成通车后第10年确定，远期按建成通车后第25年确定。地铁的主体结构工程，以及因结构损坏或大修对地铁运营安全有严重影响的其他结构工程，设计使用年限不应低于100年。

(2) 行车速度

根据地铁有关设计规范的相关规定，地铁最高运行速度不超过100km/h，采用常规电机驱动列车的钢轮钢轨形式。目前国内既有或新建地铁大多采用80km/h，但是最新研究显示，在"锡澄S1线"上，中国新型地铁完成调试，列车采用B型车6节编组，最高运行速度已达120km/h，最大载客量为2032人。

(3) 线路类别

地铁线路按其运营中的功能定位，分为正线、配线、车场线。正线为载客运营的线路，行车速度快、密度大，且要保证行车的安全和舒适，因此线路标准较高。采用右侧行车的双线线路，且采用1435mm标准轨距。按照地铁有关设计规范的相关规定，地铁运行方向规定为：对于南北走向的线路，通常将由南向北的方向定义为上行方向，反之为下行方向；对于东西走向的线路，通常将由西向东的方向定义为上行方向，反之为下行方向；对于环形线路，将列车在外侧轨道线的运行方向定义为上行方向，内侧轨道线的运行方向定义为下行方向，如图3.1所示。

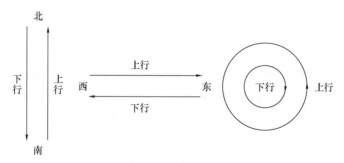

图 3.1 地铁运行方向

配线是指除正线外，在运行过程中为列车提供收发车、折返、联络、安全保障、临时停车等功能服务，通过道岔与正线联络的地铁线路。包括折返线、渡线、联络线、临时停车线、出入线、安全线等，一般不行驶载客车辆，速度要求较低，故线路标准也较低。

车场线是场区内的作业线路，行车速度慢，故线路标准只要满足场区作业即可。

(4) 运行间隔

地铁设计年限的列车运行间隔，应根据各设计年限预测客流量、列车编组及列车定员、系统服务水平、系统运输效率等因素综合确定。初期高峰时段列车最小运行间隔不宜大于 5min，平峰时段最大运行间隔不应大于 10min。远期高峰时段列车最小运行间隔不宜大于 2min，平峰时段最大运行间隔不宜大于 6min。

3.2 地铁隧道线形设计

3.2.1 隧道平面设计

线路平面是指地铁线路中心在水平面上的投影，用来表示线路在平面上的具体位置。地铁隧道线路常用的平面位置形式是布置在城市规划道路红线范围内，其特点是对道路红线范围以外的城市建筑物干扰较小，但是在某些条件下，地铁隧道线路置于道路范围之外，可以达到缩短线路长度、减少拆迁、降低工程造价之目的。地铁隧道线路平面位置比选，主要包括直线位置比选和曲线半径的比较，通过灵活设计线路的直线、圆曲线和缓和曲线等技术参数，不仅可以满足地铁车辆行车安全、平稳和舒适运行的要求，而且可以使工程和运营条件达到最佳。

（1）曲线间的夹直线设计

夹直线是指相邻两缓和曲线和两曲线端点间的直线段。正线、联络线及车辆基地出入线上，两相邻曲线间的夹直线最小长度及两缓和曲线间的圆曲线最小长度，应符合表 3.1 的规定。

夹直线最小长度　　　　　　表 3.1

线路	情况	A 型车	B 型车
正线、联络线、出入线	一般情况	\multicolumn{2}{c}{$\lambda \geqslant 0.5V$}
	困难时最小长度 L	25m	20m

注：λ 为夹直线最小长度（m），V 为列车通过夹直线的运行速度（km/h）。

（2）平面曲线设计

理想的线路平面是由直线和较少曲线组成，如图 3.2 所示。两相邻直线 L_1 和 L_2 偏角为 α，连接圆曲线半径为 R。

线路平面圆曲线半径应根据车辆类型、地形条件、运行速度、环境要求等综合因素比选确定。一般地段正线的圆曲线最小半径取 $R_{\min}=300$m，在困难地段圆曲线最小半径取 $R_{\min}=250$m。圆曲线最小半径如表 3.2 所示。

圆曲线最小半径（m）　　　　　　表 3.2

线路	车型			
	A 型车		B 型车	
	一般地段	困难地段	一般地段	困难地段
正线	350	300	300	250
出入线、联络线	250	150	200	150
车场线	150	—	150	—

折返线、停车线等宜设在直线上。困难情况下，除道岔区外，可设在曲线上，并可不

设缓和曲线，超高值应为 0～15mm。曲线超高值是指曲线外轨抬高后产生的外轨顶面与内轨顶面的水平高度之差。

线路平面曲线半径选择应适应所在区段的列车运行速度要求。当条件不具备设置满足速度要求的曲线半径时，应满足允许未被平衡横向加速度的计算要求：

1）在正常情况下，允许未被平衡横向加速度为 0.4m/s^2。当曲线超高为 120mm 时，最高速度限制应按式（3-1）计算，且不应大于列车最高运行速度。

$$v_{0.4} = 3.91\sqrt{R} \text{ (km/h)} \quad (3-1)$$

2）在瞬间情况下，允许短时出现未被平衡横向加速度为 0.5m/s^2。当曲线超高为 120mm 时，瞬间最高速度限制应按式（3-2）计算，且不应大于列车最高运行速度。

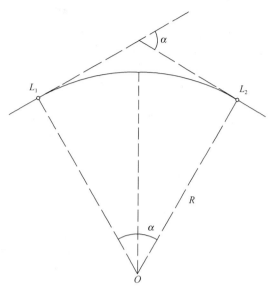

图 3.2 圆曲线设置示意

$$v_{0.5} = 4.08\sqrt{R} \text{ (km/h)} \quad (3-2)$$

3）在车站正线及折返线上，允许未被平衡横向加速度为 0.3m/s^2。当曲线超高为 15mm 时，最高速度限制应按式（3-3）计算，且不应大于车站允许通过速度或者道岔侧向允许速度。

$$v_{0.3} = 2.27\sqrt{R}\text{(km/h)} \quad (3-3)$$

此外，从运行安全考虑，在正线、联络线及车辆基地出入线上，A 型车圆曲线最小长度不宜小于 25m，B 型车圆曲线最小长度不宜小于 20m；在困难情况下，不得小于一节车辆的全轴距。考虑车场线低速运行的情况，车场圆曲线最小长度不应小于 3m。

(3) 缓和曲线设计

缓和曲线是平面线形要素之一，它是在直线与圆曲线之间、半径相差较大的两个同向圆曲线之间设置的曲率连续变化的曲线，如图 3.3 所示。在缓和曲线长度内完成直线至圆曲线的曲率变化，应包括轨距加宽过渡和超高递变的需要。

当圆曲线较短和计算超高值较小时，可不设缓和曲线，但曲线超高应在圆曲线外的直线段内完成递变。

缓和曲线长度应根据曲线半径、列车通过速度，以及曲线超高设置等因素，按地铁设计最新规范的规定进行选用，如表 3.3 所示。

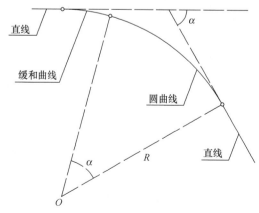

图 3.3 缓和曲线设置示意

线路曲线超高、缓和曲线长度　　表3.3

R	V	100	95	90	85	80	75	70	65	60	55	50	45	40	35
3000	L	30	25	20	20	20	20	20	—	—	—	—	—	—	—
	h	40	35	30	30	25	20	20	15	15	10	10	10	5	5
2500	L	35	30	25	20	20	20	20	20	—	—	—	—	—	—
	h	50	45	40	35	30	25	25	20	15	15	10	10	10	5
2000	L	45	40	35	30	25	20	20	20	20	20	—	—	—	—
	h	60	55	50	45	40	35	30	25	20	20	15	10	10	5
1500	L	55	50	45	35	30	25	20	20	20	20	20	—	—	—
	h	80	70	65	60	50	45	40	35	30	25	20	15	15	10
1200	L	70	60	50	40	40	30	25	20	20	20	20	20	—	—
	h	100	90	80	70	65	55	50	40	35	30	25	20	15	10
1000	L	85	70	60	50	45	35	30	25	20	20	20	20	20	—
	h	120	105	95	85	75	65	60	50	45	35	30	25	20	15
800	L	85	80	75	65	55	45	35	30	25	20	20	20	20	20
	h	120	120	120	105	95	85	70	60	55	45	35	30	25	20
700	L	85	80	75	75	65	50	45	35	25	20	20	20	20	20
	h	120	120	120	120	110	95	85	70	60	50	40	35	25	20
600	L	—	80	75	75	70	60	50	40	30	25	20	20	20	20
	h	—	120	120	120	120	110	95	85	70	60	50	40	30	25
550	L	—	—	75	75	70	65	55	40	35	—	20	20	20	20
	h	—	—	120	120	120	120	105	90	75	65	55	45	35	25
500	L	—	—	—	75	70	65	60	45	35	30	25	20	20	20
	h	—	—	—	120	120	120	115	100	85	70	60	50	40	30
450	L	—	—	—	—	70	65	60	50	40	30	25	20	20	20
	h	—	—	—	—	120	120	120	110	95	80	65	55	40	30
400	L	—	—	—	—	—	65	60	55	45	35	30	20	20	20
	h	—	—	—	—	—	120	120	120	105	90	75	60	50	35
350	L	—	—	—	—	—	—	60	55	50	40	30	25	20	20
	h	—	—	—	—	—	—	120	120	120	100	85	70	55	40
300	L	—	—	—	—	—	—	—	55	50	50	35	30	25	20
	h	—	—	—	—	—	—	—	120	120	120	100	80	65	50
250	L	—	—	—	—	—	—	—	—	—	50	50	45	35	25	20
	h	—	—	—	—	—	—	—	—	—	120	120	120	95	75	60
200	L	—	—	—	—	—	—	—	—	—	—	50	45	40	35	25
	h	—	—	—	—	—	—	—	—	—	—	120	120	120	95	70

注：R为曲线半径（m）；V为设计速度（km/h）；L为缓和曲线长度（m）；h为超高值（mm）。

3.2.2 隧道纵断面设计

地铁隧道线路纵断面是把沿线路中心线所作的铅垂剖面在纵向展直后，线路中心线的立面图。它表示线路起伏情况，其高程为路肩高程。

(1) 纵断面设计原则

1) 保证列车运行安全、平稳和乘客舒适，坡段尽量长。

2)线路纵断面要结合不同的地形、地质、水文条件、地上地下建筑物与基础情况以及线路平面条件等进行合理设计,力求在方便乘客的同时降低工程整体造价。

3)设计尽量遵循"高站位、低区间"的节能坡道。车站位于纵断面的高处,区间位于纵断面的低处,使得列车进站时受到一定的阻力,有利于减速进站,而在出站时可以将势能转化为动能,为列车提供一定的牵引力。

(2)纵断面坡度

线路因排水的需要和各站台线路的高程不同,需要设置纵坡,线路纵坡用千分率表示。地铁线路纵断面的最大纵坡值,不包含曲线阻力、隧道内空气阻力等附加当量坡度。

各段线路上的坡度应满足下列要求:

1)线路坡度设计。正线最大坡度宜采用30‰,困难地段最大坡度可采用35‰。在山地城市的特殊地形地区,经技术经济比较,有充分依据时,最大坡度可采用40‰。联络线、出入线的最大纵坡宜采用40‰。区间隧道的线路最小坡度宜采用3‰,困难条件下可采用2‰。此外,区间纵断面设计的最低点位置,应兼顾与区间排水泵房和区间联络通道位置结合,当排水管采用竖井引出方式时,地面应具有竖井实施条件。

2)坡段与竖曲线设计。线路坡段长度不宜小于远期列车长度,并应满足相邻竖曲线间的夹直线长度不小于50m的要求。同时,两相邻坡段的坡度代数差等于或大于2‰时,应设圆曲线型的竖曲线连接,竖曲线的半径不应小于表3.4的规定。

竖曲线半径(m)　　　　　　　　　　　　　　　　　　表3.4

线别		一般情况	困难情况
正线	区间	5000	2500
	车站端部	3000	2000
联络线、出入线、车场线		2000	

3.3 地铁隧道横断面设计

3.3.1 地铁隧道限界的分类与确定

地铁隧道限界是保障地铁安全运行、限制车辆断面尺寸、限制沿线设备安装尺寸、确定建筑结构有效尺寸的最小尺寸断面。限界越大,安全度越高,但工程量和工程投资也随之增加。根据车辆轮廓尺寸、线路特性、安装施工精度等因素进行综合比较,确定一个既能保证列车运行安全,又经济合理的断面,是制定地铁隧道工程限界的目的。

根据不同的功能要求,地铁隧道限界分为车辆限界、设备限界和建筑限界。

车辆限界是指车辆在运行中的横断面的极限位置,车辆任何部分都不允许超出此限界。车辆限界可按隧道内外区域,分为隧道内车辆限界和隧道外车辆限界;也可按列车运行区域,分为区间车辆限界、站台计算长度内车辆限界和车辆基地内车辆限界;最后也可按所处地段分为直线车辆限界和曲线车辆限界。

设备限界是指在车辆限界的基础上,考虑轨道的轨距、水平、方向、高低等在某些地段出现最大容许误差时引起车辆的附加偏移量,以及在设计、施工、列车运行中不可预计的因素在内的安全预留量。

建筑限界是指地铁隧道内垂直于线路中心线的最小有效的隧道净空。所有构筑物的任何突出部分都不得侵入，所以在地铁隧道横断面设计时，应该考虑施工和测量误差以及结构变形量等。建筑限界按工程结构形式可分为矩形隧道建筑限界、马蹄形隧道建筑限界和圆形隧道建筑限界。

地铁隧道限界的确定主要是计算建筑限界和制定限界的基本参数。地铁隧道建筑限界的依据是车辆限界和设备限界。设备限界是用以限制设备安装的控制线，是在车辆限界外扩大一定安全间隙后形成。地铁隧道建筑限界是在设备限界的基础上，考虑了设备和管线安装尺寸后的最小有效断面，并预留不小于 50mm 的安全间隙。地铁隧道建筑限界和设备限界之间的最小间隙不宜小于 200mm，困难条件下不应小于 100mm。

与限界相关的车辆基本参数应符合表 3.5 的规定。当选用车辆的基本参数不满足表 3.5 的要求时，应重新核定车辆限界、设备限界和建筑限界。

各型车辆基本参数（mm） 表 3.5

参数	车型		A 型	B 型		B_2 型
				B_1 型		
				上部受流	下部受流	
计算车体长度			22100	19000		
计算车体宽度			3000	2800		
计算车体高度			3800	3800		
计算车辆定距			15700	12600		
计算转向架固定轴距			2500	2200/2300		
地板面距走行轨面高度			1130	1100		
受流器工作点至转向架中心线水平距离		750V	—	1418	1401	
		1500V	—	—	1470	
受流器工作面距走行轨面高度		750V	—	140	160	
		1500V	—	—	200	
接触轨防护罩内侧至接触轨中心线距离		750V	—	≤74	≤86	
		1500V	—	—	≤86	

3.3.2 地铁隧道横断面设计

（1）区间直线段隧道限界

在进行区间直线段隧道限界计算时，需要明确地铁隧道建筑限界坐标系，即为正交于轨道中心线的平面直角坐标，通过两钢轨轨顶中心连线的中点引出的水平坐标轴，用 Y 表示，通过该中点垂直于水平轴的坐标轴用 Z 表示。

直线地段矩形隧道建筑限界，应在直线设备限界的基础上，按照下列公式进行计算确定。

$$B_S = B_L + B_R \tag{3-4}$$

$$B_L = Y_{S(max)} + b_L + c \tag{3-5}$$

$$B_R = Y_{S(max)} + b_R + c \tag{3-6}$$

A 型车和 B_2 型车：
$$H = h_1 + h_2 + h_3 \tag{3-7}$$

B_1 型车： $\qquad H = h'_1 + h'_2 + h_3 \qquad$ (3-8)

式中 B_S——建筑限界宽度；
B_L——行车方向左侧墙至线路中心线净空距离；
B_R——行车方向右侧墙至线路中心线净空距离；
H——自结构底板至隧道顶板建筑限界高度；
$Y_{S(max)}$——直线地段设备限界最大宽度值；
b_L、b_R——左、右侧的设备、支架或疏散平台等最大安装宽度值（mm）；
c——安全间隙（mm），取 50mm；
h_1——受电弓工作高度（mm）；
h_2——接触网系统高度（mm）；
h_3——轨道结构高度（mm），取值见表 3.6；
h'_1——设备限界高度（mm）；
h'_2——设备限界至建筑限界安全间隙（mm），取 200mm。

轨道结构高度（mm） 表 3.6

结构形式	轨道结构高度	
	正线、配线	车场线
矩形隧道	560	—
单线马蹄形隧道	650	—
单线圆形隧道	740	—
有砟道床（木枕/混凝土枕）	700～900	580～625
车场库内	—	500～600

注：单线圆形隧道采用两侧排水沟时，轨道结构高度可适当加大。

（2）区间圆曲线段隧道限界

$$B_a = Y_{Ka}\cos\alpha - Z_{Ka}\sin\alpha + b_R(或 b_L) + c \qquad (3-9)$$
$$B_i = Y_{Ki}\cos\alpha + Z_{Ki}\sin\alpha + b_L(或 b_R) + c \qquad (3-10)$$

A 型车和 B_2 型车： $\qquad H = h_1 + h_2 + h_3 \qquad$ (3-11)

B_1 型车： $\qquad B_u = Y_{Kh}\sin\alpha + Z_{Kh}\cos\alpha + h_3 + 200 \qquad$ (3-12)

$$\alpha = \sin^{-1}(h/s) \qquad (3-13)$$

式中 B_a——曲线外侧建筑限界宽度；
B_i——曲线内侧建筑限界宽度；
B_u——曲线建筑限界高度；
h——轨道超高值（mm）；
s——滚动圆间距（mm），取值 1500mm；
(Y_{Kh}, Z_{Kh})、(Y_{Ki}, Z_{Ki})、(Y_{Ka}, Z_{Ka})——曲线地段设备限界控制点坐标值（mm）。

（3）区间缓和曲线段

由于缓和曲线曲率是不断变化的，因此缓和曲线段加宽也是一个变化值。缓和曲线加宽分为内侧加宽和外侧加宽。加宽值包括三部分：曲线半径变化引起的几何加宽、轨道超高引起的加宽和其他因素引起的加宽。

1) 曲线半径变化引起的几何加宽

缓和曲线内侧加宽量按下列公式计算：

A 型车 $$e_{p内} = 31592 \frac{x}{C} \tag{3-14}$$

B 型车 $$e_{p内} = 20450 \frac{x}{C} \tag{3-15}$$

缓和曲线外侧加宽量按下列公式计算：

A 型车 $$e_{p外} = \frac{1}{C}(30240x + 222768) \tag{3-16}$$

B 型车 $$e_{p外} = \frac{1}{C}(25280x + 160107) \tag{3-17}$$

式中 $e_{p内}$，$e_{p外}$ ——缓和曲线引起的曲线内、外侧限界加宽量（mm）。

2) 轨道超高引起的加宽量

轨道超高引起的加宽量按下列公式计算：

$$h_{缓} = \frac{hx}{L} \tag{3-18}$$

$$e_{h内} = Y_1 \cos\alpha + Z_1 \sin\alpha - Y_1 \tag{3-19}$$

$$e_{h外} = Y_2 \cos\alpha - Z_2 \sin\alpha - Y_2 \tag{3-20}$$

$$\sin\alpha = \frac{h_{缓}}{1500} \tag{3-21}$$

$$C = L \times R \tag{3-22}$$

式中 $e_{h内}$，$e_{h外}$ ——轨道超高引起的曲线内、外侧限界加宽量（mm）；

x ——计算点距离缓和曲线起点的距离（m）；

L ——缓和曲线长度（m）；

R ——圆曲线半径（m）；

h ——圆曲线段轨道超高值（mm）；

$h_{缓}$ ——缓和曲线上计算点处的超高值（mm）；

(Y_1, Z_1)，(Y_2, Z_2) ——计算曲线内、外侧限界加宽的设备限界控制点坐标（mm）。

3) 其他因素引起的加宽量

引起加宽量的其他因素包括欠超高或过超高引起的加宽量和曲线轨道参数及车辆参数变化引起的建筑限界加宽量。其他因素引起的加宽值，车站地段应取 10mm，区间地段应取 30mm。

缓和曲线上限界加宽总量可按下列公式计算：

曲线内侧： $$E_内 = e_{p内} + e_{h内} + e_{其他} \tag{3-23}$$

曲线外侧： $$E_外 = e_{p外} + e_{h外} + e_{其他} \tag{3-24}$$

式中 $e_{其他}$ ——其他因素引起的加宽量值（mm）。

地铁缓和曲线段建筑内侧和外侧加宽适用范围如图 3.4 所示。

(4) 圆形和马蹄形隧道的建筑限界

单线圆形隧道的建筑限界，应按全线盾构施工地段的平面曲线最小半径和最大轨道超高确

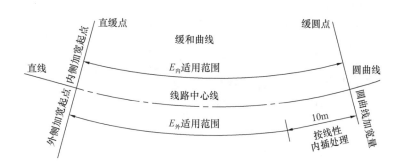

图 3.4 缓和曲线段建筑限界加宽范围示意图

定。单线马蹄形隧道的建筑限界,应按全线采用矿山法施工地段的平面曲线最小半径确定。

圆形或马蹄形隧道在曲线超高地段,应采用隧道中心向线路基准线内侧偏移的方法解决轨道超高造成的内外侧不均匀位移量。位移量应按下列公式计算:

1) 按半超高设置时,按下列公式计算:

$$y' = h_0 \cdot h/s \tag{3-25}$$
$$z' = -h_0(1-\cos\alpha) \tag{3-26}$$

2) 按全超高设置时,按下列公式计算:

$$y' = h_0 \cdot h/s \tag{3-27}$$
$$z' = h/2 - h_0(1-\cos\alpha) \tag{3-28}$$

式中 y'——隧道中心线对线路基准线内侧的水平位移量(mm);
z'——隧道中心线竖向位移量(mm);
h_0——隧道中心至轨顶面的垂向距离(mm)。

3.4 工程案例

浙江某线路由某高铁站出站后,沿青年路进入长安镇时,既有沪杭高速铁路存在立体交叉关系,同时两者交叉处存在既有沪杭高速铁路、沪杭高速公路、沈士大道、高压铁塔等控制因素,线路设计方案需要详细比选研究。线路周边环境如图 3.5 所示。

图 3.5 沪杭高速铁路和沪杭高速公路

设计线路穿越沪杭高速铁路和沪杭高速公路、沈士大道如图 3.6 所示,沈士大道现状如图 3.7 所示。

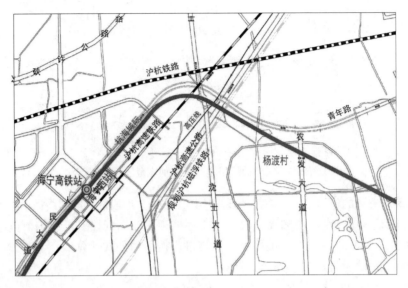

图 3.6 设计线路穿越沪杭高速铁路和沪杭高速公路示意

图 3.7 沈士大道现状图

结合对既有已运营沪杭高速铁路的影响、工程造价、施工难易程度，本设计综合考虑了地面 U 形槽下穿和隧道下穿两个方案。

(1) 方案一：地面 U 形槽下穿方案

线路出某高铁站后沿人民大道继续前行至沪杭高速铁路处，沪杭高速铁路此段最困难处梁底标高为 9.6m，地面标高为 4.8m，沪杭高速公路此段最困难处梁底标高为 8.2m，地面标高为 4.27m。为了保证下穿线路的净空要求，本线路将下挖部分路面，以地面线 U 形槽形式下穿沪杭高速铁路，同时以框架桥梁形式上跨沈士大道，然后继续以地面线 U 形槽形式下穿沪杭高速公路后沿青年路东行。

由于道路通行的净空要求，此方案需改造沈士大道，即将此段的道路 U 形槽深度进一步埋深，同时本方案也将会阻断沈士大道和人民大道的规划连接道路，如图 3.8 所示。

(2) 方案二：隧道下穿方案

线路出某高铁站后沿人民大道继续前行至沪杭高速铁路处，以隧道形式先后下穿沪杭高速铁路、沈士大道以及沪杭高速公路后，由地下转为高架继续沿青年路东行。本方案不会阻断沈士大道和人民大道的规划连接道路，如图 3.9 所示。

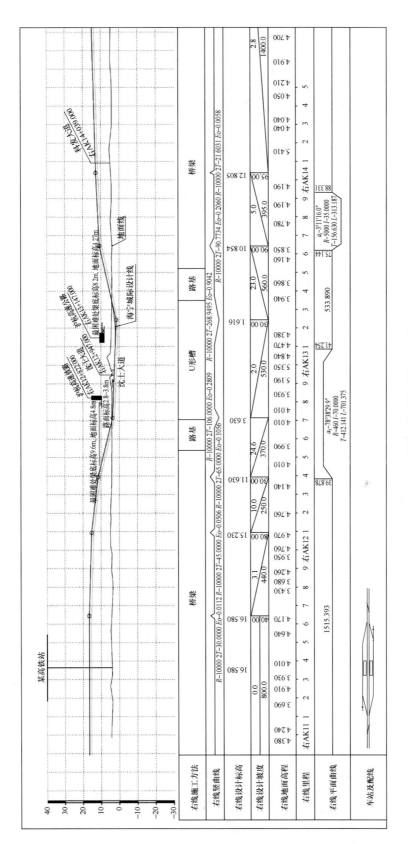

图 3.8 地面 U 形槽下穿方案纵断面示意图

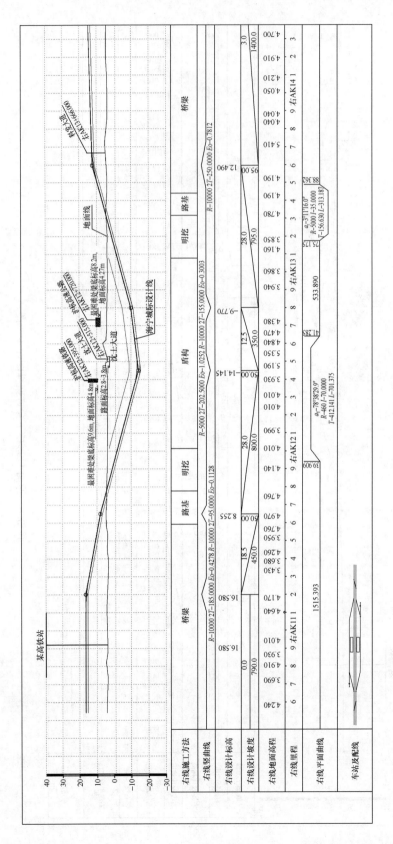

图 3.9 隧道下穿方案纵断面示意图

对方案一和方案二进行比选，如表 3.7 所示。

线路穿越沪杭高速铁路方案比选　　　　　　表 3.7

方案	方案说明	土建费用 （右 AK12+035～AK13+886）	对沪杭高速铁路的影响
方案一：地面 U 形槽下穿	以地面 U 形槽形式下穿沪杭高速铁路，同时以框架桥梁形式上跨沈士大道，需对沈士大道该节点进行道路改造，以保证净空要求	本段线路长约 1851m，分别包含高架区间、路基段及明挖 U 形槽段，总计费用约 11089 万元（未含沈士大道改造费用）	与隧道下穿方案影响相当，通过一定的施工保护措施，可大大降低影响
方案二：隧道下穿	以地下线形式下穿沪杭高速铁路，同时以隧道形式下穿沈士大道	本段线路长约 1851m，分别包含盾构隧道段、路基段及明挖过渡段，总计费用约 17231 万元	通过一定施工保护措施，影响较小
方案推荐	综合比较，本次研究推荐方案一：地面 U 形槽下穿方案		

根据已收集到的沪杭高速铁路桥梁桩基资料和沪杭高速公路桩位资料，本线线位同时从高速铁路桥墩和高速公路桥墩之间穿过，右线采用 $R=460m$ 的半径、左线采用 $R=440m$ 的小半径曲线，线路中心线距离沪杭高速铁路桥墩最近距离为 8.42m，距离沪杭高速公路桥墩最近距离为 6.69m，均满足行车安全要求，如图 3.10 所示。经综合考虑区段土建费用、与沪杭高速铁路的净空要求、减少对已运营沪杭高速铁路的影响以及区段运营费用与可实施性等因素，推荐采用方案一：地面 U 形槽方案下穿沪杭高速铁路及沪杭高速公路、上跨沈士大道。

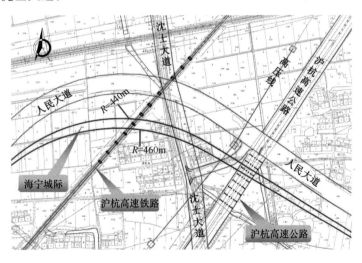

图 3.10　线位与沪杭高速铁路、沪杭高速公路桥墩位置关系示意图

3.5 本章小结

本章阐述了地铁隧道线路的设计原则，并从设计年限、行车速度、线路类别、运行间

隔等方面详细介绍了地铁隧道线路设计要求；系统阐述了地铁隧道线形设计，包括隧道平面设计、隧道纵断面设计；详细介绍了地铁隧道横断面设计，包括地铁隧道限界的分类与确定、地铁隧道横断面设计计算方法；最后结合浙江地铁某线路穿越沪杭高速铁路方案进行线路设计比选研究。

思 考 题

3.1 地铁隧道线路设计的基本原则有哪些？一般线路设计包括哪些内容？
3.2 地铁隧道线形设计的基本流程有哪些？
3.3 什么是地铁隧道限界？地铁隧道限界包括哪些内容？
3.4 简述线路坡度设计的基本要求。
3.5 地铁隧道纵断面设计和横断面设计一般包括哪些内容？

第4章 明挖法施工技术

本章要点及学习目标

（1）熟练掌握明挖法的施工流程，了解明挖法的施工方法；掌握明挖法的适用条件，了解明挖法的优缺点；

（2）熟练掌握各类明挖法基坑围护类型与特点，了解各围护结构的适用范围与优缺点；

（3）熟悉明挖法钢筋工程中钢筋加工要求、受力钢筋接头位置和钢筋安装要求；

（4）熟悉明挖法模板与支架的安装及拆除工艺流程，了解施工缝、变形缝和后浇带的混凝土施工工艺要求。

课程思政学习

全面建设社会主义现代化国家、全面推进中华民族伟大复兴，关键在党。

4.1 施 工 准 备

明挖法是先从地表向下开挖基坑至设计标高，然后在基坑内的预定位置由下而上地建造隧道主体结构及其防水措施，最后回填土并恢复路面。地铁隧道明挖法一般是在地面环境条件允许的地段实施。明挖法施工具有作业面多、速度快、工期短、工程质量易保证、工程造价低等优点。

明挖法施工准备工作是指工程施工前所做的一切工作，不仅在开工前要做，开工后也要做，有组织、有计划、有步骤、分阶段地贯穿于整个工程建设的始终。明挖法施工准备工作主要包括以下内容：

（1）明挖法施工前，应平整场地，清除施工范围内的地上、地下障碍物，对需要保留的地下管线应挖探外露，封堵地下空洞。

（2）采用降水法施工的基坑，开挖时应保持地下水位稳定在开挖面 0.5m 以下。

（3）结构长距离明挖施工应分段实施，需作出土方及设备、材料调配计划，应进行平行流水作业。

（4）土建结构施工应与机电设备安装配合，应预留满足大型设备及管线的运输和安装通道。特别是土方及围护结构、降水等施工机械，如果存在在架空输电线路和通信线路下作业，应事先预留安全距离。

（5）熟悉、审查明挖法施工图纸和有关设计资料，做好物资准备、劳动组织准备和施工现场准备。

4.2 明挖法基坑围护结构

按照基坑围护类型不同，地铁隧道明挖施工可分为敞口放坡明挖法和有围护结构明挖法两大类。敞口放坡明挖法修建地铁隧道一般是在地面宽阔、建筑物稀少、土质稳定的条件下采用，但在软土地区和道路密集的城市中心区域很少采用。目前，采用明挖法修建地铁隧道时，大多采用有围护结构的明挖法。有围护结构明挖法种类很多，其施工方法、工艺和所用的施工机械也各异，因此应根据地铁隧道基坑深度、工程地质和水文地质条件、施工速度、结构防水性能、地面环境条件、工程造价等进行综合比选后确定。

4.2.1 钻孔灌注桩

钻孔灌注桩是指采用不同的钻孔方法，在土中形成一定直径的井孔，达到设计标高后，将钢筋骨架（笼）吊入井孔中灌注混凝土形成的桩基础。钻孔灌注桩主要采用机械成孔，成孔机械分为螺旋钻机、正反循环钻机、套管钻机和冲击钻机。

（1）螺旋钻机成孔

螺旋钻机分长螺旋钻机和短螺旋钻机两种，由于地质条件限制，长螺旋钻机应用较广。短螺旋钻机，由于钻进中挤入钻杆叶片间的土要将钻头提升到地面后反转甩出，而反复钻进和提升，使孔壁扰动后易于坍塌，故仅在黏性土中较为适用，在其他软土地层中的应用则受到一定限制。

围护桩采用螺旋钻机成孔时，成孔应符合下列规定：

1) 钻杆就位应准确、垂直。

2) 开钻或穿越软硬不均匀土层交界处时，应缓慢钻进并保持钻杆垂直；松软杂填土或含水量较大的软塑性土层中钻进时，钻杆不得摇晃。

3) 钻进中应及时清理孔口渣土，当发现钻杆跳动、机架摇摆、不进尺等现象时，应停钻检查；钻孔至设计文件规定的标高后应空钻清渣，提钻后及时吊装钢筋笼并灌注混凝土。

（2）正反循环钻机成孔

正反循环钻机成孔主要指正循环钻机成孔和反循环钻机成孔。

正循环钻机成孔，它是在钻机驱动钻具回转钻进的同时，冲洗液沿钻杆与孔壁之间的环形空间上升，然后从孔口返回沉淀池，形成正循环回转钻进。钻机的主要部件有转盘、电动机、卷扬机、钻架、钻杆、钻头和水管等。

反循环钻机成孔，它的冲洗液流向是从地面沿钻具与孔壁间的环形空间，或采用专门管线以及双壁钻杆的外环间隙流向孔底，然后沿钻杆的中心孔上升返回地面，形成反循环排渣回转钻进。其主要设备与正循环钻进成孔的设备基本相同，但一般不需要泥浆泵。按吸升泥浆和排渣方法不同，需配置吸泥泵与真空泵，或空气吸泥机和水力吸泥机等。

（3）套管钻机成孔

利用钻机摇动装置的摇动，使钢套管与土层间的摩阻力大大减少，边摇动边压入，同时利用冲抓斗挖掘取土，直至套管下到桩端持力层为止。挖掘完毕后，立即进行挖掘深度的测定，并确认桩端持力层，然后清除虚土。成孔后将钢筋笼放入，接着将导管竖立在钻孔中心最后灌注混凝土成桩。

套管钻机成孔时，钢筋笼加工绑扎应牢固，起吊应平稳，并应符合下列规定：

1) 主筋接头可采用机械连接或焊接形式；导管灌注水下混凝土桩的钢筋笼内径应大于导管连接处外径100mm以上。

2) 钢筋笼应按吊装条件选择分段加工长度，并应设置钢筋保护层定位垫块和焊接吊装耳环。

3) 钢筋笼下端 0.5~0.8m 范围内主筋应稍向内侧弯曲呈倾斜状，钢筋笼刚度较弱时应采取辅助补强措施，存放和吊运过程中不得变形。

4) 钢筋笼吊装时，吊直对准孔位后缓慢下沉，不得碰撞孔壁和强行入孔；分段吊装时，将下段吊入孔内后，其上端应留 1m 左右临时固定在孔口处，上下段钢筋笼的主筋对正连接合格后方可继续下沉。

(4) 钢丝绳冲击钻机成孔

利用悬吊着的钻头的冲击力，将钻孔内的土或岩层冲碎，并采用泥浆护壁，通过捞渣将钻孔内的大部分泥土清出孔外。其操作要点为，钻孔前，先在孔口处埋设护筒，护筒位置应准确、稳定，护筒外侧应用黏土填实，然后使钻机就位，并使钻头中心对准护筒中心；钻进过程中，当深度在护筒底以下 3~4m 时，应低锤冲击，锤高控制在 0.4~0.6m，并及时加泥浆护壁，保持孔壁稳定；钻进中，每冲击 3~4m 掏一次渣，并及时加水保持孔内水位高度，防止坍孔。掏完渣后，向孔内加护壁泥浆并保持正常浓度，这样反复冲孔、掏渣、注浆，直至设计深度。

泥浆护壁成孔排渣应符合下列规定：

1) 黏性土中成孔，可注入清水，以原土造浆护壁，泥浆相对密度应控制在 1.1~1.2。

2) 砂土和较厚夹砂层中成孔，泥浆相对密度应控制在 1.1~1.3；砂夹卵石层或容易坍孔土层中成孔时，泥浆相对密度应控制在 1.3~1.5。

3) 泥浆应选用塑性指数不小于 17 的黏土或膨润土等材料配制。

4) 施工中应经常测定泥浆相对密度，并应定期测定黏度、含砂率和胶体率，黏度应为 18~22s、含砂率应为 4%~8%、胶体率不应小于 90%。

5) 泥浆液面应高出地下水位 1m。

钢丝绳冲击钻机成孔时需要注意泥浆护壁清孔工作，当孔壁土质不易坍塌时，一般用空气吸泥机清孔，当孔壁土质较差时，一般用泥浆循环清孔，清孔过程中应补足泥浆，并保持泥浆面稳定。清孔后应检查桩底沉渣厚度，检查合格后宜立即吊放钢筋笼，并灌注水下混凝土。在混凝土灌注前应在导管内临近泥浆面位置吊挂隔水栓，导管底端距孔底应保持 300~500mm，首盘混凝土的灌注量应使导管底端埋入混凝土深度不小于 0.5m，灌注过程中导管埋入混凝土深度应保持在 2~6m，导管吊放和提升不得碰撞钢筋笼。

4.2.2 地下连续墙

地下连续墙是指利用各种挖槽机械，借助于泥浆的护壁作用，在地下挖出窄而深的沟槽，并在其内浇筑适当的材料而形成一道具有防渗、防水、挡土和承重功能的连续的地下墙体。地下连续墙施工时振动小、噪声低，对邻近建筑物或构筑物影响小，而且墙体刚度大，能承受较大的侧压力，且工效高、工期短、质量可靠。

地下连续墙施工工艺主要分为导墙、泥浆护壁、成槽施工、水下灌注混凝土、墙段接头处理等。其施工时需要高度重视泥浆制备和管理，因为泥浆的作用是在槽壁上形成不透水的泥皮，从而使泥浆的静水压力有效地作用在槽壁上，防止地下水的渗水和槽壁的剥落，保持壁面的稳定。泥浆拌制材料一般选用膨润土或高分子聚合物材料，如采用黏土，应进行物理、化学分析和矿物鉴定，其黏粒含量应大于 50%，塑性指数应大于 20，含砂量应小于 5%，二氧化硅与氧化铝含量的重量比值宜为 3~4，同时泥浆应经试配确定，泥浆配制性能指标应满足表 4.1 的规定。

泥浆配制性能指标　　　　表 4.1

泥浆性能	新配制		循环泥浆		废弃泥浆		检验方法
	黏性土	砂性土	黏性土	砂性土	黏性土	砂性土	
密度（g/cm³）	1.04~1.05	1.06~1.08	<1.10	<1.15	>1.25	>1.35	比重计
黏度（s）	20~24	25~30	<25	<35	>50	>60	漏斗计
含砂率（%）	<3	<4	<4	<7	>8	>11	洗砂瓶
pH 值	8~9	8~9	>8	>8	>14	>14	试纸

地下连续墙挖槽施工也十分重要，需要注意以下工艺：

1）地下连续墙应根据地质、施工环境、深度、墙厚和工程量选择挖槽机械。单元槽段长度应符合设计文件或方案要求，一般采用间隔式开挖，可间隔一个单元槽段。挖槽时，抓斗中心平面应与导墙中心平面相吻合，挖槽过程中应适时观测槽壁变形、垂直度、泥浆液面高度，并控制抓斗上下运行速度，如发现较严重坍塌时，应及时将抓斗提出。

2）成槽过程中应及时补浆，泥浆液面不宜低于导墙底部，且应高于地下水位 0.5m 以上。槽段挖至设计文件规定的标高后，应检查槽位、槽深、槽宽和垂直度，经验收合格后方可进行清底。

3）成槽后应对相邻段混凝土端面进行清刷和清底，清刷应到底部。清槽应自底部抽吸并及时补浆，清槽后的槽底泥浆相对密度不应大于 1.15，沉淀物淤积厚度不应大于 100mm。

水下灌注混凝土是地下连续墙施工的关键工艺，需要注意以下规定：

1）混凝土应具有良好的和易性，配合比应经试验确定。细骨料宜采用中、粗砂，粗骨料宜采用粒径不大于 40mm 的卵石或碎石。干成孔坍落度宜为 100~210mm，水下灌注坍落度宜为 160~210mm。

2）混凝土灌注应采用导管法，导管宜采用直径为 200~250mm 的多节钢管，管节连接应严密、牢固，使用前应通过密闭性试验。

3）导管水平布置距离不应大于 3m，距槽段端部不应大于 1.5m；导管下端距槽底应为 300~500mm，灌注混凝土前应在导管内临近泥浆面位置吊挂隔水栓。

4）钢筋笼沉放就位后应及时灌注混凝土，并不应超过 4h。各导管储料斗内混凝土储量应保证开始灌注混凝土时埋管深度不小于 500mm，且各导管剪断隔水栓吊挂线后应同步、均匀、连续灌注混凝土。

5）混凝土不得溢出导管落入槽内，混凝土灌注速度不应低于 2m/h，置换出的泥浆应及时处理，不得溢出地面。

4.2.3 土钉墙支护

土钉墙支护是在隧道新奥法原理的基础上发展起来的一种支护结构，又称深基坑的"喷锚支护结构"，其中，土钉就是置于基坑边坡土体中，以较密间距排列的细长金属锚杆。土钉依靠它与土体接触面上的黏结力或摩擦力，与其周围土体形成一个有自承能力的挡土墙体系，承受未加土钉土体施加的侧压力，以保持基坑边坡的整体稳定性，如图 4.1

所示。

土钉布置应符合设计文件要求，设计文件无要求时应符合下列规定：

1）最上层土钉覆土厚度不应小于3m；上下两层钉间距宜为1～2m，水平间距宜为2～3m；倾斜度宜为5°～20°。

2）土钉位置应符合设计文件或方案要求，并应避开邻近地下构筑物或管线；成孔过程中不应产生塌孔，在易塌孔土层中，宜采用套管跟进成孔。

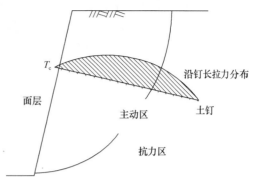

图4.1 土钉墙支护示意

3）基坑土方按土钉层高，分层开挖，每层开挖至土钉下0.5m，便于土钉墙施工作业；分段长度应根据土钉墙作业进度和保证坡面稳定时间确定。

4）喷射混凝土面层达到设计文件规定强度的70%后方可开挖下层土方及进行下层土钉施工。

土钉注浆材料用的水泥强度等级不应低于32.5级的硅酸盐水泥，可掺加外加剂，水泥浆的水灰比一般为0.4～0.5，水泥砂浆的灰砂比一般为1∶2～1∶1，水灰比一般为0.38～0.45；注浆饱满密实，并可采用二次注浆，注浆压力控制为0.4～0.6MPa；接近地表、地下构筑物或管线的锚杆，应控制注浆压力。

4.2.4 型钢水泥土搅拌桩（墙）

型钢水泥土搅拌桩（墙）是指在连续套接的三轴水泥土搅拌桩内插入型钢形成的复合挡土截水结构，适用于软土地区且基坑开挖深度小于15m的基坑围护结构。

三轴水泥土搅拌桩是指以水泥作为固化助剂，通过三轴搅拌机将固化剂和地基土强制搅拌，使地基土硬化成具有连续性、抗渗性和一定强度的桩体，实际施工时桩的直径一般选用650mm、850mm和1000mm。型钢水泥土搅拌桩（墙）的内插型钢一般采用H型钢，具体选型应根据基坑开挖深度、周边环境条件、场地工程地质和水文地质条件、基坑形状与规模、支撑或锚杆体系的设置等综合确定。

型钢水泥土搅拌桩（墙）中的三轴水泥土搅拌桩可作为截水帷幕，搅拌桩应采用套接一孔法施工，其型钢的间距和平面布置形式应根据计算确定，常用的内插型钢布置形式可采用密插型、插二跳一型和插一跳一型三种，如图4.2所示。

型钢水泥土搅拌桩（墙）中的三轴及以上的搅拌桩机施工，应符合下列规定：

1）施工前应进行工艺性试桩，数量不应少于3根。施工时应测放桩位，钻头就位应准确、垂直，钻孔过程中应随时检测，型钢沉入以轴线为准。

2）搅拌机搅拌下沉速度与搅拌提升速度应匀速，且控制在0.3～200m/min内。浆液泵送流量应与搅拌机的喷浆搅拌下沉速度或提升速度相匹配，确保搅拌桩中水泥掺量的均匀性。注浆压力宜保持在0.4～0.6MPa，不应超过0.8MPa。

3）水泥浆液的水灰比宜为1.5～2.0，制备好的水泥浆液应通过滤网倒入具有搅拌装置的储浆罐或储浆池中。因故搁置超过2h的拌制浆液，应作为废浆处理，不得使用。施工时如因故停浆，应在恢复压浆前将搅拌机提升或下沉0.5m再注浆搅拌施工。

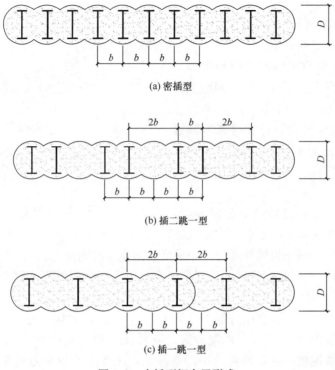

图4.2 内插型钢布置形式

4) 桩与桩的搭接时间不宜大于24h。因故超时，搭接施工中应放慢搅拌速度以保证两桩之间的搭接质量。此外，每台班应抽查2根桩，每根桩做三联标准模水泥土试块三组。

型钢的插入与回收也十分重要，具体施工操作时需要遵守以下规定：

1) 型钢插入前应检查其直线度、接头焊接质量，并在搅拌施工结束后30min内完成插入。型钢的插入应采用定位导向架控制其位置和垂直度，型钢插入到位后应锁定其顶标高和位置。型钢插入主要依靠自重插入，也可借助带有液压钳的振动锤等设备下沉，不应采用重复起吊型钢的插入方法。

2) 型钢起拔宜采用专用液压起拔机。有肥槽的，应在主体结构与搅拌墙之间的肥槽回填压实后进行；无肥槽的，应在主体结构完成且顶部达到设计文件规定的强度后进行。型钢拔除后，应将其空隙注浆充填密实。

对周边环境条件复杂、支护要求高的基坑工程，型钢不宜回收。在整个施工过程中，应对周边环境和基坑支护体系进行监测。

4.2.5 咬合桩

咬合桩是指混凝土灌注桩相互咬合搭接形成的具有挡土和止水作用的连续桩墙。咬合桩设计和施工前应根据地质、水文条件、地下障碍物情况和周边环境特点，选用硬切割或软切割工艺。

硬切割工艺是指Ⅱ序桩在相邻Ⅰ序桩混凝土终凝后对其切割成孔的施工方法。软切割工艺是指Ⅱ序桩在相邻Ⅰ序桩混凝土初凝前对其切割成孔的施工方法。Ⅰ序桩是指先行间隔施工的被咬合的混凝土灌注桩，Ⅱ序桩是指后续施工并与相邻Ⅰ序桩咬合的混凝土灌注桩。咬合桩选型应根据基坑几何尺寸、开挖深度、周边环境条件、场地工程地质和水文地质条件等因素，结合基坑支护体系综合确定。

咬合桩布置形式分为有筋桩和无筋桩搭配、有筋桩和有筋桩搭配，如图4.3所示。

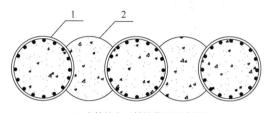

(a) 有筋桩和无筋桩搭配的咬合桩

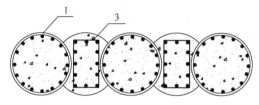

(b) 有筋桩和有筋桩搭配的咬合桩

图4.3 咬合桩平面布置形式
1—钢筋圆形配置的有筋桩；2—无筋桩；3—钢筋矩形配置的有筋桩

咬合桩的桩径一般采用800mm、1000mm、1200mm三种规格。有筋桩与无筋桩搭配的咬合桩，有筋桩和无筋桩桩径宜相同；有筋桩与有筋桩搭配的咬合桩的桩径应相同。

咬合桩混凝土灌注应符合下列规定：

1）软切割咬合桩混凝土灌注过程中应边灌注混凝土边上拔套管，且应确保套管底部标高不应低于混凝土顶面以下2.5m。硬切割咬合时，Ⅰ序桩、Ⅱ序桩混凝土均应采用普通混凝土。

2）灌注过程中随时量测混凝土面的高程，最终混凝土灌注面应比设计文件规定的标高高出300～7500mm。

4.2.6 内支撑

内支撑是指设置在基坑内的由钢筋混凝土或钢构件组成的用以支撑挡土构件的结构部件。支撑构件采用钢材、混凝土时，分别称为钢内支撑、混凝土内支撑。

内支撑结构选型应遵守的原则包括：采用受力明确、连接可靠、施工方便的结构形式；采用对称平衡性、整体性强的结构形式；应与主体地下结构的结构形式、施工顺序协调，应便于主体结构施工；应利于基坑土方开挖和运输。

内支撑结构形式的选择，应综合考虑基坑平面形状及尺寸、开挖深度、周边环境条件、主体结构形式等因素，选用有立柱或无立柱的内支撑形式，主要包括：水平对撑或斜撑时采用单杆、架、八字形支撑；正交或斜交的平面杆系支撑；环形杆系或环形板系支撑；竖向斜撑。

当内支撑采用钢质支撑时，钢支撑和钢腰梁应在厂家分节加工制作现场组装，加工制作应符合现行国家有关标准的规定。钢腰梁加工制作时，每段加工长度须与土方开挖分段长度相匹配，同一横断面不同高度的钢腰梁搭接位置应错开一个桩间距，特别是分段连接点处应避开钢支撑支顶位置，且围护结构阳角处的钢腰梁连接不应在安装后再焊接。对斜撑部位的钢腰梁，一般设置抗剪力装置。

钢腰梁安装时，三脚支架应随土方开挖及时安装，安装应平直，并应在同一高度位置，并应与围护结构固定牢固；钢腰梁与三脚架密贴，立面应垂直，中线应与横撑轴线在同一水平面上；每段钢腰梁均应设防坠落装置，且应与围护结构固定牢固；钢腰梁分段连接应等强度；钢腰梁与围护结构密贴，横撑托盘与钢腰梁应焊接或螺栓连接牢，横撑两端的托盘应在同一横断面和同一高度，斜撑两端的托盘与围护结构面的角度应一致。

钢筋混凝土内支撑施工时，钢筋混凝土腰梁应随土方分段开挖及时施工；钢筋混凝土腰梁施工前应将围护结构表面凿毛并清理干净，混凝土腰梁钢筋应与围护结构预埋件或钢筋焊接；钢筋混凝土横撑应一次浇筑成型，不得留置施工缝；下层土方开挖时，横撑混凝土强度等级应符合设计文件要求，无要求的应达到设计文件规定的混凝土强度等级的85%。

主体结构施工时，内支撑上不得堆放材料或其他重物或运行施工机械。当需利用支撑结构兼作施工平台或栈桥时，应进行专门设计。

支撑系统的施工与拆除，应按先撑后挖、先托后拆的顺序，拆除顺序应与支护结构的设计工况相一致，并应结合现场支护结构内力与变形的监测结果进行。

4.3 基坑开挖与回填

（1）基坑开挖

基坑开挖会引起邻近区域建（构）筑物、地下管线的变形，因此，其开挖前应完成下列工作：

1）基坑专项方案已审批，地表、围护结构及周边环境监测点初始值已采集。

2）已落实弃、存土场地，基坑范围内障碍物已清除，临时运输道路已修整完成，影响范围内的建（构）筑物和管（杆）线保护已落实。

存土点须避开建筑物、地下管线和架空线，基坑两侧10m范围内不得存土。在已完成的结构顶部存土时，需要核算结构能承受的荷载后再确定堆土高度。

主体基坑开挖应水平分段、竖向分层、限时、限高、均衡和对称开挖，并应符合以下规定：

1）土方开挖水平分段长度应依据设计文件规定的结构流水段长度划分，设计文件无要求时，宜为12~16m；开挖应与结构施工配合，并应符合设计文件要求。

2）基坑开挖过程中不得出现反坡，不应超挖和掏底。当基坑土方挖至其设计文件规定的位置下0.5m时，应进行内支撑的施工。钢支撑预加轴力未锁定前或混凝土横撑强度未达到设计文件规定的允许值前，不应继续开挖下层土方。

3）当采用放坡开挖无支护时，应随开挖随及时刷坡或护坡，边坡应平顺并应符合设计文件要求,当设计文件无要求且地质条件良好时,边坡坡率允许值应符合表 4.2 的规定。

边坡坡率允许值   表 4.2

边坡土体类别	状态	坡率允许值（高宽比）	
		坡高小于 5m	坡高 5～10m
碎石类土	密实	1:0.50～1:0.35	1:0.75～1:0.50
	中密	1:0.75～1:0.50	1:1.00～1:0.75
	稍密	1:1.00～1:0.75	1:1.25～1:1.00
一般性黏土	坚硬	1:1.00～1:0.75	1:1.25～1:1.00
	硬塑	1:1.25～1:1.00	1:1.50～1:1.25

注：1）表中碎石土充填物为坚硬和硬塑状态的黏性土；
2）对于砂土和充填物为砂土的碎石土,其边坡率的允许值应按自然休止角确定。

当基坑开挖接近基底 200mm 时,应进行人工清底。人工清底前,应按设计文件或施工方案的要求进行钎探,且需核对基坑的位置、平面尺寸、坑底标高,核对基坑土质、地下水情况、地基承载力,核对有无空穴、古墓、古井、防空掩体以及地下埋设物的位置、深度、性状等。

基坑挖至基底设计文件要求的标高并清理后,施工单位应会同勘察、设计、建设、监理等单位共同进行验槽,合格后方可进行后续施工。

(2) 基坑回填

在基坑土方回填时,由于利用不当的回填土及分层压实的方式,会不同程度地出现工程质量问题。因此,基坑回填料不应使用淤泥、粉砂、杂土、有机质含量大于 8% 的腐殖土、过湿土、冻土和粒径大于 150mm 的石块,并应符合设计文件要求。

基坑回填应在结构和地下管线结构达到设计文件规定的强度后进行,基坑回填前应将基坑内积水、杂物清理干净。基坑回填应分层、水平压实,结构两侧应水平、对称、同步回填,基坑回填高程不一致时,应从低处逐层填压;基坑分段回填接槎处,已填土坡应挖台阶,其宽度不得小于 1.0m,高度不得大于 0.5m。

基坑回填土应取样进行击实试验,应通过试验段施工确定填料含水量控制范围、铺土厚度和压实遍数等参数。回填时,应在其最佳含水量下填筑,如含水量偏大应翻松晾干或加干土均匀,如含水量偏低,应洒水湿润。如果回填料为碎石类土时,回填或碾压前应洒水湿润至最佳含水量。

基坑回填土如采用机械碾压,搭接宽度不得小于 200mm;如采用人工夯填,夯与夯之间重叠不得小于 1/3 夯底宽度。基坑回填碾压过程中,应取样检查回填土压实度。基坑雨期回填时应集中力量,分段施工,各工序应连续作业。基坑不宜冬季回填,若冬期施工,应采取防冻措施,且每层铺土厚度应比常温施工减少 20%～25%,并应增加压实度 1% 以上。

4.4 钢 筋 工 程

(1) 材料

钢筋的性能应符合现行国家有关混凝土结构工程标准的相关规定。钢筋进场验收每检验批重量不应大于60t。钢筋运输、存储应按验收批保留标牌，并分批堆放整齐和标识，不得锈蚀和污染。

(2) 钢筋加工

钢筋加工的形状、尺寸应符合设计文件要求，且在钢筋加工前，应按照设计文件要求编制钢筋下料单。特殊部位和曲线形钢筋应按1∶1的比例制作台具，并在台具上加工。钢筋的弯制和末端弯钩应严格按设计文件要求加工，一般一次成型，弯曲后平面上没有翘曲不平现象。钢筋加工半成品经检查合格后，应按类别、直径、使用部位分类堆放整齐，并应挂好标识。

(3) 钢筋连接

钢筋接头一般在加工场内连接，若需要在现场连接的，宜根据现场条件采用螺纹连接、搭接焊和绑扎搭接方式。当钢筋直径大于22mm时优先采用机械连接或焊接，当受拉钢筋大于28mm及受压钢筋大于32mm时，不宜采用绑扎搭接接头。钢筋接头机械连接以螺纹连接为主，主筋接头混凝土保护层厚度应符合设计文件要求。钢筋接头连接应进行工艺试验，并应按批量现场取样进行抽检试验。

受力钢筋接头位置应符合以下规定：

1) 同一纵向受力钢筋不宜设置两个或两个以上接头。

2) 设在同一构件内的受力钢筋焊接接头，任一焊接接头中心至长度为$35d$且不小于500mm的区段内，同一根钢筋不得有两个接头，若该区段在受拉区内，接头的受力面积占受力钢筋总截面面积不应超过50%。

3) 设在同一构件内的受力钢筋螺纹连接接头，接头中心至长度为$35d$且不小于500mm的区段内，同一根钢筋不宜有两个接头，若现场条件限制，该区段内有两个及以上接头时，应采用Ⅰ级螺纹接头。

4) 设在同一构件内的受力钢筋采用绑扎搭接接头，绑扎搭接长度应为1.4倍的锚固长度。

5) 直接承受动力荷载的结构构件，受力钢筋不宜采用焊接，当采用螺纹连接时，同一受拉区段内接头的受力面积占受力钢筋总截面面积不能超过50%。

(4) 钢筋安装

钢筋安装前应进行检查，主要包括清点数量、类别、型号、直径，将结构内的杂物清理干净，并确定结构位置和高程。锈蚀的钢筋应除锈，锈蚀严重的应更换，弯曲变形钢筋应校正。

钢筋安装应用相同强度等级的砂浆垫块或专用垫块支垫，支垫间距一般为1m，并按行列式或交错式摆放，垫块与钢筋应绑扎牢固。钢筋绑扎应符合设计文件要求，绑扎点应符合以下规定：

1) 绑扎接头保证搭接长度不小于$35d$，绑扎接头受拉区不超过25%。

2）钢筋搭接时，中间和两端共绑扎三处，并应单独绑扎后，再和交叉钢筋绑扎。主筋和分布筋，除变形缝、施工缝处2~3列交叉点全部绑扎外，其他可间隔绑扎。

3）主筋之间或双向受力钢筋交叉点应全部绑扎，单肢箍筋和双肢箍筋拐角处与主筋交叉点应全部绑扎，平直部分与主筋交叉点可间隔绑扎。

4）墙、柱竖向钢筋与底板水平主筋交叉点应绑扎牢固，悬臂超过2m时，交叉点宜焊接，并宜增加临时支撑。钢筋网片除外围两行钢筋交叉点全部绑扎外，中间部分交叉点可间隔交错绑扎牢固。

5）钢筋绑扎接头与钢筋弯曲处相距不应小于10倍主筋直径，也不宜位于最大弯矩处。梁板在绑扎双层钢筋时，应设置马凳钢筋。

4.5 模板与支架

模板与支架进场应验收，且应预先设计。模板安装前应测量放线，铺设前应清理干净并涂刷脱模剂，铺设应牢固、平整，接缝严密不漏浆，相邻两块模板接缝高低差不应大于2mm。支架体系连接应牢固稳定。

垫层混凝土模板支立应平顺、位置正确。底板结构防水层的保护墙应支撑牢固，结构梗斜和底梁模板支立位置应正确、牢固、平整。

当墙体采用双侧支模板时，一般采用拉杆螺栓固定，见图4.4。有防水要求的拉杆应设止水环，两端应加垫块，拆模后垫块孔应用膨胀水泥砂浆堵塞严密。

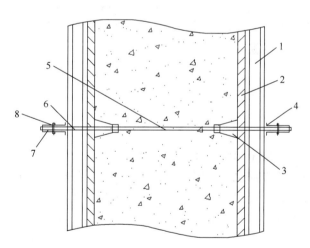

图 4.4 模板拉杆螺栓连接示意
1—立带；2—模板；3—雏形垫块；4—横带；5—拉杆；
6—螺栓；7—螺母；8—垫块

当墙体采用单侧支模板时，一般选用三角形单侧模板支撑体系，见图4.5。其地脚螺栓埋设应锚固牢固，外露尺寸、位置、角度应准确，模板支撑拼装好后应逐榀吊装就位。安装模板时，应设置支撑、拉接或配重，防止模板倾覆。

顶板（中板）支架应验收合格后方可铺设模板。墙体与中板（顶板）一体支模时，墙内模与板底模连接的净空应进行调整，应经验收合格后方可连接固定。墙体外侧模板宜在

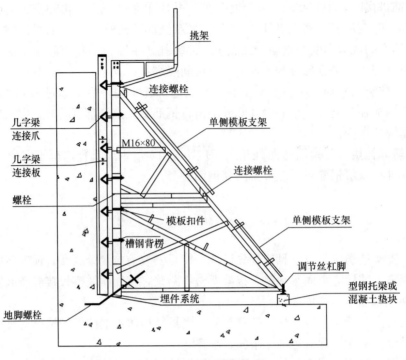

图 4.5 单侧模板安装示意

钢筋绑扎完后支立。柱模板应自下而上分层支立，支撑应牢固。

模板和支架拆除应按先支后拆原则进行。拆除过程中不得损坏已有结构，模板拆除后应及时清除灰渣，对损坏的模板应进行维修。

4.6 混凝土浇筑

混凝土浇筑前应对模板、钢筋、预埋和预留件、止水带等进行检查，应清除模内杂物和积水。混凝土浇筑部位应采取防止暴晒和雨淋措施。

垫层混凝土应沿线路方向浇筑，混凝土布设应均匀。底板混凝土应沿线路方向分层浇筑，混凝土浇筑至高程且初凝前，应用表面振捣器振后抹面。墙体单独浇筑时，应水平分层连续浇筑，分层厚度宜为500mm；当墙体高度大于3m时应设串筒，以防止混凝土离析。

墙体和中板（顶板）混凝土一体浇筑时，墙体混凝土应左右对称、水平、分层连续浇筑，两侧高差不宜大于500mm，浇筑至墙板交界处应间歇1~1.5h，再浇筑顶板混凝土。中板（顶板）混凝土应由两边墙分别向中间方向浇筑，混凝土浇筑至板顶设计文件规定的高程时，在初凝前应用表面振捣器振捣一遍后再人工抹面。

混凝土柱宜单独水平分层浇筑，若柱、墙、板一体浇筑时，应先浇筑柱，再浇筑墙，最后浇筑板。混凝土浇筑过程中应及时观测模板、支架、钢筋、预埋件和预留孔洞等情况，发现问题应及时处理。混凝土入模温度不应低于5℃，不宜超过35℃，大体积混凝土入模温度不宜超过30℃。

当遇施工缝时，垂直施工缝的端头应设置堵头模板；设有中埋式止水带的施工缝应先支立止水带下层模板或外侧模板，后支立上层模板或内侧模板，两侧模板应将止水带固定牢固。施工缝处后续浇筑混凝土时，已浇筑混凝土强度不应低于 2.5MPa。

当遇变形缝时，变形缝处的端头模板应钉填缝板，填缝板与嵌入式止水带中心线应与变形缝中心线重合，并应用模板固定牢固。变形缝设置中埋式止水带时，混凝土浇筑应先浇筑嵌入式止水带下部的混凝土，待嵌入式止水带压紧其上表面后，方可继续浇筑。

在后浇带处，后浇带侧模一般采用钢丝网模板。结构后浇带混凝土施工时，其位置应设置于受力和变形较小处，缝宽一般为 0.8～1.0m；后浇带混凝土应在其两侧混凝土龄期达到 42d 后进行；后浇带混凝土应采用微膨胀混凝土，其配合比应经试验确定，并不得低于两侧混凝土强度等级。

4.7 工程案例

（1）工程概况

某地铁工程施工起点为光明路区间 7 号风井（左 K52+512.871），终点为某停车场出入线明挖区间（RDK1+874.100），标段总长度 8.321km，包含 4 条盾构区间，1 条明挖区间和 2 座桥梁拆复建。该停车场出入线明挖区间，设计起止里程 RDK1+479.400～RDK1+874.100，总长度 394.7m。其中暗埋段长 190.0m，U 形槽段长 203.1m。明挖段基坑开挖宽度 15.2～23.56m，开挖深度 0～14.9m，采用明挖顺作法施工。区间放坡开挖段 84.07m、$\phi 850@600$SMW 工法桩段（119.03+56.871）m、$\phi 800@1000$ 钻孔灌注桩+$\phi 800@500$ 高压旋喷桩段 69.419m、800mm 厚地下连续墙段 63.71m，明挖段整体沿西北—东南方向布置，斜穿协东路。明挖段平面布置示意如图 4.6 所示。

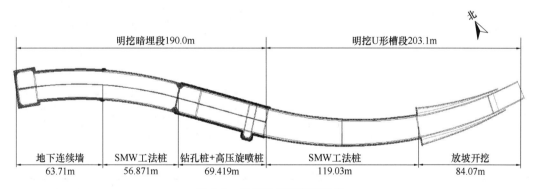

图 4.6 明挖段平面布置示意

（2）工程水文地质条件

明挖段沿线地势较平坦，场区内主要为农田、空地，无地表径流。地下水主要为松散岩类孔隙潜水、松散岩类孔隙承压水和基岩裂隙水。该范围明挖段围护结构穿越地层主要为①$_2$ 素填土、②$_4$ 砂质粉土、③$_3$ 砂质粉土夹粉砂、③$_5$ 粉砂、⑥$_1$ 淤泥质黏土夹粉土、⑥$_3$ 淤泥质粉质黏土夹粉土、⑨$_2$ 粉质黏土，钻孔围护排桩底位于③$_5$ 粉砂地层。地下水主要为松散岩类孔隙潜水、松散岩类孔隙承压水和基岩裂隙水。

潜水初见水位埋深为地面下 0.10～2.30m，相当于 85 国家高程 3.38～5.35m，平均高程4.52m；潜水稳定水位埋深为地面下0.30～2.50m，相当于85国家高程3.20～5.14m，平均高程4.35m。潜水主要受大气降水与地下同层侧向径流补给，以竖向蒸发及地下同层侧向径流方式排泄，邻近河道处与地表水互补，并随季节性变化，自然历史条件下，年水位变幅约为1.0~1.5m。地承压水主要分布于下部的⑩$_3$层、⑫层及⑭层砂砾石层中，各承压含水层相互连通，可视为同一承压含水层组。该层承压水埋深较深，隔水顶板埋深在地面以下37.80～43.70m左右，隔水层厚度在18.0～22.0m左右。

（3）围护结构设计

该停车场出入线明挖段涉及的主要施工内容有地下连续墙、SMW工法桩、三轴搅拌桩基坑加固、钻孔灌注桩、高压旋喷桩、基坑降水、冠梁、钢支撑及混凝土支撑等。明挖段围护结构设计概况见表4.3。

明挖段基坑围护结构设计概况（m）　　　　　表4.3

序号	里程	基坑深度	基坑宽度	支护形式	插入比	支撑形式	安全等级
1	RDK1+481.000～RDK1+496.980	14.4～14.9	23.56	800mm厚地下连续墙	1.68	1道混凝土撑＋3道钢支撑＋1道换撑	一级
2	RDK1+496.980～RDK1+544.710	10.9～12.6	18.9	800mm厚地下连续墙	2.0	1道混凝土撑＋2道钢支撑	一级
3	RDK1+544.710～RDK1+601.581	8.9～10.9	18.8	φ850@600mmSMW工法桩	1.75	1道混凝土撑＋2道钢支撑	二级
4	RDK1+601.581～RDK1+671.000	6.7～8.9	18.8	φ800@1000mm钻孔灌注桩	0.85	1道混凝土撑＋1道钢支撑＋1道换撑	二级
5	RDK1+671.000～RDK1+690.379	6.0～6.7	18.3～18.8	φ850@600mmSMW工法桩	0.88	1道混凝土撑＋1道钢支撑	二级
6	RDK1+690.379～RDK1+790.030	2.5～6.0	15.2～18.3	φ850@600mmSMW工法桩	0.84	1道混凝土撑	二级
7	RDK1+790.030～RDK1+858.359	0～2.5	12.9～15.2	放坡			三级

（4）设计方案的施工要求

1）地下连续墙设计

该停车场出入线明挖段地下连续墙位于明挖段基坑西端，共计有0.8m厚连续墙28幅。其中端头井连续墙深度40m（12幅），端头井东侧连续墙深度38m（10幅），与工法桩连接段连续墙深度37m（6幅）。地下连续墙钢筋笼主筋采用HRB400直径25mm螺纹钢，分布筋采用HRB400直径16mm螺纹钢，纵向桁架筋采用HRB400直径25mm螺纹钢。明挖段地下连续墙接头形式为工字钢接头，混凝土采用C35、P6水下混凝土。采用320t（主吊）与100t（副吊）两台履带起重机起吊。

2) 工法桩设计

该停车场出入线明挖段基坑，部分采用工法桩围护结构。一期基坑工法桩开挖深度在 8.9～10.9m，SMW 工法桩搅拌深度 31m，型钢插入深度 30.5m；二期基坑工法桩开挖深度 2.5～6.7m，SMW 工法桩搅拌深度 20m，型钢插入深度 7.5～13.5m。工法桩设计要求主要是桩位应在设计尺寸基础上适当外放，桩位平面偏差应为±20mm；搅拌桩施工前必须对施工区域内地下障碍物进行探测，如有障碍物必须事前清除并回填素土，分层压实后才能进行搅拌桩施工；H 型钢宜插入在搅拌桩靠近基坑的内侧，定位误差应不大于±30mm，底标高误差应不大于±20mm；搅拌桩施工前应先进行现场试桩试验，通过试桩确定实际成桩步骤、水泥浆液的水灰比、注浆泵工作流量、搅拌桩喷浆下沉或提升速度及复搅速度等。

3) 三轴搅拌桩基坑加固设计

明挖段始发井及泵房基坑采用 $\phi 850@600$ 三轴搅拌桩加固施工，基底以下强加固深度为 3～4.85m，水泥掺量不低于 20%；基底以上土体为弱加固区，水泥掺量不低于 8%。具体设计要求包括：本区间底板主要位于砂质粉土及粉砂层，对盾构工作井坑底、泵房（电缆槽）坑底加固；坑底采用 $\phi 850@600$ 水泥土搅拌桩加固，水泥掺量不低于 20%，水灰比参考值为 2.0，坑底以上土体水泥掺量不低于 8%，要求 28d 无侧限抗压强度应大于或等于 1.0MPa。

4) 钻孔围护桩、抗拔桩及立柱桩设计

明挖段钻孔灌注桩共分为围护桩、抗拔桩及立柱桩三种桩型，围护桩桩径为 800mm，有效桩长为 16.5m，抗拔桩、立柱桩桩径为 900mm，有效桩长为 20～35m，采用 C35 水下混凝土。钻孔灌注桩桩径容许偏差+50mm，桩位偏差不大于 50mm，立柱桩与抗拔桩的桩身垂直度为 $1/300L$；桩的充盈系数不小于 1.1，也不宜大于 1.3，成孔需要优质泥浆，以防泥皮过厚；对桩身完整性和质量进行低应变动力检测或超声波检测，抽检数不得少于总桩数的 30%，且不得小于 20 根；格构柱以钻孔灌注立柱桩为基础，所有格构柱插入立柱桩深度为 3000mm，其插入范围内桩箍筋加密至@100mm。

5) 基坑降水设计

明挖段基坑开挖前 15～20d 对坑内、坑外进行降水、疏干，基坑降水深度应控制在坑底以下 1.0m；挖土施工过程应保持坑内降水，确保地下水在开挖面下 1.0m。管井成孔直径 800mm，管井直径 273mm；反滤层用加工砂，孔口用黄泥封口。降水启动后不得中断，为防止停电影响，现场必须有备用电源，以保证井点连续工作，且必须有专人值守。

6) 基坑开挖、支护与回填设计

区间两侧围护结构之间净宽应预留围护边墙的厚度要求。基坑开挖时，运用时空效应原理指导基坑施工，基坑开挖应分层、分段开挖，尽量减小无支撑暴露时间，严格控制土方开挖坡度与坡高，单层土坡坡度不得大于 1:2.5，土坡高度不得大于 3.0m，各级边坡平台宽度不应小于 3.0m。土体开挖后及时运出基坑，严禁在坑内随意堆放积留土体，危害临时立柱的侧向稳定。在开挖软土时要特别注意土坡的稳定问题。每次土方开挖严格控制开挖深度，防止超挖土体。

按分段浇筑底板要求分段开挖，每段分层分小段开挖，及时施加支撑及支撑预应力，限制无支撑暴露时间。基坑开挖必须在地下连续墙、钻孔桩、工法桩、墙顶冠梁、坑外土体加固达到设计强度后方可进行。基坑开挖后，应及时设置坑内排水井和集水井，防止坑内积水，地面应沿着基坑一周设置截水沟，防止地表水流入基坑。纵向放坡开挖时，在坡顶外设置截水沟或挡土墙，防止地表水冲刷边坡。

严禁基坑施工过程中有同时连续两个施工段见底的工况出现，必须确保一个施工段底板封闭完后其他施工段施工方可见底。施工分段长度一般不得大于16m，回筑箱形框架宜分段跳作。基坑开挖至坑底设计高程后，应铺设C20早强混凝土垫层，浇筑内部结构底板混凝土前应铺设防水层。

基坑覆土回填，顶板以上1m内回填土材料应采用黏性土。填土中不得含有草、垃圾等有机质。现场挖出的淤泥、粉砂、杂填土及有机质含量大于5%的腐殖土不能作为回填土。回填土使用前应分别取样测定最大干密度和最佳含水量并做压实试验，确定填料含水量控制范围、铺土厚度和压实遍数等参数。基坑回填应分层、水平压实，对称同时填压，避免结构不均匀受力。

4.8 本 章 小 结

本章阐述了明挖法施工的准备工作；系统介绍了基坑围护结构的类型和施工要点，主要包括钻孔灌注桩、地下连续墙、土钉墙支护、型钢水泥土搅拌桩（墙）、咬合桩、内支撑等六个方面；详细介绍了基坑开挖与回填、钢筋工程、模板与支架、混凝土浇筑的施工工艺流程和质量控制要点；最后结合某地铁停车场出入线明挖区间工程案例进行明挖法工艺介绍。

思 考 题

4.1 什么是明挖法？试述明挖法的适用条件与优缺点。

4.2 试述明挖法主体基坑碎石类土边坡放坡开挖的施工要求。

4.3 什么是钻孔灌注桩？试述其成孔过程中出现斜孔、缩孔和塌孔的保护措施。

4.4 分别简述内支撑式围护结构与型钢水泥土搅拌桩（墙）的优缺点。

4.5 试述地下连续墙的定义与适用范围。

4.6 试述明挖法模板与支架安装及拆除施工的工艺流程。

第5章 矿山法施工技术

本章要点及学习目标
（1）熟练掌握超前小导管和管棚的优缺点与支护设计参数；
（2）熟练掌握矿山法开挖的各类施工方法和适用条件；
（3）熟练掌握矿山法隧道内的运输方式、装渣机械和渣土外运要求；
（4）掌握锚杆、喷射混凝土、钢架的支护形式以及其支护工序要点；
（5）掌握矿山法隧道施工防排水、结构防排水和注浆防水的措施，以及二次衬砌混凝土浇筑要点。

课程思政学习
发展是党执政兴国的第一要务。

5.1 施 工 准 备

矿山法隧道是指以控制爆破或机械开挖为主要掘进手段，采用锚杆和喷射混凝土作为初期支护，把理论、量测和经验结合在一起，达到隧道的基本稳定，待隧道开挖成型后，再逐步地施作内层衬砌作为安全储备，以保持隧道长期稳定的施工方法。

（1）施工调查

矿山法隧道施工前，应做好前期调查工作，主要包括：

1）地理环境、气象资料、交通要求、地下空洞、文物、古墓、居民点的社会状况和民风民俗。

2）施工运输道路、水源、供电、通信、施工场地、征地拆迁、弃渣场地及容纳能力、环水保要求等。

3）施工场地及周边的道路、桥梁、建（构）筑物、地下地上管线、既有线等周边环境核查。

4）原材料及半成品的品种、质量、价格及供应能力等；爆破器材的供应情况、供货渠道及管理方式等。

5）交通导改涉及地块用地性质、范围、地下管线、周边建筑物及交通量等。

6）可供利用的劳动力资源状况，包括工费、就业情况等；生态、环境保护的一般规定及特殊要求；对隧道施工有直接和间接影响的其他问题。

（2）技术准备

技术准备主要包括设计文件核对、设计交底与图纸会审、施工组织设计与施工方案编制等。

设计文件核对主要包括：设计文件相互间的一致性、系统性，是否存在差、错、漏、碰；隧道平面及纵断面参数计算与采用是否正确；设计工程数量计算是否正确，超前地质预报设计内容是否完整；隧道穿越不良地质地段的设计方案、工程措施的合理性、可实施性及应急预警系统是否完善；洞口位置、洞口边、仰坡的稳定程度、辅助坑道的类型和位置等；设计中的电力通信、信号设施以及油管、气管、给水排水管等拆迁工程的位置、数量是否与现场一致。

设计交底与图纸会审主要内容包括：施工单位先进行设计文件复核，并在会审中提出复核意见；建设单位组织设计、监理、施工单位参加设计交底并进行图纸会审，形成设计交底与图纸会审记录；建设单位组织勘察、设计、监理与施工单位进行现场勘察交底，并形成勘察交底记录。

施工组织设计编制主要包含施工安全措施、工程质量措施、工程进度措施和环保措施等内容，并经相关单位审批后方可组织实施。对于分部、分项工程施工方案编制，以及测量、检测、试验、临时用水用电方案编制，均应与施工组织设计相一致。

此外，技术准备阶段，还需要重视隧道施工技术交底工作。施工技术交底应实行分级交底制度，且需形成书面记录，并履行复核、签认手续，必须覆盖所有参与工程施工的管理人员、技术人员、作业人员。

（3）资源准备

资源准备工作主要包括隧道开挖及运输等大型机械配制、隧道物资材料配制、人力资源配置等内容。

隧道开挖及运输等大型机械配置应按照经济、高效原则进行配套，进场时间要满足项目节点工期安排要求且机械性能良好、合格证书等资料齐全，设备的组合应进行效率与费用的综合技术经济比较，并纳入隧道实施性施工组织设计。

隧道物资材料配制应满足生产需要、降低成本的要求。按照甲供、自购材料的规格、数量、质量、供应时间节点要求制定相应的招标采购计划。对于较特殊的物资，应提供较准确的供应计划，如有变化提前通知生产厂家及时调整，确保按时供货。

人力资源配置应按隧道规模、进度安排、工序专业类别等要求，编制人力资源需求和使用计划，在满足施工组织的基础上，实现人力资源精干高效。

5.2 地层超前支护与加固

在城市地铁隧道矿山法施工中，经常遇到砂砾土、砂性土、黏性土或强风化岩层等不稳定地层。这类地层在隧道开挖过程中自稳时间短，常常初期支护尚未施作，或喷射混凝土尚未获得足够强度时，拱墙的局部地层已开始变形坍塌。因此，需采用地层预加固和预支护技术，以稳定地层和改造地层，提高地层的自稳能力。

5.2.1 地层注浆加固

地层注浆加固是指利用配置好的水泥浆液、水泥水玻璃浆液和其他化学浆液，采用压送设备将其通过钻孔注入地层中颗粒的间隙、土层的界面或岩层裂隙内，使其分散、胶凝和固化，以达到加固地层或防渗堵漏的目的。

地铁隧道注浆，地面有条件时宜在地面进行，若地面无条件时，在洞内沿周边超前预注浆，如图5.1所示。

注浆方法宜与作业条件、工程地质等相适应。砂卵石地层和破碎岩层中宜采用渗入注浆法；粉细砂层、黏土层、粉土层中宜采用劈裂注浆法；淤泥质软土层中宜采用高压旋喷注浆法。

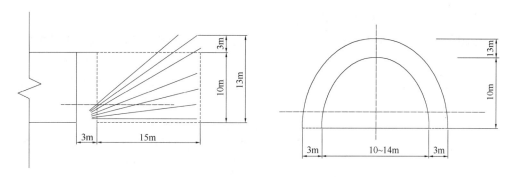

图 5.1 开挖面深孔注浆孔布置示意图

地铁隧道注浆材料需具有良好的可注性、黏结力、强度、抗渗性、耐久性和稳定性，需要满足固结后收缩率小，且无毒无害。地下水有侵蚀作用时，采用耐侵蚀性的材料。

地铁隧道内注浆作业时，一般应先施工止浆墙，再进行注浆施工。注浆方式包括全孔一次性、分段前进式、后退式注浆三种类型。注浆段的长度需结合现场试验确定，一般为10～20m；孔径为50～130mm；孔距经计算确定，高压喷射注浆的喷射孔距为0.4～2m。注浆施工期间，浆液不得溢出地面，且需对地下水取样检查，不得污染地下水。待地面注浆结束后，原有注浆孔应封填密实。

5.2.2 超前管棚

超前管棚是指把一系列直径为80～180mm的钢管，沿隧道外轮廓线或部分外轮廓线顺隧道轴线方向依次打入开挖面前方的地层内，以支撑来自外侧的围岩压力，防止隧道开挖引起地表下沉或围岩松动。隧道在开洞口及马头门、变换断面及近接风险源施工时采用超前管棚支护。按照管棚排列的形状，分帽形、一字形、方形和拱形（图5.2），具体依据工程需要及断面形式确定。超前管棚设置的范围、间距和管径等参数，应根据工程地质、水文地质条件和隧道埋深等因素综合确定，具体支护设计参数如表5.1所示。若设计未明确时，超前管棚支护的外插角不大于3°，管棚搭接长度不小于1.5m。

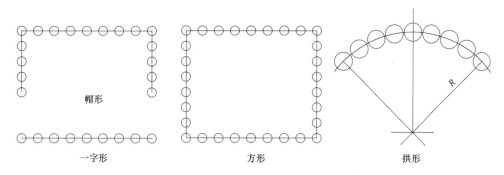

图 5.2 超前管棚支护布管形式示意图

超前管棚支护设计参数　　表 5.1

支护形式	适用地层	钢管直径（mm）	钢管长度（m）	钢管上钻设注浆孔间距（mm）	钢管沿拱部环向布置间距（mm）	钢管沿拱部环向外插角	沿隧道纵向两排钢管搭接长度（m）
管棚	土层或不稳定岩体	80～180	8～40	100～150	300～500	不大于3°	≥1.5

超前管棚钻孔、安设施工，应符合以下规定：

（1）超前管棚施工前，需将工作面封闭严密、牢固、清理干净，并测放出钻设位置后方可施工。

（2）超前管棚施工前，需先施工导向墙，其上安装管棚导线钢管，待导向墙混凝土达到设计文件规定强度的75%后，方可进行管棚钻孔作业。若在破碎岩层或夹有孤石的地层中钻孔作业，超前管棚钻机需选用跟管钻进的大扭矩冲击钻机。

（3）钻孔应由高孔位向低孔位进行。开始钻孔时应低速低压，遇卡钻、坍孔时应注浆后重钻。钻孔外插角允许偏差为1°，孔深允许偏差为±50mm，孔口距允许偏差为±30mm，钻孔孔径应比钢管直径大30～40mm。

超前管棚注浆是地铁隧道矿山法施工过程中非常重要的一个环节，隧道接近风险源施工，超前大管棚选用止浆塞分段后退式注浆工艺；开马头门或变换隧道断面施工，超前大管棚采用全孔一次性注浆工艺。注浆前，需将开挖工作面用喷射混凝土封闭。注浆浆液采用水泥浆、水泥砂浆或水泥浆的水灰比为0.5：1，水泥砂浆配合比为1：3～1：0.5。注浆浆液必须将钢管及其周围的空隙充填密实，其注浆量和压力根据试验确定。

5.2.3 超前小导管

超前小导管是指沿隧道开挖轮廓线向外将管壁带孔的小导管打入地层内，并以一定的压力向管内注浆液。它既能将隧道内周围岩体预先加固及堵住围岩裂隙水，又能起到超前预支护的作用。

超前小导管应根据地层情况进行设计，其支护设计参数如表5.2所示，其注浆孔布置如图5.3所示。

超前小导管支护设计参数　　　　　　　　　　　表5.2

支护形式	适用地层	钢管直径（mm）	钢管长度（m）	钢管上钻设注浆孔间距（mm）	钢管沿拱部环向布置间距（mm）	钢管沿拱部环向外插角	沿隧道纵向两排钢管搭接长度（m）
小导管	土层	30～50	3～5	100～150	300～500	10°～25°	≥1

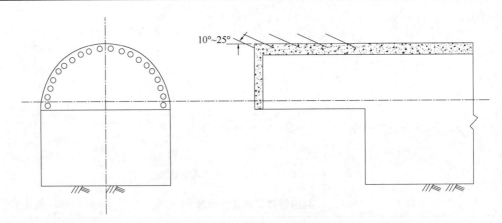

图5.3　小导管注浆孔布置示意图

超前小导管加工制作时，选择的钢管应直顺，其规格、型号、壁厚应符合设计文件要求。小导管入岩部分打孔呈梅花形布置，锤击打入时，其尾部宜加强，前端加工成锥形。

超前小导管在喷射混凝土完成后及时施工,当采用锤击或钻机顶入时,其埋入深度不应小于管长的90%;当采用钻(吹)施工时,其孔深应大于导管长度,成孔后立即安装小导管。杆体安装后外插角允许偏差应为1°,施工过程中不得扰动已安装好的钢拱架。

超前小导管注浆作业过程中,注浆浆液采用水泥浆、水泥砂浆或水玻璃双液浆。水泥浆的水灰比为0.5:1,水泥砂浆的水灰比为1:2~1:1,水玻璃双液浆结合现场情况试配确定。注浆浆液充满钢管及周边的空隙并密实,其注浆量和压力应根据试验确定,需严格控制。当采用单液水泥浆时,开挖时间为注浆后8h,采用水泥-水玻璃浆液时开挖时间为注浆后4h。开挖过程中需及时检查浆液渗透及固结状况,并根据压力-流量曲线分析判断注浆效果,及时调整预注浆方案。

5.3 隧道开挖

在松散不稳定地层中采用矿山法施工时,所选用的开挖方法及工艺流程,应保证最大限度地减少对地层的扰动,提高周围地层自承能力和减少地表沉降。根据不同的地质条件及隧道断面,选用不同的开挖方法,其总原则是预支护、预加固一段,开挖一段;开挖一段,支护一段;支护一段,封闭成环一段。初期支护封闭成环后,隧道处于暂时稳定状态,通过监控量测,确认达到基本稳定状态时,可以进行二次衬砌施工。如监测结果证明尚未稳定,则需继续监测;如有失稳趋势时,须采取加固措施,确保隧道稳定安全。

5.3.1 施工方法

施工方法的选择应根据拟建项目周边环境、地质条件、隧道长度、隧道断面、设备条件、工期要求、场地条件等因素综合确定,可采用钻爆法施工、非爆法施工。

钻爆法施工主要分为全断面法、台阶法、单侧壁导洞法、双侧壁导洞法、中隔壁法或交叉中隔壁法。非爆法施工主要指采用小型挖掘机、空压机、铣挖机、悬臂掘进机等机械配合人工开挖作业。

当采用钻爆法施工时,视围岩等级及断面大小等因素,优先选用全断面法或台阶法开挖;当穿越河底、建筑物及周边环境控制要求高时,应减少一次开挖长度,及时进行支护;当隧道埋深较小且周边环境具备开挖条件时,可采用明挖法施工;当采用机械开挖作业时,应采用必要的降尘降噪措施。

(1) 全断面法

全断面法又称全断面一次开挖法,即根据隧道所设计的开挖轮廓进行一次性爆破,接着进行修筑衬砌的施工方法,如图5.4所示。全断面开挖时,一次循环开挖长度应符合设计文件要求。全断面法在稳定围岩中采用光面爆破,爆破作业应控制一次同时起爆的炸药量,减少爆破振动对围岩的影响。此外,洞口段不宜采用全断面法开挖。

1) 施工顺序

① 用钻孔台车钻眼,然后装药连线。

② 退出钻孔台车,引爆炸药,开挖出整个隧道的断面轮廓。

③ 排除危石,安装拱部锚杆(必要时)和喷射第一层混凝土。

④ 装渣、运渣。

⑤ 安装边墙锚杆(必要时)和喷射第一层混凝土。

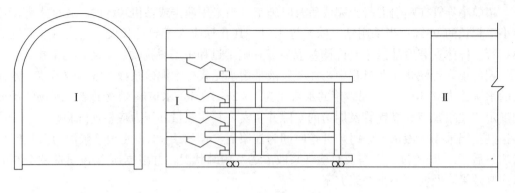

图 5.4 全断面法
Ⅰ—开挖；Ⅱ—支护

⑥拱、墙喷射第二层混凝土（必要时）。
⑦按上述工序开始下一轮循环作业。
⑧隧道底部混凝土浇筑，待围岩和初期支护基本稳定后，施作二次模筑混凝土衬砌。

2）适用条件
①全断面法适用于Ⅰ～Ⅱ级整体性好的围岩。用于Ⅳ级围岩时，围岩应具备从全断面开挖后到支护前这一时间内，保持自身稳定的条件。
②有大型施工机械。
③隧道长度或施工区段长度不宜太短，根据经验一般不应小于1km；否则，采用大型机械化施工经济性较差。

采用全断面法，必须注意机械设备的配套，以充分发挥机械设备的效率。
隧道机械化施工有三条主要作业线：
①开挖作业线：钻孔台车、装药台车、装载机配合自卸汽车（无轨运输时）、装渣机配合矿车及电瓶车或内燃机车（有轨运输时）。
②喷锚作业线：混凝土喷射机、混凝土喷射机械手、喷锚作业平台、进料运输设备及锚杆注浆设备。
③模筑混凝土衬砌作业线：混凝土拌合站、混凝土输送车及输送泵、施作防水层作业平台、衬砌钢模台车。

在机械设备选型时，应遵循"生产性、可靠性、经济性、维修性、环保性、耐用性、灵活性、配套性"八个原则。

3）施工特点
①施工工序少，方便现场的施工组织及管理。
②一次开挖成型对于围岩的扰动最小，有助于围岩稳定。
③若开挖断面大，为了提高爆破效果利用深孔爆破，从而加快掘进进度。
④由于施工空间大会更加适合大型施工机械设备，达到机械化综合施工的目的，既可以提高施工人员的劳动生产率，又可以方便操作，降低工程造价。

（2）台阶法
台阶法是指将开挖断面分两部或多部开挖，主要适用于围岩稳定性较好但隧道断面较大，或者隧道断面不太大但围岩稳定性较差。它是全断面一次开挖法的变化方式之一，目前已成为大断面隧道施工的主流施工方法。

台阶法根据台阶长度不同，可划分为长台阶法、短台阶法和超短台阶法三种，如图 5.5 所示。台阶法应根据地质和开挖断面跨度等确定开挖台阶长度，土质隧道台阶长度不宜超过隧道宽度的 1 倍，台阶不宜多于 3 级。在施工中具体选用何种台阶，应根据下面两个条件来确定：

一是初期支护形成闭合断面的时间要求，围岩稳定性越差，要求闭合时间越短；

二是上部断面施工所采用的开挖、支护、出渣等机械设备所需空间大小的要求。

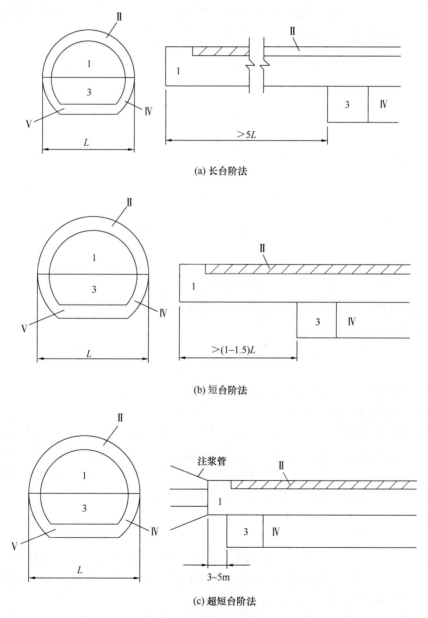

图 5.5 台阶法（1、3 表示开挖；Ⅱ、Ⅳ、Ⅴ表示支护）

台阶法施工时,应先开挖上台阶,后开挖下台阶。下部台阶应在拱部初期支护变形基本稳定且喷射混凝土达到设计文件规定强度的70%后,方可进行开挖。一次循环开挖长度,稳定岩体中应根据机械开挖能力确定,一般不宜大于4m;土层和不稳定岩体中一次循坏井挖长度应符合设计文件要求。预留核心土应先开挖上台阶的环形拱部,及时施工拱部初期支护后方可开挖核心土。边墙采用单侧或双侧交错开挖,不得使上部初支结构同时悬空,边墙挖至设计文件给定的高程后应立即支立钢架并喷射混凝土。

(3)单侧壁导洞法

单侧壁导洞法是采用先开挖隧道一侧导洞,及时施作导洞四周初期支护及临时支护,必要时施作边墙衬砌,然后再根据地质条件、断面大小,对剩余部分采用二台阶或三台阶开挖的方法。单侧壁导洞法开挖面分部形式,如图5.6所示。

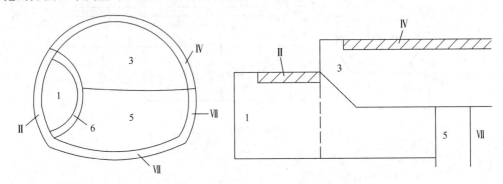

图5.6 单侧壁导洞法(1、3、5、6表示开挖;Ⅱ、Ⅳ、Ⅶ表示支护)

单侧壁导洞法的施工顺序如下:

① 开挖侧壁导洞,进行初期支护并快速封闭。

② 开挖上台阶,进行拱部初期支护,使其中一侧的支承在导洞的初期支护上,另一侧支承在下台阶上。

③ 开挖下台阶,进行边墙初期支护并进行底部初期支护,让整个断面闭合来提高结构刚度。

④ 拆掉侧壁导洞不再起支护作用的初期支护。

⑤ 施作二次模筑混凝土衬砌。

单侧壁导洞法施工时,导洞应结合边墙设置,跨度不宜大于0.5倍隧道跨度,洞顶至起拱线。导洞初支施工完成后按台阶法开挖另一侧土体,并应及时封闭仰拱。剩余部分开挖应采用短台阶,上、下台阶的距离则视围岩情况参照短台阶法或超短台阶法拟定,台阶长度宜为3~5m。侧壁导洞开挖超前不宜小于15m。开挖循环进尺不宜大于初期支护钢架设计榀间距。

(4)双侧壁导洞法

双侧壁导洞法与单侧壁导洞法不同的是先开挖隧道两侧导洞,再开挖整部剩余部分。采用该方法施工时,两侧导洞可根据围岩情况采用全断面开挖,也可以采用分部开挖。双侧壁导洞法开挖面分部形式,如图5.7所示。

双侧壁导洞法施工时,导洞跨度不宜大于1/3隧道跨度。侧壁导洞、中部开挖采用短台阶,台阶长度为3~5m,必要时留核心土;左右导洞同时施工时,前后错开距离不宜

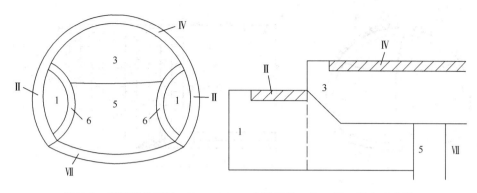

图 5.7 双侧壁导洞法（1、3、5、6 表示开挖；Ⅱ、Ⅳ、Ⅶ表示支护）

小于 15m；导洞与中间土体同时施工时，导洞应超前 30～50m。双侧壁导洞法一般分段进行二次衬砌，如拱墙一体浇筑，其初支结构应满足大断面受力要求，并符合设计文件要求。当双侧导洞初支均封闭后，方可用台阶法施工中间剩余空间，并及时封闭仰拱成环。

双侧壁导洞法开挖断面分块多、扰动大，初次支护全断面闭合的时间长，施工进度较慢，成本较高，但施工安全，每个分块都是在开挖后立即各自闭合，所以在施工中变形几乎不发展，尤其在控制地表下沉方面，优于其他施工方法。

（5）中隔壁法或交叉中隔壁法

中隔壁法（CD 法）是将隧道分成左右两部分进行开挖，先在隧道一侧采用二部或三部分层开挖，施作初期支护和中隔墙临时支护，再分台阶开挖隧道另一侧，并进行相应的初期支护的施工方法。中隔壁法两台阶之间的距离可采用超短台阶法确定。中隔壁法开挖面分部形式，如图 5.8 所示。

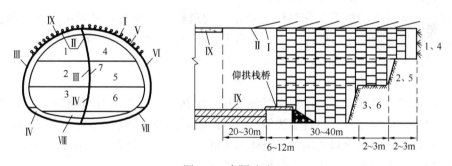

图 5.8 中隔壁法

Ⅰ—超前支护；1—左侧上部开挖；Ⅱ—左侧上部初期支护；2—左侧中部开挖；Ⅲ—左侧中部初期支护；
3—左侧下部开挖；Ⅳ—左侧下部初期支护；4—右侧上部开挖；Ⅴ—右侧上部初期支护成环；
5—右侧中部开挖；Ⅵ—右侧中部初期支护成环；6—右侧下部开挖；Ⅶ—右侧下部初期支护成环；
7—拆除中隔墙；Ⅷ—仰拱及填充混凝土；Ⅸ—拱墙二次衬砌

交叉中隔壁法（CRD 法）是在软弱围岩大跨度隧道中，先分部开挖隧道一侧，施作部分中隔壁和横隔板，并封闭成环，再分部开挖隧道另一侧，完成横隔板施工，最终隧道整个断面封闭成环的施工方法。交叉中隔壁法开挖面分部形式，如图 5.9 所示。

中隔壁法或交叉中隔壁法施工时，导洞采用台阶法施工，导洞跨度不宜大于 0.5 倍隧道跨度。中隔壁法左右导洞掌子面开挖错开距离不应小于 15m，并在先开挖侧初期支护封

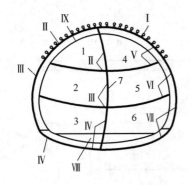
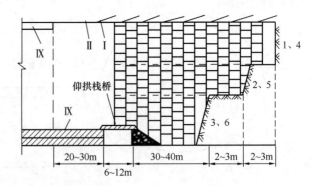

图 5.9 交叉中隔壁法

Ⅰ—超前支护；1—左侧上部开挖；Ⅱ—左侧上部初期支护；2—左侧导坑中部开挖；Ⅲ—左侧中部初期支护；
3—左侧下部开挖；Ⅳ—左侧下部初期支护；4—右侧上部开挖；Ⅴ—右侧上部初期支护成环；
5—右侧中部开挖；Ⅵ—右侧中部初期支护成环；6—右侧下部开挖；Ⅶ—右侧下部初期支护成环；
7—拆除中隔墙及临时仰拱；Ⅷ—仰拱及填充混凝土；Ⅸ—拱墙二次衬砌

闭，且喷射混凝土达到设计文件规定的强度后方可进行另一侧开挖。交叉中隔壁法开挖顺序应符合设计文件要求，相邻导洞掌子面开挖错开距离不宜小于15m，并应在先开挖侧初期支护封闭，且喷射混凝土达到设计文件规定的强度后方可进行后续开挖。

中隔壁法变大跨为小跨，使断面受力更合理，对减少沉降，保证隧道开挖安全、可靠具有良好效果。该法适用于较差地层，如采用人工或人工配合机械开挖的Ⅳ～Ⅴ级围岩的浅埋双线隧道和浅埋、偏压及洞口段。施工过程中，为保证初次支护稳定，除锚喷支护外，须增加型钢或钢格栅支撑，并采用超前大管棚、超前锚杆、超前注浆小导管、超前预注浆等一种或多种辅助措施进行超前加固。

当采用中隔壁法仍然无法保持围岩稳定和隧道施工安全时，可采用交叉中隔壁法开挖。交叉中隔壁法适用于断层破碎带、碎石土、卵石土、圆砾土、湿陷性黄土、全风化的花岗岩地层的Ⅴ～Ⅵ级围岩及较差围岩的浅埋、偏压及洞口段等。

(6) 其他施工方法

地铁隧道矿山法施工方法还包括留环形核心土法（又称弧形导坑预留核心土法）、中洞法、侧洞法、柱洞法、平顶直墙法等。由于地铁隧道开挖既要考虑土质或围岩的地质条件及其变化，又要考虑导洞范围内岩土体的坚硬程度，因此这些方法在地铁区间隧道开挖中较少使用，本部分重点介绍留环形核心土法。

留环形核心土法是指在上部断面以弧形导洞超前，支护好后开挖上部核心土，其次开挖下半部两侧，支护好后再开挖中部核心土的方法。留环形核心土法开挖面分部形式，如图 5.10 所示。

留环形核心土法应先开挖上台阶的环形拱部，及时施工拱部初期支护后方可开挖核心土。核心土应留坡度，不得出现反坡。上台阶施工完后，应按台阶法施工下台阶及仰拱。在台阶分部开挖法中，因为上部留有核心土支挡开挖面，且能迅速及时地建造拱部初次支护，所以开挖工作面稳定性好；和台阶法一样，核心土和下部开挖都是在拱部初次支护保护下进行，施工安全性好。这种方法适用于一般土质或易坍塌的软弱围岩地段，且环形开挖进尺不宜过长，上下台阶可用单臂掘进机开挖。

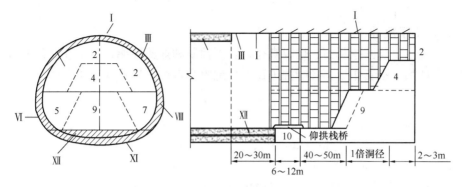

图 5.10 留环形核心土法施工工序示意图

Ⅰ—超前支护；2—上部弧形导坑开挖；Ⅲ—上部初期支护；4—上部核心土开挖；5、7—两侧开挖；
Ⅵ、Ⅷ—两侧初期支护；9—下部核心土开挖；10—仰拱开挖；Ⅺ—仰拱初期支护；
Ⅻ—仰拱填充混凝土

5.3.2 钻爆开挖

地铁岩石隧道开挖前，应根据地质条件、开挖断面、开挖方式、掘进循环进尺、钻眼机具、爆破器材及环境要求等进行钻爆设计，合理地确定炮眼布置、数目、深度和角度、装药量和装药结构、起爆方法、起爆顺序，安排好循环作业等，以正确指导钻爆施工，达到预期的效果。

（1）炮眼布置

隧道开挖爆破的炮眼，按所在位置、爆破作用、布置方式和有关参数可分为以下几种：

1）掏槽眼：针对隧道开挖爆破只有一个临空面的特点，为提高爆破效果，宜先在开挖断面的适当位置（一般在中央偏下部）布置几个装药量较多的炮眼，如图 5.11 中的 1～6 号炮眼。其作用是先在开挖面上炸出一个槽腔，为后续炮眼的爆破创造新的临空面。根据掏槽眼与开挖面的关系、掏槽眼的布置方式、掏槽深度以及装药起爆顺序的不同，掏槽方式可分为斜眼掏槽和直眼掏槽两大类，实际使用又有多种形式和组合应用。

2）辅助眼：位于掏槽眼与周边眼之间的炮眼称为辅助眼，如图 5.11 中的 7～19 号和 38～44 号炮眼。其作用是扩大掏槽眼炸出的槽腔，为周边眼爆破创造临空面。

3）周边眼：沿隧道周边布置，如图 5.11 中 20～36、37、45～54 号炮眼（46～54 号眼又称底眼）。其作用是炸出较平整的隧道断面轮廓。

炮眼布置工作应符合的主要规定有：在城区等复杂周边环境条件下炮眼深度应控制在 1～1.5m，并应进行控制爆破；光爆层周边眼应沿隧道开挖断面轮廓线布置，辅助眼应均匀交错布置在周边眼与掏槽眼之间；周边眼与辅助眼的眼底应在同一垂直面上，掏槽眼应加深 10cm。

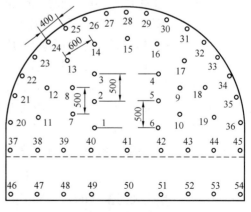

图 5.11 炮眼布置图

(2) 钻爆设计

1) 确定炮眼数量

炮眼数量主要与开挖断面、炮眼直径、岩石性质和炸药性能有关,过少会影响爆破效果,过多会增加钻眼工作量,影响掘进速度。炮眼数量可采用式(5-1)计算:

$$N = kS/\alpha\gamma \tag{5-1}$$

式中 N——炮眼数量;

　　　k——单位炸药消耗量(kg/m³);

　　　S——开挖断面面积(m²);

　　　α——装药系数,即装药长度与炮眼全长的比值;

　　　γ——每米药卷的炸药质量(kg/m)。

2) 炮眼深度

炮眼深度决定隧道一个循环的钻眼和装渣工作量以及循环时间、掘进进度等。一般随着掘进速度的提高,炮眼深度也相应加深。目前炮眼深度的取值一般参照经验值确定。

炮眼深度通常以循环进尺作为眼深,对于软弱岩层,掏槽眼另加10%~20%,软弱岩层的循环进尺一般在0.8~1.5m内考虑,通常在1.1m左右较合适。硬岩的循环进尺一般为3~5m,为减少对围岩的扰动,钻眼深度一般不大于3.5m。但是,炮眼深度还应该根据钻眼机械的最大钻眼深度、钻眼效率和与之相配套的装运机械设备的装运能力等情况综合考虑。

3) 装药量计算与分配

炮眼装药量的多少是影响爆破效果的重要因素。若装药量不足,会出现炸不开,炮眼利用率低和石渣块度过大的现象;若装药量过多,则会破坏围岩稳定,崩坏支撑和机械设备,且造成大量的超挖,既增加了衬砌混凝土的回填量,又增加了洞内的有害气体,导致排烟时间、供风量和石渣运输量进一步增加等。

目前一般先用体积公式计算出一个循环的总用药量,然后按各种类型炮眼的爆破特性进行分配,再通过试爆进行检验和修正,直到取得良好的爆破效果为止。

计算总装药量的公式为:

$$Q = kV \tag{5-2}$$

式中 Q——一个爆破循环的总装药量(kg);

　　　k——爆破每立方米岩石所需炸药的消耗量(kg/m³);

　　　V——一个爆破循环进尺所爆落的岩石总体积(m³),且$V=LS$,L指计划循环进尺(m),S指开挖断面面积(m²)。

总装药量应分配到各个炮眼中去,由于各炮眼的作用不同,因而各部位炮眼的装药量也不相同。掏槽眼的装药量最多,其次是底眼,然后是辅助眼,周边眼的装药量最少。周边眼、掏槽眼按规定选取药量,其他炮眼的装药量可按式(5-3)计算,最后再从施工方便出发,对装药量作适当调整,以单眼装药量为半卷、整卷计量为宜。

$$Q_1 = k\beta WH\lambda \tag{5-3}$$

式中 Q_1——单眼装药量(kg);

　　　k——爆破每立方米岩石所需炸药的消耗量(也称炸药单耗,kg/m³);

β——炮眼间距（m）；
W——炮眼爆破方向抵抗线（m）；
H——炮眼深度（m）；
λ——炮眼所在部位系数，一般取 0.8～2.0。

4）装药结构

装药结构是指继爆药卷和起爆药卷在炮眼中的布置方法。装药结构按起爆药卷在炮眼中的位置可分为正向装药（起爆）和反向装药（起爆），按装药的连续性则可分为连续装药和间隔装药。

① 正向装药（起爆）：将起爆药卷放在眼口第二个药卷位置上，雷管及药卷聚能穴能量向眼底传递，并用炮泥堵塞眼口，如图 5.12(a) 所示。

② 反向装药（起爆）：将起爆药卷放在眼底第二个药卷位置上，保证最大限度地利用炸药能，既可保证不破坏眼底岩石，还因雷管及药卷聚能穴朝外，可取得好的效果，如图 5.12(b) 所示。

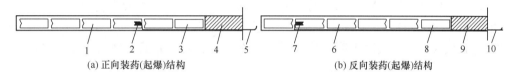

图 5.12　装药结构
1—药卷；2—雷管；3—水炮泥；4—土炮泥；5—雷管脚线；
6—药卷；7—雷管；8—水炮泥；9—土炮泥；10—雷管脚线

掏槽眼首段采用正向装药（起爆），其他炮眼采用反向装药（起爆）。

③ 连续装药：这种装药方式就是把药卷一个紧接一个地装入炮眼，直至把该炮眼的需用量装完。

④ 间隔装药：在炮眼底部先装入一个起爆药卷，然后间隔一定距离装半个药卷，再隔一定距离再装半个药卷……直到预计药量装填完毕。间隔装药通常将药卷绑扎在木棍或竹片上。

5）起爆网络和顺序

隧道开挖爆破起爆网络宜采用导爆管和非电毫秒雷管，雷管段位的选用应便于操作及满足钻爆设计所需的段位数。要想取得比较好的爆破效果，除合理布置炮眼及装药外，还应根据各种炮眼所起的作用来确定起爆顺序，一般是按掏槽眼、辅助眼、底板眼、周边眼的顺序起爆。

(3) 控制爆破

采用普通爆破方法，不仅对围岩扰动大，而且难以爆出理想的开挖轮廓与尺寸，故目前地铁隧道多采用控制爆破技术进行爆破，即光面爆破。

光面爆破是一种控制岩体开挖轮廓的爆破技术，是通过一系列措施对开挖部位的周边实行正确的钻眼和爆破，并使周边眼最后起爆的爆破方法。光面爆破对围岩扰动小，又尽可能保存了围岩自身承载能力，从而改善了衬砌结构的受力状况。光面爆破效果主要验收标准为：硬岩无剥落，中硬岩基本无剥落，软弱围岩无大的剥落或坍塌；开挖轮廓符合设计要求，开挖面平整；隧道爆破周边炮眼痕迹保存率，硬岩应大于 80%，中硬岩应大于

70%,软岩应大于50%,并应在开挖轮廓面上均匀分布;两茬炮眼衔接台阶的最大尺寸不应大于150mm;爆破进尺达到钻爆设计要求,渣块块度满足装运要求,爆破岩块最大块度不宜大于300mm。

光面爆破的成功与否主要取决于爆破参数的确定。其主要参数包括:周边炮眼间距、光面爆破层厚度、周边眼密集系数和装药集中度等。影响光面爆破参数选择的因素很多,主要有地质条件、炸药品种、一次爆破的断面大小、断面形状、凿岩设备等。

光面爆破参数的选择,通常是采取理论计算并结合工程类比加以确定,在初步确定后,一般都要在现场爆破实践中加以修正改善。为了获得良好的光面爆破效果,可采用以下技术措施:

1) 适当减小周边眼间距 E。光面爆破应注意适当加密周边眼,减小周边眼间距 E。一般情况下的软质或完整的岩石,周边眼间距 E 宜取大值,隧道跨度小、坚硬和节理裂隙发育的岩石,周边眼间距 E 宜取小值,装药量也需相应减少。

2) 合理确定光面爆破层厚度 W。光面爆破层是指周边眼与最外层辅助眼之间的一圈岩石层,其厚度就是周边眼的最小抵抗线 W,如图 5.13 所示。周边眼间距 E 与光面爆破层厚度 W 有着密切的关系,通常以周边眼的密集系数 $K(K=E/W)$ 表示,其大小对光面爆破效果有较大影响。实践表明,K 在 0.8 左右较为适宜,光面爆破层厚度一般取 50~80cm。

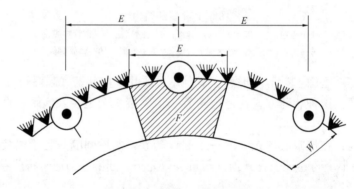

图 5.13 光面爆破参数示意图

3) 合理使用炸药。用于光面爆破的炸药既要求有较高的破岩能力,又要消除或减轻爆破对围岩的扰动,所以宜采用低密度、低爆速、低猛度或高爆力的炸药。周边眼的爆破效果能反映整个隧道爆破的成洞质量,因此,恰当的装药量应是既具有破岩所需的能量,又不造成围岩的过度破坏。实际施工中应根据孔距、光面爆破层厚度、石质和炸药种类等综合考虑确定装药量,并根据爆破效果加以调整。

5.3.3 机械开挖

在地铁隧道矿山法隧道施工中,由于城市人口稠密、建筑密集,传统爆破施工所产生的噪声、振动等不利影响难以被接受,若周边存在运营地铁、密集建筑群、历史保护建筑等敏感建(构)筑物,爆破施工需经各权属单位的方案审批,方案通过的难度大,施工作业限制多,难以满足安全、快速施工的要求。由于机械开挖对围岩扰动小,有利于隧道围岩稳定及隧道施工安全和运营安全,也基本消除了爆破开挖引起的振动,因此,其在地铁敏感区域隧道施工中获得了广泛使用。

地铁隧道机械开挖作业设备应根据围岩地质条件、施工断面大小、施工方法、施工工期等情况综合选择机械设备搭配。一般土质、砂卵石隧道宜以机械开挖为主，人工配合开挖为辅，机械开挖应预留30cm的整修层，用人工风镐或铣挖机整修到隧道开挖轮廓线；硬土、风化岩、漂石等可采用爆破或液压破碎锤进行松动；下穿城市道路、重要建筑物或周边有住宅小区等建筑物时，优先采用单臂悬臂式隧道掘进机开挖拱部（图5.14）；在限制爆破地段（下穿燃气管道、重要建筑物，砂卵石地层或岩层破碎地段）采用铣挖机代替钻爆作业进行地铁隧道开挖，减小对围岩的扰动和周边环境影响。

图5.14 悬臂式隧道掘进机

悬臂式隧道掘进机机械开挖施工不同于隧道钻爆施工，机械开挖施工是一个动态过程，围岩暴露时间较长，掌子面围岩随时会被剥落，对围岩条件较差地段需做好隧道超前支护和控制隧道开挖轮廓线，开挖过程中应随时测定隧道轴线和高程，防止超挖和欠挖。实践表明，在围岩裂隙少、岩石强度高的硬质岩隧道中采用悬臂式隧道掘进机开挖，开挖适应性较差，普遍存在开挖掘进速度慢、截齿消耗量大等问题。因此，在隧道施工过程中，需通过技术手段对掘进机截割性能进行研究改进，这也是解决城市环境敏感地区无法进行爆破开挖难题的主要方法。

5.3.4 隧道内运输

隧道开挖后，隧道内运输工作主要是把开挖的石渣运出洞外和把支护材料运进洞内，可以分为装渣、运渣、卸渣三个环节。隧道内运输在整个掘进循环中，其所占的比重相当大，一般为35%~50%，因此要非常重视隧道内运输环节。为了使整个隧道施工有条不紊，对隧道内运输，要根据条件和可能尽量选择一些高效率的装渣、运渣、卸渣机具，并进行合理组织，妥善安排，这样才能加快施工进度。

按照装运机具和设备不同，隧道内运输工作可分为三类：无轨运输-无轨装渣、有轨运输-有轨装渣、有轨运输-无轨装渣。有轨运输-有轨装渣工种干扰大，机械效率低，掘进速度较慢，目前已较少使用这种方式；无轨运输-无轨装渣运输管理和调度较简单，效率高，干扰小，但污染洞内空气，目前此种方式使用较多；有轨运输-无轨装渣综合了前两者的优点，克服了各自的缺点，在隧道施工中也有较多使用。因此，隧道具体运输方式应根据开挖断面、运量、挖运机械设备、施工方法及施工工期确定。

（1）装运机具

装渣机械的装渣能力应与开挖能力及运输能力相匹配，并应保证装运能力大于最大开挖能力。按照装渣机械的扒渣机构形式可分为：铲斗式、蟹爪式、立爪式、挖斗式。铲斗式装渣机为间歇性非连续装渣机，有翻斗后卸、前卸和侧卸式三种卸渣方式；蟹爪式、立爪式和挖斗式装渣机为连续装渣机，均配备刮板（或链板）转载后卸机构。

装渣机械的走行方式有轨道走行、履带走行和轮胎走行三种。也有同时配备履带走行和轨道走行两种走行机构的。轨道走行式装渣机须铺设走行轨道，因此其工作范围受到限制；轮胎走行式装渣机移动灵活，工作范围不受限制，但在有水土质围岩的隧道中，有可能出现打滑和下陷。

（2）装渣运输

装渣运输就是把开挖下来的石渣装入运输车辆，主要包括渣量计算、装渣生产率计算和运输。

渣量数量的计算公式如下：

$$Z = K\Delta dS \tag{5-4}$$

式中　Z——石渣数量（m^3）；

　　　K——土石松散系数，一般取 1.15～1.9；

　　　Δ——超挖系数，一般取 1.15～1.25；

　　　d——一个循环的开挖进尺（m）；

　　　S——开挖断面面积（m^2）。

装渣生产率是指按隧道掘进月进度计划要求的平均装渣生产率，其计算公式为：

$$A_b = K\Delta DS/720R\lambda \tag{5-5}$$

式中　A_b——装渣生产率（m^3/h）；

　　　D——隧道月计划进度（m/30d）；

　　　R——掘进循环（指计划全月的循环次数/本月日历公天应有的循环次数）；

　　　λ——装渣占掘进时间的百分比；

　　　720——一个月的小时数。

隧道施工的洞内出渣和进料运输，主要分为有轨运输和无轨运输两种方式。有轨运输是指铺设轻轨线路，用轨道式运输车出渣和进料；无轨运输是指采用各种无轨运输车出渣和进料。

有轨运输作业时，斗车装料高度不宜高于车顶 400mm，并不得超宽；平板车高度不宜大于 1m，并应有可靠固定措施，宽度不宜大于 150mm；车辆不得超载，列车应连接可靠，并有刹车装置；两组列车同方向行驶时，其间距不应小于 60m，采用人工推车辆时不应小于 20m；轨道外堆料距钢轨外缘不应小于 500mm，高度不应大于 1m，并应堆码整齐；车辆运行中不得摘挂钩作业；机动列车在视线不良弯道或通过道岔或错车时，行车速度不应大于 5km/h，在其他地段不应大于 15km/h，人工推车辆速度不应大于 6km/h；轨道应随开挖面及时向前延伸，装、卸车处应设置车挡，卸土点应设置大于 1‰ 的上坡道。

无轨运输作业时，运输线路应临时填筑，应平整、坚实，并应做好排水维修工作；线路两侧的废渣余料等应随时清理干净；施工作业区段的行车速度不应大于 10km/h，其他区段不应大于 15km/h；采用电动运输车或带净化装置的柴油车，严禁汽油机械进洞。

（3）卸渣

隧道内的石渣运至隧道外的渣场卸掉称为卸渣，也称为渣土外运。渣土外运的运输车辆应满足环保要求，并应根据规定的线路运输到弃渣场，不得任意弃渣。渣土外运采用封闭自卸汽车，卸渣时有专人指挥；车辆应定期保养和管理，不得违章开车，并保证行车安全。当地面设置渣土仓时，应封闭，同时场地出口设洗车槽，运渣车辆冲洗干净后方可出场，并及时清扫场内外遗撒的渣土。

5.3.5 超欠挖控制

隧道钻爆或机械开挖质量直接影响隧道施工的安全、掘进速度以及经济效益。隧道开挖时，围岩的破坏范围过大，将威胁到施工安全。开挖效果不好，超挖过大，导致石渣外运量大和衬砌混凝土回填量大，这是造成经济效益不好的直接原因。根据长期总结的经验，并考虑到隧道施工的现状，隧道不得欠挖，其允许超挖值一般采用表5.3所示的质量控制标准。

开挖断面超挖允许值　　　　　　　　　　　表5.3

隧道开挖部位	岩层分类							
	爆破岩层						土质和不需爆破岩层	
	极硬岩		硬岩		软质岩			
	平均	最大	平均	最大	平均	最大	平均	最大
拱部（mm）	100	200	150	250	150	250	100	150
边墙及仰拱（mm）	100	150	100	150	100	150	100	150

注：超挖或小规模坍方处理时，采用喷混凝土回填，并做好回填注浆。

5.4 初期支护

隧道是围岩和支护结构相互支撑的结合体。由于隧道的开挖导致地层中原有的平衡发生了改变，开挖处会发生围岩应力的释放以及洞室的变形，如果变形超过一个临界点就会发生围岩松动以及洞室的坍塌。在洞室开挖之后，需要使用钢、混凝土等支撑物来防止洞室围岩发生过度变形，这样开挖之后所用的支撑结构，称为隧道支护。为了调控围岩应力的释放以及洞室的变形，增加整体初期的稳定性，隧道在开挖之后做一个刚度小且能成为永久承载结构一部分的支撑结构，称作初期支护。

初期支护一般由钢架、锚杆、喷射混凝土等单个或者是组合的形式组成，是现阶段最常见的支护形式和方法。初期支护成型之后就会成为永久性承载结构的一部分，与围岩一起构筑永久的隧道结构承载体系。

5.4.1 钢架

钢架的最大特点是架设后立即受力，其强度和刚度均较大，可承受开挖时引起的松动压力，阻止围岩的过度变形。钢架可分为型钢钢架和格栅钢架两种类型，如图5.15所示。

（1）型钢钢架

型钢钢架通常由工字型钢、H型钢、槽钢、U型钢、钢管及钢轨等材料加工而成。型钢钢架的刚度和强度大，在软弱破碎围岩施工中或处理坍方时使用较多；但这类钢架较重，钢架与喷射混凝土结合不良，黏结力较小，与围岩的接触面之间不易保证喷射混凝土充填密实，易致钢架附近喷射的混凝土出现裂缝而影响其整体性，故目前现场使用于软弱松散围岩中。

（2）格栅钢架

格栅钢架，又称为"花拱"，质量轻，现场加工制作容易，安装架设方便，对隧道断

图 5.15 型钢钢架和格栅钢架

面变化的适应性好；可以很好地与锚杆、钢筋网、喷射混凝土相结合，构成联合支护，增强支护的有效性，且受力条件好。

(3) 施工要点

1) 钢架安装壁面轮廓应坚实并修理平整，每段钢架架立在原状土（岩）上，其拱脚或墙脚应支立牢固，不能支立牢固时进行预加固。

2) 钢架与先安装的钢架节点连接应紧密牢固，与锁脚锚杆（管）连接应牢固。

3) 钢架与壁面应楔紧，每榀钢架节点及相邻钢架纵向连接筋应连接牢固。

4) 钢架安装不得侵入二次衬砌断面，钢架应垂直于隧道中线，竖向不倾斜，平面不错位、不扭曲。

5.4.2 锚杆

(1) 锚杆的支护效应

锚杆（索）是用金属或其他高抗拉性能的材料制作的一种杆状构件。使用某些机械装置和黏结介质，通过一定的施工操作，可将锚杆安设在开挖洞室的围岩或其他工程结构体中。

锚杆的支护效应一般有如下几种：

1) 悬吊作用。悬吊作用是指为防止个别危岩的掉落或滑落，用锚杆将其与稳定围岩联结起来，这种作用主要表现为加固局部失稳的岩体，如图 5.16 所示。

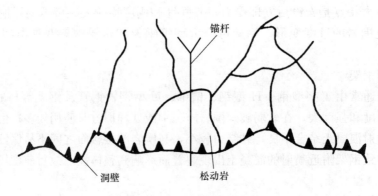

图 5.16 锚杆的悬吊作用

2)减跨作用。在隧道顶板岩层中插入锚杆，相当于在顶板中增加了支点，使隧道跨度减小，从而使顶板的围岩应力减小，起到维护围岩稳定的作用，如图5.17所示。

3)组合梁效应。对于水平或缓倾斜的层状围岩，用锚杆群把数层岩层连在一起，使层间摩阻力增大，从结构力学的观点来看就是形成"组合梁"，如图5.18所示。

4)加固效应。在隧道周边按一定间距布置放射状的系统锚杆，可使一定厚度范围内有节理、裂隙的破裂岩体或软弱岩体紧压在一起形成连续压缩带，使围岩接近于三向受力状态，围岩的承压能力和稳定性都得到提高，锚杆施加预应力时效果更明显，如图5.19所示。

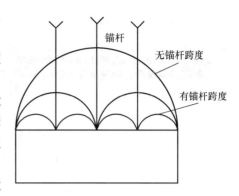

图5.17 锚杆的减跨作用

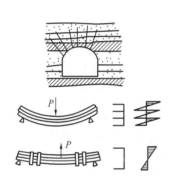

图5.18 锚杆的组合效应示意

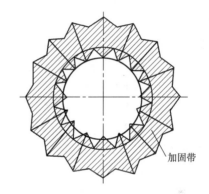

图5.19 锚杆加固效应示意

(2)锚杆的种类

锚杆的种类很多，锚杆按其与被支护体的锚固机理，分为端头锚固式、黏结式、摩擦式以及混合式等类型。

1)端头锚固式锚杆。锚杆端部锚头锚固在围岩中，另一端通过垫板与岩面接触，拧紧螺母使垫板紧压在岩面上，对围岩产生预加压应力，以增强围岩的稳定性和阻止围岩的变形。这种锚杆结构构造简单，容易加工，施工安装方便，施作后能立即提供支护抗力，并能对围岩施加不大的预应力，故适合坚硬裂隙岩体中的局部支护和系统支护。

2)黏结式锚杆。该类型锚杆分为端部黏结式锚杆（如快硬水泥卷端部锚杆、树脂端部锚杆）和全长黏结式锚杆（如水泥砂浆全长黏结式锚杆、树脂全长黏结式锚杆）。图5.20是我国使用最多的全长黏结的砂浆钢筋锚杆，这种锚杆一般不带锚头，施工时先用风动灌浆器向锚杆孔灌注早强水泥砂浆，然后插入锚杆使之与围岩黏结在一起。砂浆锚杆在整个钻孔壁上岩体与杆体紧密连接，锚固力较高，抗冲击和抗震动性能好，对围岩适应性强，价格便宜，施作简单。

3)摩擦式锚杆。当隧道通过软弱围岩、破碎带、断层带、有水地段时，机械式锚杆锚固容易失效，全长黏结式砂浆锚杆施工不便，且不能及早提供支护能力，而采用摩擦式

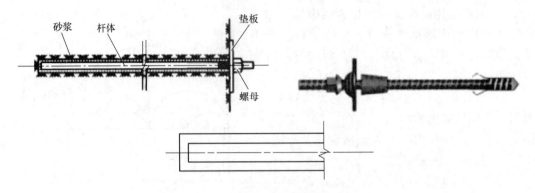

图 5.20 普通水泥砂浆和中空注浆锚杆

锚杆则可立即提供抗力。摩擦式锚杆又分为缝管锚杆、楔管锚杆和水胀锚杆等。

4）混合式锚杆。混合式锚杆又分为先张拉后灌浆预应力锚杆（索）和先灌浆后张拉预应力锚杆（索）。该类型锚杆是端头锚固式与黏结锚固式的结合使用，它既可以施加预应力，又具有全长黏结锚杆的优点，但安装施工比较复杂。

（3）锚杆的布置

锚杆的布置分为局部布置和系统布置。锚杆局部布置主要指将锚杆用在坚硬而裂隙发育或有潜在龟裂及节理的围岩中，重点加固不稳定块体。锚杆系统布置则是指将锚杆用于软弱破碎围岩中，对围岩进行整体加固。

系统锚杆宜垂直于隧道周边轮廓布置，水平成层岩层应尽可能与层面垂直或大角度相交，倾斜成层的岩层与层面呈斜交布置，锚杆呈菱形排列。为使系统布置的锚杆形成连续均匀的压缩带，其间距不宜大于锚杆长度的 1/2，围岩稳定性越差，锚杆间距越小。

（4）锚杆施工

锚杆应在初期支护喷射混凝土后及时安装，支撑钢拱架的锁脚锚杆（管）应在钢拱架就位后及时安装。锚杆杆体的抗拉力不应小于 150kN，锚杆所用的水泥砂浆强度不低于 M20，砂胶比为 1∶2～1∶1（质量比），水胶比为 0.38～0.45。

锚杆钻孔时，钻孔机具应根据锚杆类型、规格及围岩等情况选择，并按设计要求定出孔位，其允许偏差为±150mm；锚杆钻孔应保持直线，一般情况下应保持与隧道衬砌法线方向垂直，当隧道内岩层结构出漏明显时，锚杆孔与岩层主要结构面垂直；锚杆的钻孔直径大于杆体直径 15mm；钻孔深度不应小于锚杆杆体的有效长度，但深度超长值不应大于 100mm，锚杆插入长度不得小于设计长度的 95%。

锚杆必须安装垫板，垫板与初喷混凝土面紧贴。在围岩破碎、自稳时间短、地应力较大地段，应采用早强砂浆锚杆，也可采取增加锚杆数量、选用高强锚杆、加大锚杆长度和直径、加大钻孔直径、提高黏结材料的黏结性能等措施。同一批锚杆每 100 根应取一组试件做抗拔试验，每组 3 根（不足 100 根取 3 根），设计文件或材料变更时应另取试件。同一批试件抗拔力的平均值不得小于设计文件规定的锚固力，且同一批试件抗拔力最低值不应小于设计文件规定锚固力的 90%。对水下隧道、地下水有腐蚀作用的隧道，锚杆和锚固砂浆应采取相应的防腐措施。

5.4.3 喷射混凝土

喷射混凝土是使用混凝土喷射机，按一定的混合程序，将有速凝剂的细石混凝土，喷射到隧道开挖后的岩壁表面上，并迅速固结成一层具有一定强度的薄层结构，从而对围岩起到支护作用。

(1) 喷射混凝土的作用

喷射混凝土具有与围岩密贴并能和围岩共同迅速产生承载能力、形成支护结构、共同变形等特性，能很快抑制地层变位。喷射混凝土可以起到以下几方面作用：

1) 支撑围岩。由于喷层能与围岩密贴和粘贴，并施予围岩表面以抗力和剪力，从而使围岩处于三向受力状态，防止围岩强度恶化。此外，喷层本身的抗冲切能力可以阻止不稳定块体的滑塌，如图 5.21 所示。

2) "卸载"作用。由于喷层是柔性结构，能使围岩在不出现有害变形的前提下，发生一定程度的变形，从而使围岩"卸载"，同时喷层中的弯曲应力减小，有利于混凝土承载力的发挥，如图 5.22 所示。

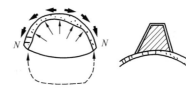

图 5.21 支撑作用　　　　图 5.22 抗弯作用

3) 填平补强围岩。喷射混凝土可射入围岩张开的裂隙，填充表面凹穴，使裂隙分割的岩层面黏结在一起，保护岩块间的咬合、镶嵌作用，提高岩块间的黏结力、摩阻力，并避免或缓和围岩应力集中，如图 5.23 所示。

4) 覆盖围岩表面。喷层直接粘贴在岩面上，形成风化和止水的保护层，并阻止节理裂隙中的充填物流失，如图 5.24 所示。

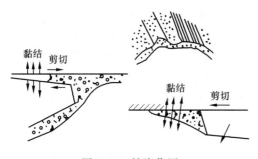
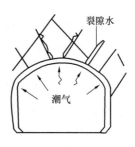

图 5.23 镶嵌作用　　　　图 5.24 封闭作用

5) 阻止围岩松动。喷层能紧跟掘进进程并及时进行支护，早期强度较高，因而能及时向围岩提供抗力，阻止围岩松动，如图 5.25 所示。

6) 分配外力。通过喷层把外力传给锚杆、钢架等，使支护结构受力均匀，如图 5.26 所示。

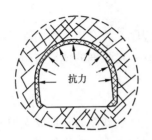
图 5.25 加固作用

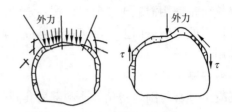
图 5.26 分载传递作用

(2) 喷射方式选择

喷射混凝土的喷射方式，一般分干式和湿式两种。

1) 干喷。干喷是在水泥和集料拌合后加入速凝剂，用压缩空气压送，在喷嘴处加压力水的喷射方式。干喷的缺点是产生的粉尘量大、回弹量大。干喷加水是由喷嘴处的阀门控制的，水灰比的控制程度与喷射手操作的熟练程度有关。干喷混凝土强度和密实度均较低，但使用的机械较简单，机械清洗和故障处理容易。

2) 湿喷。湿喷是预先将包括水在内的混凝土原材料准确计量、充分拌合，然后用湿喷机压送拌合好的混凝土，在喷嘴处添加液态速凝剂的方式。湿喷混凝土质量容易控制，喷射过程中的粉尘和回弹量很少，是目前施工主要应用的喷射工艺。但它对喷射机械要求较高，机械清洗和故障处理较麻烦。对于喷层较厚的软岩和渗水隧道，则不宜使用湿喷。

(3) 喷射混凝土的材料及其组成

喷射混凝土的材料主要包括水泥、砂、石子、速凝剂、水。

水泥：一般优先采用硅酸盐水泥或普通硅酸盐水泥，强度等级不宜低于 32.5 级。遇到含有较高可溶性硫酸盐的地层或地下水段时，应按侵蚀类型和侵蚀程度采用相应的抗硫酸盐水泥，水泥的安定性、凝结时间均应合格。在有专门使用要求时，采用特种水泥。所使用的水泥，其性能应符合国家现行标准要求。

砂：喷射混凝土的用砂应符合普通混凝土用砂标准要求，一般采用中砂或粗中砂，细度模数一般宜大于 2.5，砂中小于 0.075mm 的颗粒不应大于 20%，含水率宜控制在 5%～7%，含泥量不得大于 3%，泥块含量不大于 0.5%。

石子：喷射混凝土采用坚硬、耐久的卵石或碎石，严禁选用具有潜在碱活性的集料。当用碱性速凝剂时，不能使用含有活性二氧化硅的石料。石子的最大粒径不宜超过 15mm，石子的级配宜采用连续级配。喷钢纤维混凝土所用的石子，其粒径宜小于 10mm。石子的含泥量不得大于 1%，泥块含量不应大于 0.25%。

速凝剂：掺入速凝剂的目的在于加速喷射混凝土的凝结、硬化，提高早期强度，减少回弹，防止喷射混凝土的流淌或脱落，增大一次喷射厚度，缩短分层喷射的时间间隔。速凝剂对后期强度无明显损失，不腐蚀混凝土和钢材，不污染环境，对人体无害，一般采用无碱速凝剂。速凝剂使用前应做与水泥相容性试验及水泥净浆凝结效果试验，初凝时间不应超过 5min，终凝时间不应超过 10min。应根据水泥品种、水灰比等，通过试验确定速凝剂的最佳掺量，并应在使用时准确计量。

水：喷射混凝土用水的要求与普通混凝土相同，水中不应含有影响水泥正常凝结与硬化的有害杂质。不得使用污水、pH 小于 4.5 的酸性水和含硫酸盐量超过水的质量 1%

的水。

喷射混凝土的混合料应搅拌均匀，水泥和砂石重量比应为1:4.5～1:4，砂率应为45%～55%，水灰比应为0.4～0.45，速凝剂掺量应通过试验确定；水泥和速凝剂原材料称量允许偏差应为±2%，砂石允许偏差应为±3%。

(4) 喷射混凝土的机械设备

喷射混凝土作业的机械设备主要包括混凝土喷射机、上料机、搅拌机、机械手、混凝土运送搅拌车、混凝土喷射三联机等。

混凝土喷射机：按照构造特点和使用物料的干湿程度不同，分为干式喷射机和湿式喷射机。干式喷射机主要包括双罐式混凝土喷射机、转子式混凝土喷射机、螺旋式混凝土喷射机、转盘式混凝土喷射机；湿式喷射机主要包括普通卧式湿喷机（小型湿喷机）、移动式喷射混凝土机组（湿喷机械手）。由于干式喷射机所需的水由喷射人员凭经验在喷嘴处加入，致使喷射时水泥水化作用不充分，易造成粉尘大、回弹物多的现象，使施工质量较难保证。但是湿式喷射机施工时，湿喷的混凝土能够按生产工艺生产后运至湿喷机进行喷射，其配合比完全处于受控状态，能保证喷射混凝土的质量，同时能大大降低机旁和喷嘴外的粉尘浓度，消除对工人健康的危害。因此，喷射混凝土施工宜采用湿喷工艺。

空气压缩机：它是混凝土喷射机的动力设备。为了防止压缩空气中的油水混入喷射混凝土中，在高压风进入混凝土喷射机前必须先通过油水分离器，把油水过滤排掉，避免喷射混凝土产生结块、堵管等现象。按照压缩机气体方式可分为容积式压缩机和动力式压缩机。按结构形式和工作原理，容积式压缩机可分为往复式（活塞式、膜式）压缩机和回转式（滑片式、螺杆式、转子式）压缩机；动力式压缩机可分为轴流式压缩机、离心式压缩机和混流式压缩机。隧道湿喷台车一般采用滑片式空气压缩机和螺杆式空气压缩机。

(5) 喷射混凝土施工

喷射机应具有良好的密封性能，输料连续均匀，附属机具的技术条件应能满足喷射混凝土的需要。

喷射混凝土前，应检查开挖断面净空尺寸，清除松动的岩块和拱、墙脚处的碎石等杂物；应设置控制喷射混凝土厚度的标志，一般采用埋设钢筋头作标志；应检查机具设备和风、水、电等管线路，选用的空气压缩机应满足喷射机工作风压和耗风量的要求，且压风进入喷射机前必须进行油水分离；应采用高压水冲洗受喷面上的浮尘、岩屑，当岩面遇水容易潮解、泥化时，采用高压风吹净岩面；喷射混凝土作业的环境温度不应低于5℃；受喷面的小股水或裂隙渗漏水采用岩面注浆或导管引排后再喷射混凝土；大面积潮湿的岩面采用黏结性强的混凝土，通过添加速凝剂、掺合料改善混凝土性能；大股涌水采用注浆堵水后再喷射混凝土。

喷射混凝土作业时，混凝土喷射应分片依次自下而上进行，并先喷钢架与壁面间混凝土，然后再喷两钢架之间混凝土；分层喷射时，对于单层喷射厚度，边墙应为70～100mm，拱顶应为50～60mm，并应在前一层混凝土终凝后进行，如终凝超过1h后再复喷时应清洗前一层表面；对于喷射混凝土的回弹率，边墙不宜大于15%，拱部不宜大于25%，挂钢筋网后，回弹率限制可放宽5%；爆破作业时，喷射混凝土终凝到下一循环爆破间隔时间不应小于3h；喷射混凝土表面平整度应满足防水层对基面的平整度要求。

喷射钢纤维混凝土支护时，钢纤维材料应符合现行国家有关钢纤维混凝土标准的规定，断面直径（或等效直径）应控制在0.3~0.5mm，长度应控制在20~25mm，抗拉强度不得小于380MPa；钢纤维喷射混凝土的钢纤维体积率为1.0%~1.5%，使用的水泥强度等级不应低于42.5MPa；钢纤维喷射混凝土搅拌时间不宜小于180s，采用将钢纤维、水泥、骨料先干拌后再加水湿拌的方法，且干拌时间不得少于1.5min。

喷射混凝土后2h应进行养护，养护时间不宜小于14d，隧道内环境温度低于5℃时不得喷水养护。初期支护壁后注浆完成后，应检查壁后注浆密实情况，若存在空洞应及时进行填充注浆处理。

5.5 二次衬砌

5.5.1 模筑衬砌混凝土

（1）模板类型与选择

隧道内常用模板类型有整体移动式模板台车、分体移动式模板台车、拼装式拱架模板。

1）整体移动式模板台车：主要适用于全断面一次开挖成型或大断面开挖成型的隧道衬砌施工中。它采用大块曲模板、机械或液压脱模、背负式振捣设备集装成整体，并在轨道上走行，有的还设有自行设备，从而缩短立模时间，墙拱连续灌注，加快衬砌施工速度。

2）分体移动式模板台车：这种台车将走行机构与整体模板分离，一套走行机构可以解决几套模板的移动问题，既提高了走行机构的利用率，又可以多段衬砌同时施作。

3）拼装式拱架模板：拼装式拱架模板的拱架可采用型钢制作或现场用钢筋加工成桁架式拱架。为便于安装和运输，常将整榀拱架分解为2~4节，进行现场组装。为减少安装和拆卸工作量，可以做成简易移动式拱架，即将几榀拱架连成整体，并安设简易滑移轨道。拼装式拱架模板的一次模筑长度，应与围岩地质条件、施工进度要求、分离生产能力以及开挖后围岩的动态等情况相适应。

模板台车应进行专项设计，其在浇筑混凝土后隧道轮廓线应符合设计文件要求，刚度和强度满足浇筑混凝土受力要求，并满足移动和施工设备、材料、人员通过的需求。模板台车的长度应根据隧道曲线确定，不宜大于12m，且应根据其长度和浇筑方式设置浇筑口和混凝土输送管接口装置。

（2）二次衬砌模板安装与拆除

二次衬砌模板安装时，仰拱拱脚吊模，安装前应测放控制线，横向支持应垂直隧道轴线，安装应牢固；模板台车应校正模板与设计文件给定的轮廓相吻合后，方可锁定台车；拼装式模板，墙、拱一体支模时，应在墙体模板固定后再支拱部模板，拱部应预留沉落量10~30mm；模板安装前，钢筋和防水需验收合格，当拱顶设置浇筑口时，需预留回填注浆孔。

二次衬砌模板拆除过程中，当其不承受围岩压力时，混凝土强度应达到5.0MPa，当承受围岩压力时，应符合设计文件要求。

二次衬砌施工前，初期支护临时支撑措施的拆除，除应符合设计文件要求外，还需满足：外轮廓初期支护喷射混凝土应达到设计文件规定的强度等级，且应符合时空效应的原则，拆除后及时施作二次衬砌；拆除过程中应进行监控量测，变形超标时应立即采取临时加固措施；拆除面应平整，坑洼处应及时修复，渣土应及时清除。

（3）机械化浇筑模筑混凝土

机械化浇筑模筑混凝土是把配料、混凝土搅拌、运输、立模、灌注、捣固等主要施工过程的机械进行配套。混凝土应根据强度等级、耐久性等要求和原材料品质以及施工工艺等进行配合比设计。混凝土配合比应通过计算、试配调整后确定，配制的混凝土拌合物应满足施工要求，配制成的混凝土应满足设计强度、耐久性等质量要求。二次衬砌混凝土施工前，应对水泥、细骨料、粗骨料、拌合用水、外加剂、掺合料等原材进行检验，各项技术指标应符合现行有关国家标准的规定。

机械化浇筑模筑混凝土时，混凝土宜采用输送泵输送，坍落度宜为150～180mm；两侧墙体同时浇筑时，应分层对称浇筑，每层厚度为500mm；拱墙一体浇筑时，混凝土浇筑至墙拱交界处，应间歇1～1.5h后方可继续浇筑；拱部混凝土浇筑结束前，输送泵宜保压3min；墙体与拱部分别浇筑时，墙体浇筑宜采用插入式振捣器振捣；墙体与拱部一体浇筑时，应采用模板外挂式振捣器配合人工振捣。振捣不得触及防水层、钢筋、预埋件、封端模板。

对采用硅酸盐水泥基普通硅酸盐水泥拌制的混凝土，其养护时间不得少于7d，对掺有外加剂或有抗渗要求的混凝土不得少于14d。混凝土浇筑后，12h内应覆盖和洒水，直至规定的养护时间。操作时，不得使混凝土受到污染和损伤。当日平均气温低于5℃时，应采取保温措施，并不得对混凝土洒水养护。

5.5.2 衬砌钢筋

衬砌钢筋的性能应符合现行有关标准的规定。施工过程中应采取防止钢筋混淆、锈蚀或损伤的措施。施工时如发现钢筋脆断、焊接性能不良或力学性能显著不正常等现象时，应停止使用该批钢筋，并应对该批钢筋进行化学成分检验或其他专项检验。

衬砌钢筋加工前，应按设计文件要求编制钢筋下料单。钢筋接头宜在加工场内连接；若需在现场连接，宜根据现场条件采用螺纹连接、搭接焊和绑扎搭接方式。当钢筋直径大于22mm时，优先采用机械连接或焊接，当受拉钢筋大于28mm及受压钢筋大于32mm时，不宜采用绑扎搭接接头。环向钢筋和迎水面纵向钢筋作业面不宜采用焊接连接以免破坏防水层，底板和侧墙的环向、纵向钢筋交叉点可间隔绑扎，拱部应全部绑扎。

环向钢筋接头位置应符合设计文件要求，设计文件未明确时，在同一水平断面内钢筋接头数量不应超过总数量的50%。钢筋保护层垫块使用同标号砂浆垫块或专用垫块，保护层厚度按设计文件要求留置，设计文件无要求时，钢筋保护层厚度为35mm。

5.6 洞内防排水

隧道工程防排水施工，应按照"防、堵、截、排，因地制宜，综合治理"的原则，采取切实可靠的施工措施，达到防水可靠、排水通畅、经济合理的目的。

5.6.1 施工防排水

隧道洞口防排水时，隧道洞口段的边坡、仰坡坡顶的天沟、截水沟应结合永久排水系统及早修建，应在隧道进洞前施作完成，且出水口必须防止顺坡散流。隧道洞口排水沟应防止冲刷仰坡和破坏环境。洞门的排水沟（管）、泄水孔应与洞内（明洞）纵向排水管顺接；明洞的防水层、排水管与隧道的防水板、排水管顺接。隧道洞顶需整平地表且不得有积水；洞顶设有高位水池或有河流、水塘、水库等时，应有防渗漏措施，对水池溢水应有疏导设施。

单线隧道优先设置双侧排水沟，若隧道断面较小，可单侧设置；双线隧道在两侧或两侧及中心分别设置水沟，并不得单独采用中心水沟；双线特长、长隧道在两侧及中心均应设置水沟，必要时可加设横向联系水沟。围岩破碎、富水、易坍塌地段及可能存在突水、突泥的地段，采用注浆加固围岩等措施，并采取分段隔离防水措施。

洞内反坡排水采用机械排水，排水方式根据距离、坡度、水量和设备情况布置管路，一次或分段接力排出洞外；集水坑容积按排水量合理确定，其位置应减少施工干扰。此外，配备抽水机的功率应大于排水量的20%以上，并应有备用台数。

隧道施工排水，应重视环境保护，水质经过处理符合现行国家有关标准的规定后方可排放。

5.6.2 结构防排水

（1）基面处理

基面处理主要对初期支护表面的渗漏水、表面凹凸不平处及外露突出物进行处理。初期支护基层面处理时，基层应密实、洁净、无油渍，基层表面平整度应符合 $D/L \leqslant 1/30 \sim 1/8$ 的规定（D 为基层表面两凸出部位间凹进去的深度，L 为相邻两凸面间的距离）；阴、阳角处做成半径100mm的圆弧或50mm×50mm的钝角；除潮湿基面可施工的卷材外，基层面应干燥，含水率不宜大于9%；基面不应有明水。

（2）防水板的铺设和搭接

复合式衬砌防水板，幅宽宜为2~4m，厚度1~1.5mm，需具有良好的耐穿刺性、耐久性、耐腐蚀性、耐菌性及柔性等，并具备难燃性。防水缓冲层和防水层应沿隧道环向，由拱顶向两侧依次铺贴平顺，相互搭接。铺贴防水缓冲层，搭接宽度不应小于50mm，且应留有一定的松弛度，固定应采用与防水板同材质的配套钉圈。

防水层施工应超前二次衬砌1~2个衬砌段长度，并与开挖面保持安全距离，采用保护措施防止损伤防水层。选用复合式防水板时，采用悬挂法或无钉铺挂，接缝搭接宽度不应小于150mm。

防水板的固定时，其铺设宜松紧适度，保证防水板与基面密贴；防水板与热塑性垫圈采用电热压焊器热熔焊接，使防水板与热塑性垫圈熔合为一体；防水板的搭接宽度不应小于100mm，分段铺设的防水板的边缘部位应预留至少200mm的搭接余量。

防水板焊接施工，其接缝处应干净，且焊缝接头应平整，不得有气泡、折皱及空隙；单条焊缝的有效焊接宽度不应小于20mm；防水板纵向与环向搭接处，应覆盖一层同类材料的防水板材；焊缝若有漏焊、假焊应予补焊。

（3）施工缝和变形缝的防排水

施工缝和变形缝是隧道防排水的薄弱环节，也是隧道工程防水的重点。隧道二次衬砌混凝土采用衬砌台车作业时，施工缝和变形缝防水的设计与施工不宜不设或少设。纵向施工缝采用粘贴遇水膨胀胶条和安设止水带复合的防水；环向施工缝采用设置中埋式止水带和外贴式止水带复合的方式，也可采用中埋式止水带与预埋注浆管路复合的方式。二次衬砌混凝土应连续浇筑完成，宜少留纵向施工缝；分段浇筑时，应先做仰拱或底板，后做拱墙；边墙水平施工缝宜低于洞内排水侧沟盖板地面，且应高于边墙排水孔，其高度应大于止水带宽度的1/2。对于富水隧道，在施工缝处应预埋可全断面出浆的注浆管路（注浆花管）、带注浆管遇水膨胀止水条等。

止水带施工时，止水带埋设的位置宜按衬砌厚度的一半确定，其安装的径向位置允许偏差为±5cm，安装的纵向位置允许偏离中心为±3cm；止水带应与衬砌端头模板正交，以确保止水带安装方向和质量；止水带连接前应做好接头表面的清刷和打毛，搭接长度不得小于10cm，采用小型热焊机进行焊接，焊缝宽度不得小于50mm。

5.6.3 注浆防水

隧道工程施工应根据地质情况、掘进和支护方式、支护预期的变形量、相邻隧道的相互影响及其他构筑物的位移、沉降、水资源保护的要求进行注浆防水方案的选择。当初期支护表面有超出设计允许的渗漏水时，应用回填注浆或径向注浆进行处理。在开挖后如有渗漏水或大股涌水时，采用支护前围岩注浆。

初期支护背后填充注浆孔应沿隧道拱部及边墙梅花形布设，环向间距为1.5～2.5m，纵向间距为2.5～3.5m，注浆深度为初期支护背后0.5m。初期支护背后填充注浆设计参数，如表5.4所示。径向注浆孔采用展开的梅花形布设，孔间距宜为0.5～3m，孔深宜为1.5～5m，径向注浆设计参数如表5.5所示。

初期支护背后填充注浆设计参数　　　　　　　　　　表5.4

参数	注浆终压	影响半径	注浆速度
取值	≤0.5MPa	1.4～1.8m	≤30L/min

径向注浆设计参数　　　　　　　　　　表5.5

参数	注浆终压	影响半径	注浆速度
取值	≤0.1MPa	0.6～4m	≤50L/min

注浆防水施工时，填充注浆采用全孔一次性注浆工艺，按单液注浆方式连接注浆管路，开始前应进行压浆试验。初期支护与二次衬砌之间填充注浆管可在二次衬砌时预埋或后期钻孔埋设，钻孔埋设时，钻杆应有限深装置，不得钻破防水层。初期支护施作时，初期支护背后填充注浆的注浆管外露100mm，封堵管口后再进行喷射混凝土。径向注浆时，注浆压力达到设计终压，且注浆量达到设计注浆量的80%以上，可结束单孔注浆；注浆压力未能达到设计终压，但注浆量已达到设计注浆量的1.5倍，且无漏浆现象，可结束单孔注浆。90%径向注浆孔达到注浆结束标准，且无漏浆现象、堵水率达到或控制围岩变形达到设计要求，一段径向注浆完成。

5.7　工程案例

（1）工程概况

杭州地铁某车站站后设单停车折返线，隧道长213.021m，拱顶埋深约7～11m。隧道形式为单洞双线马蹄形，其中以Ⅵ$_a$断面尺寸最大，断面最大宽度13.15m，最大高度

9.95m。全隧道采用机械开挖法，Ⅴ级围岩采用CD法及台阶法施工（Ⅴ。断面），进洞端为Ⅴ。断面，进洞端先采用150号挖掘机开挖，待进洞一定距离达到悬臂式掘进机需要的最小工作面长度时，转换为悬臂式掘进机进行开挖施工。Ⅵ级围岩采用CRD法施工，其中CRD法上导坑开挖采用挖机开挖，下导坑开挖采用悬臂式掘进机开挖。

沿线地层特性如下：

1）碎石填土：杂色，松散～稍密，主要由碎块石组成（路基垫层），部分地段为山体开挖后的中风化岩块，局部孔段有黏性土充填，一般粒径2～15cm，还包含最大粒径40cm以上的漂石。

2）素填土：灰、灰黄色，松散，主要由黏性土、粉性土组成，含植物根系和少量碎砾石，粒径2～10cm以上。

3）淤泥质填土：深灰色，主要为淤泥质土，流塑，含有机质及大量腐殖质等，有臭味，夹少量碎石和植物根系，碎石最大粒径10cm以上。

4）含砾粉质黏土：褐黄色，硬可塑，个别孔段夹少量粉砂，砾石含量约15%～25%，粒径2～30mm不等，个别大于30mm，次棱角状，成分主要为砂岩或凝灰岩。

5）碎石夹黏性土：灰色，中密，饱和，含有较多碎石和角砾，含量约55%，碎石粒径一般为5～8cm，局部存在粒径大于25～50cm以上的漂石。母岩成分主要为坚硬状砂岩或凝灰岩，所夹黏性土呈硬可塑状，局部软可塑。

6）全风化泥岩：灰黄色，组织结构破坏明显，风化后呈黏土状，局部夹强风化岩块。

7）强风化泥岩：灰黄色，组织结构大部分破坏，节理裂隙发育，岩芯呈碎块状。

8）中风化上段泥岩：灰黄色、泥状结构，块状构造，由泥质物、钙质组成，节理裂隙极发育，岩芯呈碎块状，极破碎，局部夹有少量短柱状，岩质稍硬，锤击声哑。未发现空洞、断层破碎带和软弱夹层。

9）中风化钙质泥岩：青灰色，泥状结构，块状构造，由泥质物、钙质组成，泥质物由泥质和水云母组成，钙质成分为方解石，呈他形粒状，遇稀盐酸起泡，节理裂隙发育，岩芯呈长柱状及短柱状，部分块状，岩质较硬，锤击声脆。未发现空洞、断层破碎带和软弱夹层。

该折返线的地震动峰值加速度为0.1g（抗震设防烈度7度），地震动反应谱特征周期为0.35s，设计地震分组第一组。地下水主要赋存于第四系松散岩类孔隙水，根据地下水的含水介质、赋存条件、水理性质和水力特征，可划分为孔隙潜水和基岩裂隙水两大类。场地地下水位高，场地土位于地下水位以下或地下水位毛细带影响变动范围，对混凝土结构及钢筋混凝土结构中的钢筋具有微腐蚀性。沿线不存在滑坡、危岩和崩塌、泥石流、采空区等不良地质作用。勘探未发现浅层沼气逸出，未发现溶洞。

（2）施工方法与技术措施

全隧道采用机械开挖法施工，Ⅴ级围岩采用CD法及台阶法施工（Ⅴ。采用三台阶法，Ⅴ$_a$及Ⅴ$_b$采用CD法施工）、Ⅵ级围岩采用CRD法施工。开挖前先进行超前管棚施工、超前小导管注浆，待注浆完成后进行铣挖机机械开挖施工，局部欠挖部位采用风镐配合开挖。Ⅴ级围岩开挖进尺为0.75m，Ⅵ级围岩开挖进尺为0.5m，每次开挖进尺完成后及时进行钢拱架安装、钢筋网片挂设及喷射混凝土施工；初期支护挂网采用ϕ8钢筋网片，C25喷射混凝土。开挖机械选用XTR6/260悬臂式隧道掘进机。由掘进机在掌子面进行截割，截割下来的碎石物料通过铲板、运输机传送到渣土车运出洞外。隧道围岩级别为Ⅴ～Ⅵ级围岩，经检验，围岩强度约25MPa，因此选用多螺旋线截割头，截齿排布密集，切割效率高，磨损少。XTR6/260悬臂式隧道掘进机及其钻头如图5.27所示。

图5.27 XTR6/260悬臂式隧道掘进机及其钻头

1）折返线盾构井进洞施工

洞口设置800mm×800mm加强环梁，拱部120°设置超前小导管，环向间距0.4m，打设角度（外插角）10°～15°，然后注浆，注浆扩散半径不小于40cm。底板、中板、侧墙施工完成并经条件验收合格后进洞开挖施工。进洞上台阶连续架立3榀钢格栅，上台阶开挖进尺到3～5m后，上、中台阶同时开挖，然后开展钢格栅架设及喷射混凝土施工，中台阶开挖进尺到2～3m后，上、中、下台阶同时平行向前开挖，最后开展钢格栅架设及喷射混凝土施工工作。

2）超前支护

管棚施工：为保证管棚方向、角度的施工精度，沿开挖轮廓线环向施作导向墙，导向墙采用C35混凝土，截面尺寸为1m×1m。导向墙设2榀I20a工字钢，钢架外缘设内径127mm、壁厚5mm导向钢管，钢管与钢架焊接。钢架各单元由连接板焊接成型，单元间由螺栓连接，接头处焊缝高度：腹板$h_f=9$mm，翼缘$h_f=12$mm。钢架各尺寸按中心线标注。长管棚和小导管正面布置如图5.28所示。

根据快速施工的要求，采用大引导孔和棚管钻进相结合的工艺，首先钻大于钢管外径的引导孔，然后利用钻机的冲击和推力将管棚沿引导孔顶进，逐节接长管棚，直至孔底。管棚采用φ108的无缝钢管，钢管采用3m、6m管节逐段接长。为保证受力均匀性，钢管接头应纵向错开，奇数第一节用3m，偶数第一节用6m，以后各节均用6m。采用高压风清孔，检查钻孔合格后，安装钢管。当第一根钢管推进孔内，孔外剩余30～40cm时，开动钻机反转，使顶进连接套与钢管脱离，钻机退回原位，大臂落下，人工装上第二节钢管，大臂重新对正，钻机缓、慢、低速前进对准第一节钢管端部（严格控制角度），人工进行钢管连接。钻机再以冲击压力和推进压力低速顶进钢管。根据管棚设计长度，按同样方法继续接钢管。最后封闭钢管尾部，先采用M10水泥砂浆封堵管棚钻孔空隙，后用铁箍顶紧，最后将铁箍焊接在管棚上。注浆施工作业中，浆液注入的压力是一个最为关键的现场施工过程控制因素。根据流量计显示的孔口压力变化可以判断注浆施工的基本发展状

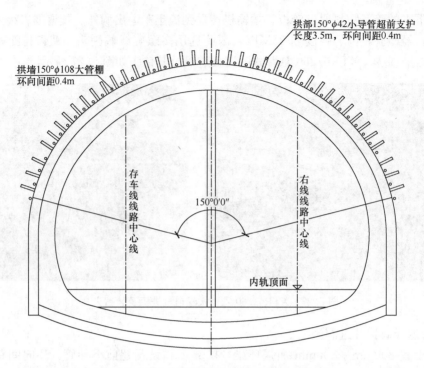

图 5.28 长管棚和小导管正面布置图

况,并及时采取相应措施。

超前小导管施工:超前小导管正面设计如图 5.29 所示。超前小导管采用 $\phi 42$、壁厚 3.5mm 的热轧无缝钢管,长度为 3.5m,在管身设注浆孔,孔径 6~8mm,孔间距 15cm,

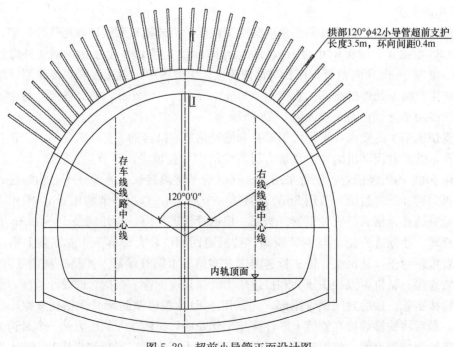

图 5.29 超前小导管正面设计图

呈梅花形布置，前端加工成锥形，尾部长度不小于100cm，作为不钻孔的止浆段，尾部焊$\phi6$加肋筋。

小导管在拱部120°布置，外插角均为10°～15°，环距0.4m，搭接长度不小于1.0m。小导管插入及孔口密封处理，在小导管尾部安装止浆阀。小导管采用锤击或钻机顶进，顶进钻孔长度不小于90%管长，并用高压风将钢管内的砂石吹出。钢管尾端外露足够长度，并与格栅钢架焊接在一起。钢管顶进时，注意小导管外露长度，以便与注浆管路连接。注浆前导管孔口先检查是否达到密封标准，以防漏浆。

3）开挖施工方法

施工Ⅴ级围岩采用CD法及三台阶法施工、Ⅵ级围岩采用CRD法施工。

三台阶法施工，其主要步骤为：超前支护→上台阶开挖及支护→中台阶开挖及支护→下台阶开挖及支护→施作仰拱初期支护。

第一步：采用$\phi42$超前小导管超前注浆加固地层，开挖上台阶预留核心土并施作初期支护，采用$\phi22$、$L=4m$的锁角锚杆加固拱角，采用$\phi25$、间距1m×1m梅花形布置组合中空锚杆并注浆加固拱顶。上台阶开挖横断面如图5.30所示。

第二步：纵向错开上台阶（错开长度3～5m），开挖中台阶预留核心土并施作初期支护，采用$\phi22$、$L=4m$的锁角锚杆加固拱角，采用$\phi22$、间距1m×1m的普通砂浆锚杆加固边墙。中台阶开挖横断面如图5.31所示。

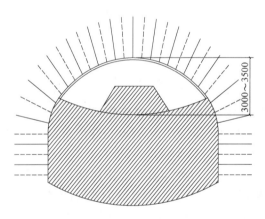

图5.30 上台阶开挖横断面图

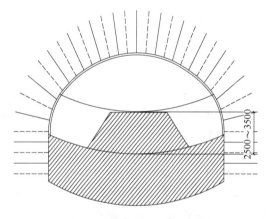

图5.31 中台阶开挖横断面图

第三步：纵向错开中台阶（错开长度2～3m），开挖下台阶并施作初期支护，采用$\phi22$、$L=4m$的锁角锚杆加固拱角，采用普通砂浆锚杆加固拱墙。下台阶开挖横断面如图5.32所示。

CD法施工，其主要步骤为：左侧上台阶开挖及支护→左侧下台阶及左侧仰拱开挖及支护→右侧上台阶开挖及支护→右侧下台阶及右侧仰拱开挖及支护。

CD法中隔壁形式采用I18工字钢钢架，

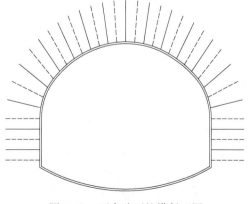

图5.32 下台阶开挖横断面图

纵向间距与格栅钢架间距一致，工字钢之间连接采用 M4.8 级 ϕ24·70mm 螺栓连接，纵向采用 ϕ22 连接筋连接，环向间距 1m，喷射 18cm 厚 C25 早强混凝土，形成临时中隔壁结构。

第一步：采用 ϕ42 超前小导管超前注浆加固地层，开挖左侧上台阶预留核心土并施作初期支护、中隔壁，采用 ϕ22、L=4m 的锁脚锚杆加固墙角，采用 ϕ25、间距 1m×1m 梅花形布置组合中空锚杆并注浆加固拱顶。左侧上台阶开挖横断面如图 5.33 所示。

第二步：纵向错开左侧上台阶，开挖左侧下台阶及左侧仰拱并施作初期支护、中隔壁，采用 ϕ22、L=4m 的锁角锚杆加固拱角，采用 ϕ22、间距 1m×1m 的普通砂浆锚杆加固边墙。左侧下台阶开挖横断面如图 5.34 所示。

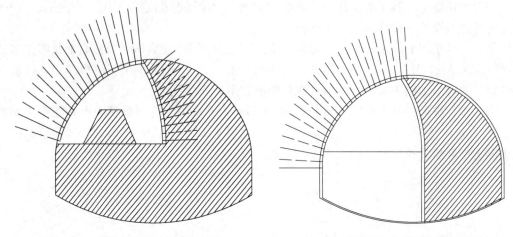

图 5.33　左侧上台阶开挖横断面图　　　图 5.34　左侧下台阶开挖横断面图

第三步：纵向错开左侧下台阶，开挖右侧上台阶预留核心土并施作初期支护、中隔壁，采用 ϕ22、L=4m 的锁脚锚杆加固墙角，采用 ϕ25、间距 1m×1m 梅花形布置组合中空锚杆并注浆加固拱顶。右侧上台阶开挖横断面如图 5.35 所示。

第四步：纵向错开右侧上台阶，开挖右侧下台阶及右侧仰拱并施作初期支护、中隔壁，采用 ϕ22、L=4m 的锁角锚杆加固拱角，采用 ϕ22、间距 1m×1m 的普通砂浆锚杆加固边墙。右侧下台阶开挖横断面如图 5.36 所示。

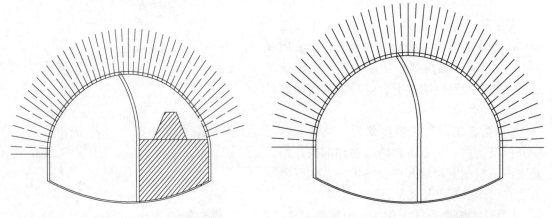

图 5.35　右侧上台阶开挖横断面图　　　图 5.36　右侧下台阶开挖横断面图

CRD法施工，其主要步骤为：①部导洞开挖及支护→②部导洞开挖及支护→③部导洞开挖及支护→④部导洞开挖及支护。

CRD法中隔壁及临时仰拱形式采用I18工字钢钢架，纵向间距与格栅钢架间距一致，工字钢之间连接采用M4.8级 $\phi 24\cdot 70mm$ 螺栓连接，纵向采用 $\phi 22$ 连接筋连接，环向间距1m，喷射18cm厚C25早强混凝土，形成临时中隔壁及临时仰拱结构。

第一步：采用 $\phi 108$ 大管棚及 $\phi 42$ 超前小导管超前注浆加固地层，采用挖机机械法开挖①部。施作①部导坑周边的初期支护和临时支护，即架设初支钢架及临时支护钢架，并在每个拱脚处设两根 $\phi 22$、$L=4m$ 的锁脚钢杆。导坑底部喷射18cm厚混凝土，形成封闭结构，喷设混凝土至设计厚度，采用 $\phi 22$、间距 $1m \times 1m$ 的普通砂浆锚杆加固边墙。①部导洞开挖横断面如图5.37所示。

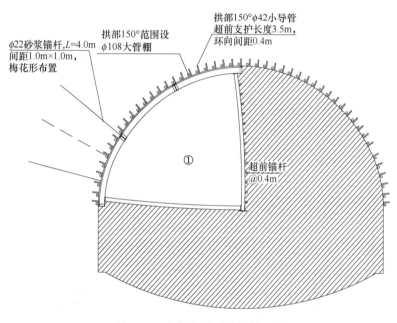

图5.37 ①部导洞开挖横断面图

第二步：在滞后于①部一段距离后，采用悬臂式掘进机机械法开挖②部。施作②部导坑周边的初期支护钢架和临时支护钢架，并在每个拱脚处设两根 $\phi 22$、$L=4m$ 的锁脚钢杆。用 $\phi 22$、间距 $1m \times 1m$ 的普通砂浆锚杆加固边墙，临时中隔壁喷射18cm厚混凝土，形成封闭结构，其余部位喷射混凝土至设计厚度。②部导洞开挖横断面如图5.38所示。

第三步：在滞后于②部一段距离后，开挖③部并施作导坑周边的初期支护和临时支护，步骤及工序同①部导洞。③部导洞开挖横断面如图5.39所示。

第四步：在滞后于③部一段距离后，开挖④部并施作导坑周边的初期支护和临时支护，步骤及工序同②部导洞。④部导洞开挖横断面如图5.40所示。

4）初期支护

钢筋网铺设完成后，进行C25喷射早强混凝土作业，为了降低粉尘，减少回弹量，提高喷射混凝土的质量，喷射混凝土采用湿喷法。

Ⅴ级围岩钢筋网采用单层 $\phi 8$ 钢筋网，网格尺寸 $20cm \times 20cm$；Ⅵ级围岩钢筋网采用

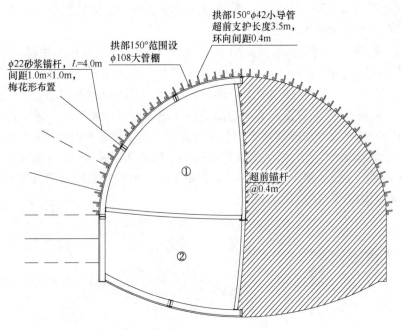

图 5.38 ②部导洞开挖横断面图

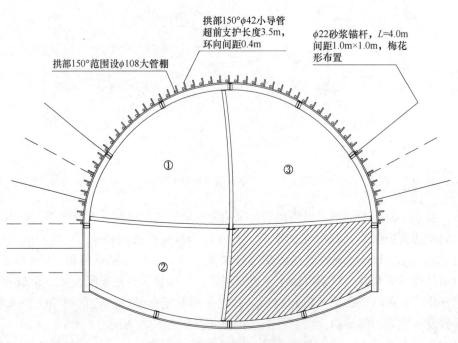

图 5.39 ③部导洞开挖横断面图

双层 $\phi 8$ 钢筋网，网格尺寸 15cm×15cm。钢筋网片在隧道外按设计要求分块加工，隧道内铺挂，随开挖面铺设，同定位锚杆固定牢固，混凝土保护层厚度大于 3cm。

拱架在加工场冷弯分段制作，拱架各段之间采用连接角板、螺栓连接。第一榀钢架加工成型后应进行试拼，经检验合格后方可成批生产。每榀拱架安装时，要认真定位，不

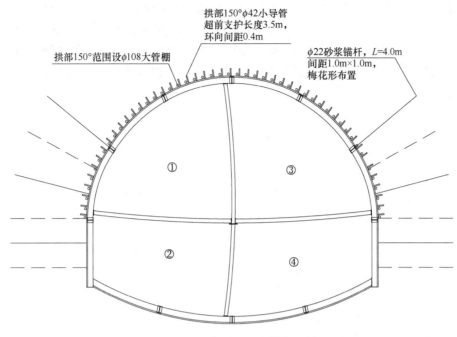

图 5.40 ④部导洞开挖横断面图

偏、不斜,轮廓要符合设计要求。为保证拱架整体受力,按设计设置纵向连接钢筋。

普通水泥砂浆锚杆与中空注浆锚杆施工顺序不同。普通水泥砂浆锚杆宜选用螺纹钢筋作锚杆。锚杆外露端应加工 120~150mm 的标准螺纹,并采用配套标准垫板及螺母。砂浆配合比(质量比):水泥:砂:水宜为 1:(1~1.5):(0.45~0.5),砂的粒径不宜大于 3mm。拱部中空锚杆采用 $\phi 25$,$t=3.5$mm,$L=4$m,环、纵向间距 1.0m×1.0m,梅花形布置。采用导管式钻杆高压风钻(成)孔,高压风清孔,孔内应无积水、岩粉。初期支护完成后应及时进行初支背后注浆,保证初支背后密实。注浆在距开挖工作面 5m 的地方进行。注浆采用 $\phi 32$ 钢管,长度 750mm,注浆孔沿隧道拱部及边墙布置,环向间距根据现场实际确定,起拱线以上 2.0m 开始安装,边墙为 3.0m;纵向间距为 3.0m,梅花形布置;注浆深度为初支背后 0.8m,注浆压力一般为 0.5~1.5MPa。

5)施工降排水

隧道通过碎石夹黏性土地层,地下常水位-2.3~3m 左右,标高为 27~30m。碎石夹黏性土透水层,标高为 18.21~27.9m,该层下进入基岩,比常水位低 8.8m。为确保隧道施工处于无水状态,必须进行施工降水,结合现场实际情况采用管井降水为主,排水沟明排为辅的降水法施工。降水井距隧道结构外 2m 左右,共布置五口。暗挖前应提前 20d 进行降水,确保掌子面前方土体干燥。掌子面前方地下水位降低到基底以下 0.5m。施工期间应注意地面和洞内的引排水,避免冲刷隧道支护结构、浸泡隧道基底。矿山法施工过程中,四周地面设截水沟,截排地表水,防止地表水进入隧道施工区域。

6)二次衬砌施工

由于该隧道由原设计"爆破开挖施工"变更为"机械开挖施工",开挖机械选用 XTR6/260 型悬臂式隧道掘进机开挖,机身尺寸较大(13.5m×3.6m),且采用自卸式翻斗车出渣，初期支护与二次衬砌施工工序相互影响，无法施工。此外，竖井内无二次衬砌施工模板台车拼装场地，须在洞内进行模板台车拼装，拼装时相互影响，无法进行隧道初次衬砌施工。经与各方沟通，该隧道采用先贯通初期支护、后施工二次衬砌的顺序施工。但在初期支护施工过程中加强监控量测，出现沉降变形过大或其他情况时，及时加强支护，必要时及时安排二次衬砌施工。

5.8 本 章 小 结

本章介绍了矿山法隧道的施工准备工作；地层超前支护与加固的基本内容和施工方法。从施工方法、钻爆开挖、机械开挖、隧道内运输、超欠挖控制等方面详细介绍了隧道开挖的基本内容和施工操作要点；同时也系统阐述了初期支护、二次衬砌、洞内防排水的施工关键技术。最后，结合地铁工程机械法开挖案例详细介绍了矿山法隧道施工工艺。

思 考 题

5.1 矿山法隧道施工的基本原理是什么？
5.2 矿山法隧道机械开挖和钻爆开挖都有哪些优缺点？
5.3 如果采取矿山法修建隧道需要注意哪些问题？
5.4 简述隧道注浆防水施工的操作要点。
5.5 简述二次衬砌模板安装与拆除的主要内容。

第6章 盾构法施工技术

本章要点及学习目标
（1）了解盾构法的概念、特点与适用范围，掌握盾构法的基本原理；
（2）了解盾构的分类，掌握盾构选型的方法；
（3）掌握盾构法施工的工艺及相应工艺各环节的技术措施；
（4）了解盾构进入特殊地段施工应采取的安全措施及施工工艺；
（5）通过案例学习，系统了解地铁隧道盾构法施工中的问题及处理方法。
课程思政学习
教育是国之大计、党之大计。

6.1 施 工 准 备

6.1.1 前期调查

盾构是指在钢壳体保护下完成隧道掘进、出渣、管片拼装等作业，由主机和后配套设备组成的全断面推进式隧道施工机械设备。盾构法隧道施工前，应对施工地段的工程地质和水文地质情况进行调查，必要时应补充地质勘察。对工程影响范围内的地面建（构）筑物应进行现场踏勘和调查，对需加固或基础托换的建（构）筑物应进行详细调查，必要时进行鉴定，并提前做好施工方案；对工程影响范围内的地下障碍物、地下构筑物及地下管线等应进行调查，必要时应进行探查。此外，根据工程所在地的环境保护要求，应进行工程环境调查。

6.1.2 技术准备

盾构隧道施工前，应具备的资料有工程地质和水文地质勘察报告、隧道沿线环境和地下管线及障碍物等的调查报告、施工所需的设计图纸资料和工程技术要求文件、工程施工有关合同文件、施工组织设计、拟使用盾构的相关资料。

盾构隧道掘进前，应完成的工作包括：复核各工作井井位里程及坐标、洞门圈制作精度和安装后的高程以及坐标，盾构基座、负环管片和反力架等设施及定向测量数据的检查验收、管片储备、盾构掘进施工的各类报表、洞口前土体加固和洞门圈密封止水装置检查验收。

盾构隧道施工前应根据工程特点和环境条件，完成测量和监测的准备工作，同时应进行技术培训与技术交底。

6.1.3 盾构选型与配制

盾构选型与配置应适应、可靠、先进、经济。盾构选型的主要依据包括工程地质和水文地质勘察报告、隧道线路及结构设计文件、施工安全、施工环境及其保护要求、工期条件、辅助施工方法以及类似工程施工经验；盾构配置主要包括刀盘、推进液压缸、管片拼装机、螺旋输送机、泥水循环系统、铰接装置、渣土改良系统和注浆系统等。

刀盘选型时，其结构强度和刚度应满足工程要求，同时其结构形式应适应地质条件，刀盘面板应采取耐磨措施，刀盘开口率应能满足盾构掘进和出渣要求。刀盘刀具的选型和配置应根据地质条件、开挖直径、切削速度、掘进里程、最小曲线半径及地下障碍物情况等进行确定。此外，刀盘添加剂喷口的数量及位置应根据地质条件、刀盘结构、刀盘开挖直径等确定。

刀盘主驱动系统是盾构机的"心脏"，是盾构机动力输出的中心。刀盘主驱动选型和配置时，刀盘主驱动形式应根据地质和环境要求确定，且最大设计扭矩应满足地质条件和脱困要求；刀盘转速应根据地质条件和施工要求确定，且转速应可调。另外，盾构机主轴承的密封是盾构机刀盘主驱动设计的技术关键，它直接影响主轴承及大小齿轮副的使用寿命，因此，刀盘驱动主轴承密封应根据覆土厚度、地下水位、添加剂注入压力、掘进里程等综合确定。

盾构选型与配制还需要准备的工作包括：推进液压缸应采取分区控制，每个分区液压缸应具备行程监测功能；总推力应根据推进阻力的总和及所需的安全系数确定；管片拼装机的自由度应满足拼装要求，各动作应准确可靠，操作应安全方便；螺旋输送机的结构和尺寸应根据工程地质和水文地质条件、盾构直径和掘进速度等确定；后闸门应具有紧急关闭功能；铰接装置应满足隧道轴线曲率半径的要求，最大推力应大于前后壳体姿态变化引起的阻力，每组铰接液压缸应具备行程监测功能。

6.1.4 设施准备

设施准备主要包括辅助设施、盾构始发和接收工作井内设施。

辅助设施准备方面，应根据工程需要和环境保护要求，配置符合盾尾同步注浆需要的浆液站，泥水平衡盾构设置相应的泥水输送和处理装置；选择合理的水平和垂直运输设备；供电设备满足盾构施工要求。

盾构始发和接收工作井内设施，始发工作井内盾构基座应具备盾构组装、调试和始发条件；接收工作井内盾构基座应能安全接收盾构，并应满足盾构检修、解体或整体移位的要求；工作井内应布置必要的排水或泥浆设施；洞门密封装置应满足盾构始发和接收密封要求。

6.1.5 工作井

工作井施工时，应根据地质条件和环境条件，选择安全经济和对周边影响小的施工方法。始发工作井的长度应大于盾构主机长度3m，宽度应大于盾构直径3m。接收工作井的平面内净尺寸应满足盾构接收、解体和调头的要求。始发、接收工作井的井底板应低于始发和到达洞门底标高，并应满足相关装置安装和拆卸所需的最小作业空间要求。

洞门圈、密封及其他预埋件等应在盾构始发或接收前按要求完成安设，并应符合质量要求。当洞口段土体不能满足盾构始发和接收对防水、防坍等安全要求时，应采取加固措施。

6.2 掘进施工

掘进施工主要包括盾构组装与调试、盾构现场验收、盾构始发、盾构掘进、盾构姿态控制、开仓作业、盾构接收等阶段。掘进施工中，应根据各阶段施工特点及施工安全、工程质量和环保要求等采取针对性施工技术措施。盾构始发前需进行试掘进，试掘进应在盾构起始段 50～200m 进行，且应根据试掘进情况调整并确定掘进参数。掘进施工应控制排土量、盾构姿态和地层变形，同时应对已成环管片与地层的间隙充填注浆。

6.2.1 盾构组装与调试

盾构是集机、电、液、控为一体的、复杂的大型设备，包含了多个不同功能的系统，若在掘进中发生问题，处理起来十分困难且易导致地层坍塌。因此，需特别重视盾构组装与调试工作。盾构组装前应完成的准备工作包括：根据盾构部件情况和场地条件制定组装方案、根据部件尺寸和重量选择组装设备、核实起吊位置的地基承载力。盾构组装如图 6.1 所示。

图 6.1　盾构组装

盾构组装应按作业安全操作规程和组装方案进行。盾构组装方案需确定盾构始发和设备吊运方式。盾构始发包含盾构本体和后配套设备两部分，一般可分为整体始发和分体始发；设备吊运方式应根据盾构部件的分解形式确定，大件吊装作业由具有资质的专业队伍负责。

盾构组装时，结构件、动力线的连接螺栓需按紧固扭矩的要求拧紧，同时连接销安装到位并紧固，确保液压管线保持清洁，使电线、电缆连接牢固。盾构组装现场应配备消防设备，明火、电焊作业时，必须有专人负责。组装后，应先进行各系统的空载调试，然后进行整机空载调试，使盾构整机处于正常状态，以确保盾构始发掘进的顺利进行。

6.2.2 盾构现场验收

盾构验收在试掘进后进行。根据盾构实际运转状况、掘进状况对照约定的验收考核内容及指标，由盾构设计、制造和使用方共同进行评估，达到设计制造和约定的技术要求后，履行验收手续，完成盾构验收。

盾构现场验收项目可按设计功能、参数、图纸和说明书的内容进行补充，并符合相关技术要求，主要验收内容包括：

（1）盾构壳体。盾构壳体的外径和长度符合设计要求，盾壳表面平整；在盾构掘进液压缸活动范围内，盾尾内表面平整，无突出焊缝，盾尾椭圆度在允许的范围内。

（2）刀盘。刀盘连接用的高强度螺栓按盾构制造厂家的设计要求配置，使用扭力扳手检查达到设计扭矩值，采用焊接形式时符合设计要求；刀盘空载运行各档正向、反向各

15min，各减速机及传运部分无异常响声；集中润滑系统进行流量和压力测试，各润滑部件受油情况达到设计要求；刀具装配牢固，不得出现松动，刀具硬质合金焊接可靠坚固，且不得有裂纹。

（3）管片拼装机。拼装机空载测试时，各部件的行程、回转角度、提升距离、平移距离、调节距离符合设计要求，各系统的工作压力满足设计要求；负载测试时，拼装机作回转、平移、提升、调节等动作运行平稳，回转运动停止可靠，各滚轮、挡轮安装定位准确，安全可靠，各系统的工作压力正常。

（4）螺旋输送机（土压平衡盾构）。螺旋输送机在掘进过程中进行验收，驱动部分负载运转平稳，不应有卡死或异常响声，液压工作压力小于设计值；手动调节比例阀时，螺旋输送机的转速有相应变化；螺旋输送机伸缩液压缸、前后仓门的相关传感器灵敏度符合设计要求。

（5）皮带输送机（土压平衡盾构）。皮带输送机空载测试时，不应有皮带跑偏现象；负载测试时，运转平稳，无振动和异常响声，全部托辊和滚筒均运转灵活。

（6）泥水输送系统（泥水平衡盾构）。泥水输送系统的各泵压力、流量符合设计要求，电气系统操作灵敏、可靠、安全。

（7）泥水处理系统（泥水平衡盾构）。根据地质情况设计泥水处理系统，处理能力满足盾构掘进要求，分离效果应环保节能。

（8）同步注浆系统。同步注浆系统的搅拌机安装完毕，管路布置合理。

（9）集中润滑系统。集中润滑系统的管路布置合理，润滑部位无油脂溢出，循环开关动作次数达到设计值。

（10）液压系统。液压系统的管路配管布置合理，泵组工作声音正常，无异常振动；各系统的调定压力符合设计要求，空载压力正常；系统工作的泄油压力正常；各传感器、压力开关、压力表等工作正常；系统经耐压试验，无泄漏；系统处于工作状态时，油箱温度正常。

（11）铰接装置。铰接液压缸的配管线路、阀组等布置合理，状态良好，伸缩动作状况、动作控制和行程良好，工作压力符合设计要求；密封装置集中润滑工作正常，密封圈充满油脂。

（12）电气系统。主要分为通电前验收和通电后验收两部分。通电前验收内容包括：电器型号、规格符合设计要求；高、低压箱柜等符合要求；电器安装牢固、平正；电器接地符合设计要求；电器和电缆绝缘电阻符合安全标准。通电后验收内容包括：操作动作宜灵活、可靠；电磁器件无异常噪声；线圈及接线端子温度不超过规定值。

（13）渣土改良系统。渣土改良系统的泡沫泵性能符合设计要求，运转状况正常，积压式输送泵能力符合设计要求，管路布置连接正确。

（14）盾尾密封系统。盾尾密封系统的密封刷安装质量和密封油脂注入泵性能符合设计要求，运转正常。

6.2.3 盾构始发

盾构始发阶段是指从盾构离开始发基座到盾构掘进、管片拼装、壁后注浆、渣土运输等全工序展开前的施工阶段。盾构始发前，进行始发条件验收，满足验收条件后方可实施盾构始发。始发条件验收包含但不限于施工方案、应急预案、监测措施、人机料筹备、技术交底等项目。洞门外的土体改良的质量检查是盾构始发前条件验收的重要内容，土体改良的质量检查是对改良效果进行检验，内容包括土体改良范围、止水效果和强度。改良后的土体强度和止水效果须达到设计要求，以防止地层发生坍塌或涌水。土体改良范围考虑始发洞门封堵安全。对于无需改良的地层，也应进行检验。此外，盾构始发前，应对反力架进行安全验算，如发现问题应采取补强措施。

盾构始发时，应对盾构姿态进行复核，并控制盾构姿态和推力，加强监测，且应根据监测结果及时调整掘进参数。盾构姿态复核前，预先复核工作井尺寸、洞门圈尺寸坐标、基座和反力架等部件尺寸。当负环管片定位时，管片环面应与隧道轴线相适应。稳定盾构姿态和正确定位负环管片，是为了确保盾构始发进入地层后沿设计的轴线掘进。管片环面与隧道轴线应根据隧道轴线线型和管片形式综合分析确定，但管片环面必须平整。当盾构进入软土地层时，盾构可能下沉，水平标高可按预计下沉量抬高。

当工作井内场地受限或工作井井口位置受限时，可选择分体始发方式，将盾构后配套设备放置地面或车站内，通过接长管线来使盾构掘进；此阶段尚不能形成正常的施工掘进、管片拼装、壁后注浆、出土运输等。因此，应随盾构掘进适时延长并保护好管线，跟进后配套设备，并尽快形成正常掘进全工序施工作业流程。

当盾构始发掘进时，根据控制地表变形和环保要求，沿隧道轴线和与轴线垂直的横断面，布设地表变形量测点，施工时跟踪监测地表的沉降、隆起变形，并分析调整盾构掘进推力、掘进速度、盾构正面土压力及壁后注浆量和压力等掘进参数，为盾构后续掘进阶段取得优化的施工参数和施工操作经验。当盾尾密封刷进入洞门结构后，应进行洞门圈间隙的封堵和填充注浆，注浆完成后方可掘进。

6.2.4 盾构掘进

（1）盾构掘进原理及其分类

盾构基本构造包括盾构壳体及开挖系统、推进系统、衬砌拼装系统和辅助注浆系统等四部分。盾构掘进的基本原理是：盾构施工时，先在隧道某段的一端建造竖井（工作井）或基坑，将盾构组装就位；然后利用竖井的后壁作为推进基座，由盾构千斤顶将盾构从工作井井壁开孔处顶出工作井，在地层中沿着设计轴线，向另一竖井或基坑的孔壁推进；在推进过程中不断地从开挖面排出土体，推进中受到的地层阻力通过千斤顶传至盾构尾部已经拼装好的预制衬砌管片上，在盾尾内拼装预制的管片衬砌。

盾构的形式比较多，其分类方法也较多，一般根据盾构开挖面与作业室之间的隔墙构造可分为以下几类：

① 全敞开式。指没有隔墙，大部分开挖面呈敞露状态，并能直接看到开挖面的盾构机，主要分为：手掘式盾构（指开挖和出土用人工进行）、半机械式盾构（指大部分的开挖工作和出土由机械进行）和机械式盾构（指从开挖到出土均采用机械）。

② 半敞开式。指挤压式盾构，这种盾构机的特点是在隔墙的某处设置可调节开口面积的排土口。

③ 密闭式。指在机械开挖式盾构机内设置隔板，将土、砂送入开挖面和隔墙间的刀盘腔内，由泥水或土压提供足以使开挖面保持平衡的压力。这种形式的盾构，其开挖面不能直接看到，主要靠各种装置间接地掌握开挖面情况而进行开挖，主要分为：气压式（指向开挖面加压缩空气）、泥水式（指用泥水向工作面加压）和土压平衡式（指用开挖下来

的土使开挖面平衡）。目前地铁隧道施工中常用的掘进机械主要是土压平衡盾构机和泥水盾构机。

（2）土压平衡盾构掘进

土压平衡盾构机，是在机械盾构机的前部设置隔墙，使土室内和排土用的螺旋输送机内充满开挖渣，依靠盾构机千斤顶的推力给土室内的开挖土砂加压，使土压作用于开挖面以使其稳定，土压平衡盾构机如图 6.2 所示。这种土压平衡盾构机根据是否具有为促进泥土化而使用添加剂的注浆装置，又可分为土压式盾构机和泥土加压式盾构机。土压式盾构机是将刀盘开挖的土砂充满土室，由盾构千斤顶的推进力加压，使土压作用于整个开挖面，以稳定开挖面，同时由螺旋输送机进行排土。泥土加压式盾构机有注入添加材料促进开挖土砂塑性流动的机构和强力搅拌添加材料及开挖土砂的搅拌机构，通过盾构千斤顶的推进力对土室内搅拌后的土砂（泥土）加压，并使该泥土压力作用于整个开挖面，使开挖面获得稳定，同时用螺旋输送机排土。由于泥土加压式盾构机适用的土质范围广，竖井用地比较少，所以目前地铁工程建设中采用得比较多。

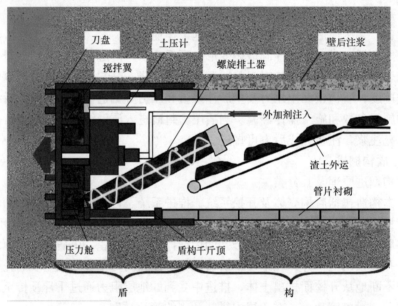

图 6.2 土压平衡盾构机示意

土压平衡盾构掘进时，应根据隧道工程地质和水文地质条件、埋深、线路平面与坡度、地表环境、施工监测结果、盾构姿态以及始发掘进阶段的经验，设定盾构刀盘转速、掘进速度和土仓压力等掘进参数。土仓压力控制关系到地表变形和开挖面的稳定，地铁施工中需高度重视。如果土仓压力不足，可能发生开挖面漏水或坍塌；如果压力过大，会引起刀盘扭矩或推力的增大而导致掘进速度下降或开挖面隆起。

土压平衡盾构掘进过程中，可从盾构掘进两环以上的状态测量资料分析出盾构掘进趋势，并通过地表变形量测数据判定预设的土仓压力的准确程度，从而调整掘进参数，制定出当班的盾构掘进指令。盾构掘进指令包括每环掘进时的盾构姿态纠偏值、注浆压力与每环的注浆量、管片类型、最大掘进速度和油缸行程差、最大扭矩、螺旋输送机的最大转速等。此外，土压平衡盾构掘进时，应根据盾构穿越的工程地质和水文地质条件，可有选择地向土仓内适当注入泥浆或水，泡沫剂、聚合物等添加剂，以改良仓内土质，使其保持一定程度的塑性流动状态。其中，因岩石地层以及岩、土混合地层含泥量小，开挖下来的渣土流塑性差，导致对开挖面支撑和止水作用的平衡压力效果差，并且地层和渣土对刀盘、刀具和螺旋出土机构的磨损大，因此盾构掘进中应采取渣土改良措施，向刀盘前方和土仓内以及螺旋输送机内注入添加剂，以改善渣土的流塑性，稳定工作面和防止喷涌，并降低对刀盘、刀具和螺旋出土机构的磨损。

掘进过程中如遇到盾构前方地层发生坍塌或遇有障碍、盾构壳体滚转角达到3°、盾构轴线偏离隧道轴线达到50mm、盾构推力与预计值相差较大、管片严重开裂或严重错台、壁后注浆系统发生故障无法注浆、盾构掘进扭矩发生异常波动以及动力系统、密封系统和控制系统等发生故障等情况，应及时进行处理。

（3）泥水平衡盾构掘进

泥水盾构机是在机械式盾构机的前部设置隔墙，装备刀盘面板、输送泥浆的送排泥管和推进盾构机的盾构千斤顶，在地面上还配有分离排出泥浆的泥浆处理设备，泥水盾构机如图6.3所示。开挖面的稳定是将泥浆送入泥水室内，在开挖面上用泥浆形成不透水的泥膜，通过该泥膜保持水压力，以对抗作用于开挖面的土压力和水压力。开挖的土砂在泥水室经搅拌器充分搅拌后，以泥浆形式输送到地面，通过处理设备将泥浆离析为土粒和泥水，分离后的泥水经质量调整，重新输送到开挖面，土粒同时排出。一般泥浆处理设备设在地面，比其他施工方法需要更大的用地面积，这是该种盾构机在城市区地铁工程应用的不利因素；但泥水盾构机适用的地质范围很大，从软弱砂质土层到砂砾层都可以使用，尤其适用于地表沉降量要求较小的地层。

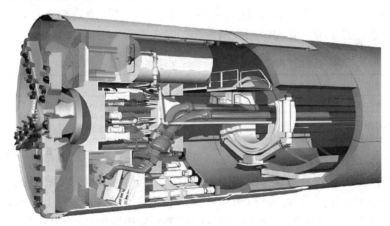

图6.3 泥水盾构机示意图

泥水平衡盾构掘进时，泥浆压力与开挖面的水土压力应保持平衡，排出渣土量与开挖渣土量应保持平衡，并应根据掘进状况进行调整和控制。因此，泥浆的管理至关重要。泥浆管理主要包括泥浆制作、泥浆性能检测，进排泥浆压力、排渣量的计算与控制、泥浆分离等。根据开挖面地层特性合理确定泥浆参数，宜进行泥浆配合比试验。泥浆性能包括物理稳定性、化学稳定性、相对密度、黏度、含砂率、pH值等。为了控制泥浆特性，特别是在选定配合比和新浆调制期间，对上述泥浆性能进行测试。在盾构掘进中，泥浆检测的主要项目是相对密度、黏度和含砂率。此外，根据地层条件的变化以及泥水分离效果，需要对循环泥浆质量进行调整，使其保持在最佳状态。调整方法主要采用向泥水中添加分散剂、增黏剂、黏土颗粒等添加剂进行调整，必要时须舍弃劣质泥浆，制作新浆。

泥水平衡盾构掘进施工的特征是循环泥浆，用泥浆维持开挖面的稳定，又将开挖渣土与泥浆混合用管道输送出地面。要根据开挖面地层条件、地下水状态、隧道埋深条件等对排土量、泥浆质量、进排泥浆流量、排浆流速进行设定和管理，主要工作包括：

① 泥浆压力的设定与管理。根据开挖面地层条件与土水压力合理地设定泥浆压力。如果泥浆压力不足，可能发生开挖面的坍塌；泥浆压力过大，又可能出现泥浆喷涌。保持泥浆压力在设定的范围内，一般压力波动允许范围为±0.02MPa。

② 排土量的设定与管理。为了保持开挖面稳定和顺利地进行掘进开挖，排土量的设定原则是使排土与开挖的土量相平衡。理论开挖土量可用掘进距离与开挖面面积乘积得出；实际开挖量为排浆量与进浆量的差值。排土量可用流量计和密度计进行检测，通过采集数据进行计算，即排浆流量与相对密度的乘积减去进浆流量与相对密度的乘积。泥水平衡主要是流量平衡和质量平衡。此外，通过计算求出偏差，以检查开挖面状态，也可据此推断开挖面的地层变化。

泥水平衡盾构掘进过程，如遇有大粒径石块进入泥水仓内，需将其破碎或处理，防止其堵塞管道。

6.2.5 盾构姿态控制

盾构姿态指盾构主机的空间状态，通常采用横向偏差、竖向偏差、俯仰角、方位角、滚转角和切口里程等参数描述。盾构姿态控制主要通过调整盾构掘进液压缸和铰接液压缸的行程差来实现。控制盾构姿态的目的是实现对管片拼装允许偏差的控制要求。当地铁隧道平面曲线半径小于等于350m、其他隧道小于等于40D（D为盾构外径）时，盾构宜配备铰接系统和超挖刀系统。盾构姿态控制指标如表6.1所示。

地铁隧道盾构姿态控制指标（mm）　　　　　　表6.1

检验项目	允许偏差	检验方法	检验数量
隧道轴向平面位置	±100	用全站仪测量中线	10环
隧道轴向高程	±100	用水准仪测量高程	10环

盾构掘进施工中，须经常测量和复核隧道轴线、管片状态及盾构姿态，发现偏差应及时纠正。纠偏的方法主要采用调整盾构姿态的方法。当纠正横向偏差和竖向偏差时，采取分区控制盾构掘进液压缸的方法进行纠偏；纠正滚动偏差时采用改变刀盘旋转方向、施加反向旋转力矩的方法进行纠偏；曲线段纠偏时可采取使用盾构超挖刀适当超挖增大建筑间隙的办法来纠偏；当管片拼装偏差过大时，需在较长距离内分次限量逐步纠偏。纠偏时应控制单次纠偏量，应逐环和小量纠偏，不得过量纠偏，且需防止损坏已拼装的管片和防止盾尾漏浆。

6.2.6 开仓作业

盾构掘进施工过程中，由于地质条件的复杂性和不可预见性，通常需要专业技术人员进入盾构开挖仓进行刀具等设备检查、更换作业，主要包括常压作业和气压作业。开仓作业主要内容包括仓内情况、设备状况、刀具编号、原刀具类型、刀具磨损量、刀具运行时间、更换原因、更换刀具类型、位置、数量、更换时间和作业人员等。开仓作业换刀如图6.4所示。

图 6.4 开仓作业换刀

由于开仓作业复杂而且时间比较长,容易造成盾构整体下沉、地层变形、地表沉降、损坏地表和地下建(构)筑物等。因此,需采取地层加固措施,保持开挖面稳定。当开仓作业选择在地层较稳定地段时,也需判定开挖面稳定情况,并应重视地下水的不利影响,及时采取措施加以控制。

对于气压作业,开挖仓内气压与开挖工作面土侧压力相适应,以保证开挖面稳定和防止地下水渗漏。因此需要通过理论计算和保压试验确定合理气压值。

开挖仓内工作气压可按下式计算:
$$P = P_w + P_r \tag{6-1}$$
式中,P 为工程压力值;P_w 为计算至隧道开挖中心的水头压力;P_r 为考虑不同地质条件、地面环境及开挖面位置的压力调整值,通常情况下可取 $0\sim20$kPa。

对于土压平衡盾构,在开仓前进行渣土输出,同时加入气体进行置换;当开挖仓内压力达到预定值时(预定值不得低于计算所得的理论工作压力),打开自动保压系统;当仓内土体降低到设定高度后,若开挖仓压力保持 2h 无变化或不发生大的波动,表明保压试验合格。对于泥水平衡盾构,采用优质泥浆置换开挖仓泥浆,在高于掘进时开挖仓泥水压力下制造泥膜,根据泥水、气体逸散速率判断泥膜保压性能,必要时采用浆气多次置换保障泥膜的厚度和强度;若供气量小于供气能力的 10% 时,开挖仓气压能在 2h 内无变化或不发生大的波动,表明保压试验合格;在气压开仓过程中,若供气量大于供气能力的 50%,则应停止气压作业并重新采用浆气置换修补泥膜至保压试验合格。

气压作业具有较高的危险性,一旦处理不当将造成严重后果。因此,为了保证开挖仓内气压不会随作业时间而降低以造成失稳,刀盘前方的地层、开挖仓、地层与盾构壳体间应满足气密性要求,且气压作业顺序一般为先除去土仓中的泥水、渣土,必要时支护正面土体和处理地下水,然后人员进入仓内进行作业。此外,应由专业技术人员对开挖面稳定状态和刀盘、刀具磨损状况进行检查,需清除刀头上粘附的砂土,确认需更换的刀具。开仓作业需要特别注意保持开挖面和开挖仓空气新鲜,进入仓内作业人员须由带高压氧舱科室的医院对其进行身体适应状况检查，体检合格后方可进仓施工。

6.2.7 盾构接收

盾构接收阶段是指从盾构刀盘进入距离到达洞门或贯通面一倍盾构主机长度范围内到盾构主机完全进入接收基座的施工阶段，主要分为常规接收、钢套筒接收和水（土）中接收。

常规接收是指盾构正常进入接收工作井的施工工艺。钢套筒接收是指在接收井内安装钢套装置，接收时盾构整体进入钢套筒的施工工艺，如图6.5所示。钢套筒装置是具有一定密封性能的圆筒形钢结构，其长度尺寸大于盾构机本体，内径尺寸大于盾构机本体外径。钢套筒装置的强度和防水要求达到接收位置的水土压力。水（土）中接收是在接收井内回填水（土），接收时盾构进入回填水（土）的施工工艺。一般情况下，为减少回填水（土）的工作量，需建立封闭空间，空间应满足盾构机及封堵洞圈的作业尺寸。封堵墙应专项设计，且满足抵抗隧道埋深的水土压力和抗渗的性能要求。水（土）中接收需计算盾构和隧道的抗浮安全系数，必要时可采取增加盾构上方填土厚度、盾构内压重等措施，同时加强盾构姿态的测量工作。

图6.5 盾构接收

盾构接收前，需进行接收条件验收，满足验收条件后方可实施盾构接收。接收条件验收应包含但不限于施工方案、应急预案、监测措施、人机料筹备、技术交底等项目。为了达到隧道贯通误差的要求和使盾构准确进入工作井已设置的洞门位置，在盾构到达前100m，应对盾构姿态轴线进行复测与调整。同时，为防止由于盾构推力过大以及盾构开挖面前方土体挤压而损坏工作井洞口门结构，当开挖面离洞门10m起保证出土量，当开挖面离洞门结构30～50cm时盾构停止掘进，并使开挖仓压力降到最低值，以确保洞门破除施工安全。盾构接收时，由于盾构开挖仓压力降低，管片间压紧力也相应减小，因此一般采用隧道纵向拉紧装置以确保环缝挤压密实。当盾构主机进入接收工作井后，应及时密封管片环与洞门间隙。

6.3 管片拼装

管片选型和确定拼装位置是管片拼装过程中的关键技术环节，管片姿态控制和成型管片轴线偏差控制是管片拼装质量控制的重要内容。场内管片吊运下井前，应在地面对防水密封材料粘贴效果进行验收。由施工单位全数检查，监理单位抽查。施工单位检查验收后，填写验收记录，报监理验收。管片在下井前，除粘贴好管片接缝防水密封条外，还需粘贴传力缓冲衬垫，并备齐管片接缝的连接件和配件、防水密封圈等，随管片同时运至拼装作业区。

6.3.1 管片类型

管片类型按照材质可分为钢筋混凝土管片、纤维混凝土管片、钢管片、铸铁管片、复合管片等；按照构造可分为平板形、箱形等；按照衬砌环适用线形的组合方式可分为普通环管片、通用环管片；按照有无楔形设计可分为楔形环管片、标准环管片。盾构钢筋混凝土管片如图6.6所示。

图6.6 盾构钢筋混凝土管片

通用环管片一般分为梯形（等腰梯形、直角梯形）、平行四边形、六边形；通过有序旋转和组合，可以适用于不同曲率半径的隧道，可用于直线段、左转弯段、右转弯段和竖曲线段等工况。楔形环管片是具有一定锥度的管片环，主要用于曲线地段和蛇形修正纠偏。楔形量由设计根据管片种类、管片宽度、管片环外径、曲线半径、曲线段楔形管片环使用比例、盾尾间隙和管片制作的方便性等计算确定。

6.3.2 拼装作业

管片拼装方式分为通缝拼装和错缝拼装，如图6.7所示。通缝拼装能够使衬砌结构获得较好的柔性，在良好地层中，能够充分调动周围土体的抗力，在保证衬砌结构满足使用要求的情况下，使衬砌设计更加经济合理，但在变形量大的软弱土体中或环境条件复杂的特殊地段，采用此种拼装方式会使衬砌结构容易发生较大变形。错缝拼装能够使衬砌环接缝刚度分布均匀，提高了管片环纵向刚度，减小管片接缝和整体结构的变形，利于防水质量，但截面内力也相应增大。错缝拼装时，管片环纵缝相交处仅三缝交汇，相对于通缝拼装的环、纵缝十字形相交，在接缝防水上较易处理。因此在防水要求较高（如水域隧道）或软土地区盾构法隧道中，通常采用错缝拼装。

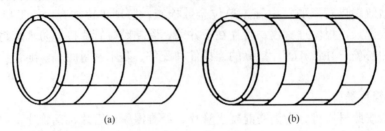

图 6.7 管片拼装方式

管片拼装前，应对上一衬砌环面进行清理。管片拼装作业时，应控制盾构推进液压缸的压力和行程，保持盾构姿态和开挖面稳定，且应根据管片位置和拼装顺序，先安装拱底落底块管片，作为第一块定位管片，然后自下而上，左右交叉，对称依次拼装标准块和临接块管片，最后纵向插入安装封顶块管片，封顶成环。当反复伸缩盾构推进液压缸时，应保持盾构不后退、不变坡、不变向；非拼装原因而需要伸缩液压缸、临时或长期停机时，均需合理选择与设置有效的液压缸数量、油压，以保持推力和行程，保证盾构姿态稳定。

管片连接螺栓紧固扭矩应符合设计要求。管片拼装完成，脱出盾尾后，应对管片螺栓及时复紧，同时须对已拼装成环的衬砌环进行椭圆度抽查。管片衬砌环椭圆度测量，可以反映衬砌结构收敛变形特征，主要分两个阶段进行测量，第一阶段为管片拼装成环尚未脱出盾尾不承受外荷载作用；第二阶段为管片脱出盾尾承受外荷载作用。两个阶段的椭圆度测量都在通视条件下进行，椭圆度抽查频次需结合地域特征确定。

当盾构在既有结构内空推并拼装管片时，应合理设置导台，并应采取措施控制管片拼装质量和壁后填充效果；当在富水稳定岩层掘进时，应采取防止管片上浮、偏移或错台的措施；当在联络通道等特殊位置拼装管片时，应根据特殊管片的设计位置，预先调整盾构姿态和盾尾间隙，管片拼装应符合设计要求。

6.3.3 拼装质量控制

用于拼装的管片不得有内外贯穿裂缝、宽度大于 0.2mm 的裂缝及混凝土剥落现象，同时管片防水密封质量应符合设计要求，不得缺损，黏结应牢固、平整。此外，螺栓质量与拧紧度应符合设计要求。螺栓紧固为管片螺栓连接质量控制要点，每环管片拼装过程中，随管片定位的同时用螺栓连接，并对螺栓进行初紧；待掘进下一环后，管片脱出盾尾，已具备拧紧螺栓的工作面，此时应对该环螺栓进行再次拧紧；后续盾构掘进时，在每环管片拼装之前，对相邻已拼装成环的 3 环范围内连接螺栓进行全面检查并复紧。

管片拼装过程中应对隧道轴线和高程进行控制，其允许偏差和检验方法应符合表 6.2 的规定。施工中管片拼装允许偏差和检验方法应符合表 6.3 的规定。

地铁隧道轴线和高程允许偏差和检验方法（mm） 表 6.2

检验项目	允许偏差	检验方法	检验数量	
			环数	点数
隧道轴线平面位置	±50	用全站仪测中线	逐环	1点/环
隧道轴线高程	±50	用水准仪测高程	逐环	

地铁隧道管片拼装允许偏差和检验方法 表 6.3

检验项目	允许偏差	检验方法	检验数量	
			环数	点数
衬砌环椭圆度（‰）	±5	断面仪、全站仪测量	每10环	—
衬砌环内错台（mm）	5	尺量	逐环	4点/环
衬砌环间错台（mm）	6	尺量	逐环	

拼装区容易积存泥水、杂物，影响管片拼装质量，易引起错台、拼缝不紧密、管片姿态偏差、环缝防水密封垫损坏、拼缝漏水等质量问题。特别是粘贴管片防水密封条前，应将管片密封槽清理干净，且粘贴后的防水密封条应牢固、平整和严密，位置应正确，不得有起鼓、超长和缺口现象。此外，螺栓孔橡胶密封圈安装应符合设计要求，不应遗漏，且不宜外露。

6.3.4 管片修补

管片修复方案按设计要求制定。当已拼装完成的钢筋混凝土管片表面出现表 6.4 所示的一般缺陷时，应及时修补，修补后质量应符合验收要求。管片修补时，应分析管片破损原因及程度，制定修补方案，且修补材料强度不应低于管片强度。

钢筋混凝土管片外观质量缺陷等级划分 表 6.4

名称	缺陷描述	缺陷等级
露筋	管片内钢筋未被混凝土包裹而外露	严重缺陷
蜂窝	混凝土表面缺少水泥砂浆而形成石子外露	严重缺陷
孔洞	混凝土中出现深度和最大长度均超过保护层厚度的孔穴	严重缺陷
	混凝土中有少量深度或最大长度未超过保护层厚度的孔穴	一般缺陷
夹渣	混凝土内夹有杂物且深度达到或超过保护层厚度	严重缺陷
	混凝土内夹有少量杂物且深度小于保护层厚度	一般缺陷
疏松	混凝土局部不密实	严重缺陷
裂缝	从管片混凝土表面延伸至内部且超过设计给出的允许宽度或深度的裂缝	严重缺陷
	其他少量不影响管片结构性能或使用功能的裂缝	一般缺陷
预埋部位缺陷	管片预埋件松动	严重缺陷
	预埋部位存在少量麻面、掉皮或掉角	一般缺陷
外形缺陷	外弧面混凝土破损到密封槽位置	严重缺陷
	存在少量且不影响结构性能或使用功能的棱角磕碰、翘曲不平或飞边凸肋等	一般缺陷
外表缺陷	密封槽及平面转角部位的混凝土有剥落缺损	一般缺陷
	其他部位的混凝土表面有少量麻面、掉皮、起砂或少量气泡等	一般缺陷

6.4 壁后注浆

6.4.1 壁后注浆分类

壁后注浆指用浆液填充隧道衬砌环与地层之间空隙的施工工艺,如图6.8所示。壁后注浆分为同步注浆、即时注浆和二次注浆。同步注浆和即时注浆与盾构掘进同步进行,二次注浆根据隧道稳定状态和环境保护要求进行。

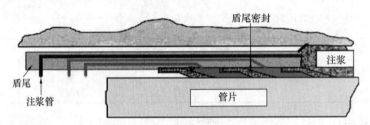

图6.8 壁后注浆示意图

同步注浆是在盾构掘进的同时通过盾构注浆管和管片的注浆孔进行壁后注浆的方法。即时注浆是在掘进中迅速进行壁后注浆的方法。二次注浆是对壁后注浆的补充,其目的是填充注浆后的未填充部分,补充注浆材料收缩体积减小部分,处理渗漏水和处理由于隧道变形引起的管片、注浆材料、地层之间产生剥离,通过填充注浆使其形成整体,提高止水效果等。注浆方法、注浆工艺以及单、双液材料等应根据地层性质、地面荷载、允许变形速率、变形值、盾构掘进参数进行合理选定。惰性浆液一般不宜用于对环境地表沉降和隧道变形有严格要求的工程。

6.4.2 注浆材料与参数

管片注浆工程为永久工程的一部分,注浆材料选择时需根据地质条件、水土压力、上覆土厚度、注浆压力分布等严格控制壁后注浆压力、注浆量,避免注浆量和注浆压力选择不当引起地层劈裂、地层变形、隧道上浮以及造成对环境的污染。根据注浆要求,应通过试验确定注浆材料和配比,并按地质条件、隧道条件和工程环境选用单液或双液注浆材料。注浆浆液一般要求注浆作业全过程浆液不易产生离析、具有较好的流动性并易于注浆施工、压注后浆液固化收缩率小、具有较好的不透水性能、使用前进行材料试验。

注浆量和注浆压力是同步注浆的两个重要的控制参数,应根据注浆量和注浆压力控制同步注浆过程,注浆速度应根据注浆量和掘进速度确定,因此注浆过程中须密切关注注浆量和注浆压力的变化。注浆压力过大会导致浆液溢出地面或造成地表隆起,压力过小会降低注浆作用。注浆出口压力稍大于注浆出口处的静止水土压力,注浆压力一般大于出口压力0.1~0.3MPa。同步注浆和即时注浆的注浆量宜按下式计算:

$$Q = \lambda \times \pi(D^2 - d^2)L/4 \tag{6-2}$$

式中,Q 为注浆量(m^3);λ 为充填系数,根据地质情况、施工情况和环境要求确定;D 为盾构切削外径(m);d 为预制管片外径(m);L 为每次充填长度(m)。

在施工中注浆量根据注浆效果作调整,注浆量与盾构掘进时扰动土层范围有关系,扰动范围是变量,一般情况下充填系数取1.30~1.80;在裂隙比较发育或地下水量大的岩层地段，充填系数一般取 1.50～2.50。

6.4.3 注浆作业

注浆作业前，应根据注浆施工要求准备拌浆、储浆、运浆和注浆设备，并应进行试运转，同时应对注浆孔、注浆管路和设备进行检查。

注浆作业过程中的设备选择至关重要。注浆设备包括注浆泵、软管、管接头、阀门控制系统等，选用的设备需保证浆液流动畅通，接点连接牢固，防止漏浆。此外，拌浆设备宜采用强制式搅拌机，其容量要与施工用浆量相适应，同时拌浆站应配有浆液质量测定的稠度仪，随时测定浆液流动性能。

同步注浆、即时注浆和二次注浆过程应连续进行，防止浆液凝结，堵塞管路。注浆孔注浆宜从隧道两腰开始，注完底部再注顶部，当有条件时也可多点同时进行。注浆结束后在一定压力下关闭浆液分配系统，同时打开回路管，停止注浆。注浆管路内压力降至零后拆下管路进行清洗。注浆作业宜配备对注浆量、注浆压力和注浆时间等参数进行自动记录的仪器。

6.5 特殊地段施工

6.5.1 特殊地段分类

地铁隧道施工的特殊地段主要包括：
(1) 覆土厚度不大于盾构直径的浅覆土层地段；
(2) 小半径曲线地段；
(3) 坡度大于30%的地段；
(4) 地下管线和地下障碍物地段；
(5) 建（构）筑物的地段；
(6) 隧道净间距小于0.7倍盾构直径的地段（小净距地段）；
(7) 水域地段；
(8) 地质条件复杂地段、砂卵石地段以及岩溶地段；
(9) 存在有害气体地段。

当地铁隧道进入上述特殊地段施工时，应查明和分析地质状况与隧道周边环境状况，并应制定专项施工技术措施和应急预案；根据隧道所处位置与地层条件，应合理设定开挖面压力，并应控制地层变形；根据隧道所处位置与工程地质和水文地质条件，应确定壁后注浆的材料、压力和注浆量，在施工过程中应根据量测结果及时调整；对地表、建（构）筑物、管线等变形进行监测分析，并应根据监测结果及时调整掘进参数。

6.5.2 施工措施

(1) 浅覆土层地段施工

浅覆土层地段施工应控制掘进参数和盾构姿态。覆土荷载减小，使开挖面压力允许范围缩小，在盾构掘进中，严格控制开挖面压力，特别注意使用的泥浆或添加剂的性能，尽量减小对地表的影响。在浅覆土层地段，由于盾尾空隙会立即影响到地面或地下建（构）筑物，需对壁后注浆进行严格管理以控制地层变形。当穿越水域浅覆土施工时，需采取保持开挖面稳定，防止泥浆或添加剂泄漏、喷出等措施；同时，还应采取防止隧道上浮和变形的相应措施。

(2) 小半径曲线地段施工

小半径曲线地段施工时盾构转向幅度较大，因此要控制推进液压缸行程差、盾尾间隙等参数，确保盾构顺利转向，保证成型隧道质量。同时，应控制推进反力引起的管片环变形和移动等，使管片环位置、宽度和楔形量满足小半径曲线拟合要求。

当使用超挖刀进行开挖时，超挖越大，小半径盾构掘进越容易，但是会引起隧道变形过大，因此需采用相关措施控制超挖量。当壁后注浆时，根据超挖量，适当增加浆液注入量，并选择体积变化小、早期强度高、速凝型的注浆材料，同时采取防止后配套设备脱轨或倾覆的措施和防止管片错台或开裂的措施。

(3) 大坡度地段施工

在大坡度地段施工时，应分别针对上坡段和下坡段采取相应措施。上坡时，由于盾构前部较重，自重向前方倾斜，因此盾构在上坡掘进时，需要加大下半部范围盾构千斤顶的推进能力，对后配套设备应采取防脱滑措施；下坡时，应加强盾构姿态控制，利用辅助液压缸等防止盾构栽头。在该坡度地段施工，壁后注浆宜采用收缩率小、早期强度高的注浆材料。

(4) 地下管线与地下障碍物地段施工

在地下管线与地下障碍物地段施工时，应查明地下管线和障碍物的类型、位置、允许变形值等，并应制定专项施工方案；对受施工影响可能产生较大变形的管线，应根据具体情况进行保护。当在地面处理地下障碍物时，选择合理的处理方法，处理后应进行回填；当在开挖面拆除障碍物时，选择气压作业或加固地层的施工方法，并控制地层的开挖量，同时配备所需的设备及设施。

(5) 建（构）筑物地段施工

建（构）筑物地段施工前，应对建（构）筑物地段进行详细调查，评估施工对建（构）筑物的影响，并应采取相应的保护措施，控制地表变形；施工过程中，根据建（构）筑物基础与结构的类型、现状和沉降控制值等，采取加固、隔离或托换等措施，同时应加强地表和建（构）筑物变形监测及反馈，及时调整盾构参数和注浆参数。建（构）筑物地段施工时的壁后注浆一般使用快凝早强注浆材料。

(6) 隧道净间距小于0.7倍盾构直径的地段（小净距地段）

小净距地段施工主要注意隧道间的相互影响，主要包括后续盾构的推进对既有隧道的挤压和松动效应、后续盾构的盾尾通过对既有隧道的松动效应、后续盾构的壁后注浆对既有隧道的挤压效应、先行盾构引起的地层松弛而造成或引起后续盾构的偏移等四种影响。施工前应分析施工对既有隧道的影响，或隧道同时掘进时的相互影响，并应采取相应的施工措施；施工时应控制掘进速度、开挖仓压力、出渣量和注浆压力等，同时对既有隧道加强监测，及时根据反馈调整盾构掘进参数。此外，盾构紧邻既有隧道施工时，可采取加固隧道间的土体，在既有隧道内支设钢支撑等辅助措施控制地层和隧道变形；当采取土体加固、洞内钢支撑等措施仍不能满足既有隧道变形控制要求时，可先施作暗挖隧道，然后盾构切削暗挖隧道的二衬素混凝土通过。

(7) 水域地段施工

水域地段是指盾构施工穿越江、河、湖、海等地段。水域地段施工主要受地下水压高的影响，由于江河等水域地段地层情况复杂，施工前需进行详细地质和水文地质调查，还应考虑地质钻孔的位置与对施工的影响，防止冒浆和地层坍塌，并配备足够的排水设备与设施，对盾构密封系统进行全面检查和处理，此外还需根据地层条件预测刀具和盾尾密封的磨损，制定更换方案；施工时应设定适当的开挖面压力，加强开挖面管理与掘进参数控制，采用快凝早强注浆材料，加强壁后同步注浆和二次注浆，采取防止对堤岸和周边建（构）筑物影响的措施。

通常河床下水量大、水压高且地质条件复杂，在水底地段更换刀具时，为防止涌水、坍塌，通常需要带压进仓更换刀具，其作业难度大、危险性高。因此在盾构长距离穿越水域地段施工时，盾构采用高可靠性的耐磨刀具和盾尾密封，尽量减少换刀和更换盾尾密封的次数和数量。施工中根据地质条件、隧道长度、采用的掘进刀具、掘进参数以及盾构掘进状况等预测刀具的磨损与盾尾密封的磨损情况，预先制定水底地段更换刀具和盾尾密封的计划和专项方案及防止涌水、坍塌的预案，做好包括换刀设备、设施、料具及应急抢险等在内的各项准备，并严格实施。

(8) 地质条件复杂地段、砂卵石以及岩溶地段施工

地质条件复杂地段、砂卵石以及岩溶地段施工时，应根据穿过地段的地质条件，合理选择刀盘形式和刀具形式及组合方式和数量。由于不同的刀具其破岩（土）的机理不同，相同的刀具对不同地层掘进效果差异大，在掘进前，需针对盾构掘进通过的地层，从隧道纵向和横断面的分布情况以确定刀具的组合布置方式和更换刀具的计划。如：全断面岩石地层宜采用盘形滚刀破岩；全断面软土（岩）地层宜采用齿刀切削；断面内为岩、土且软硬不均互层的复合地层宜采用滚刀和齿刀进行混合安装布置。

掘进中，加强刀具磨损的检测，并应采取刀具保护措施。地层的软硬不均会对刀具产生非正常的磨损（如弦磨、偏磨等）甚至损坏。因此，在软硬不均地层的复合地层的盾构掘进中，通过对盾构掘进速度、刀具贯入度、参数和排出渣土等的变化状况的观察分析或采取开仓等方法加强对刀具磨损的检测，据此及时调整参数保护刀具或更换刀具，以较少的刀具消耗实现较高的掘进效率。换刀时应合理选择换刀点，并做好预加固处理，以适应前方地层的掘进。

在盾构穿过软硬不均且复杂变化的复合地层时，根据地层强度情况、地下水状况、地表沉降控制要求等选择合适的掘进模式。当地层软弱、地下水丰富且地表沉降要求高时，采用土压平衡模式掘进；当地层较硬且稳定时，可采用敞开模式掘进；当地层软硬不均时，则可采用局部气压（半敞开模式）或土压平衡模式掘进。当采用土压平衡模式掘进时，盾构掘进技术要求、操作方法及掘进管理等与土压平衡盾构相同。在确保地表沉降控制前提下，可根据地层条件酌情选择敞开模式、局部气压（半敞开模式）和土压平衡模式，也可在掘进中进行模式转换。掘进模式转换视地质条件和工况环境等因素决定。在掘进模式转换过程中，特别是土压平衡和敞开模式相互转换时，采用局部气压（半敞开模式）逐步过渡，并在地层条件较好、稳定性较高的地层中完成掘进模式转换，这有利于防止在掘进模式转换期间发生涌水、地层过大沉降或坍塌，从而确保施工安全。

当采用土压平衡盾构通过砂卵石地段时，应进行渣土改良；当采用泥水平衡盾构通过砂卵石地段时，应根据砾石含量和粒径确定破碎方法和泥浆配合比；当在软硬不均地层掘进时，应采取措施控制地表变形；当在富水砂层掘进时，应加强注浆控制和渣土改良，并

快速通过；当通过断层破碎带时，可采取超前加固措施，并加强对地下水的控制。

当遇有大孤石影响掘进时，应采取措施处理。先探明孤石的大小、强度及分布等情况，并根据现场条件制定合理的处理方法，优先采用地面预处理，不具备条件的采取洞内处理。对于长距离孤石地层盾构掘进，提前布局换刀点并做好预加固处理，避免刀具严重损伤造成被迫停机。采用地表钻孔爆破排除孤石应根据孤石大小、刀盘开口尺寸、螺旋输送机出渣能力等制定爆破方案。孤石洞内处理必须先对影响范围内的地层进行加固，达到加固要求后才能开仓作业。

对掘进施工影响范围内的岩溶和洞穴，应采取注浆等措施处理。先探明岩溶、洞穴的发育情况，包括大小、形状及分布等，在盾构掘进前进行注浆处理，可采用抽芯钻孔和标贯钻孔检查注浆质量和岩溶、洞穴的充盈程度。盾构掘进中，加强出土量或泥浆量、同步注浆压力等参数的监控，发现异常时停止掘进。

(9) 存在有害气体地段施工

施工地段中存在甲烷等有害气体，如处理不当将会引发安全事故。因此，需要采取措施确保施工安全。施工前应对盾构密封系统进行全面检查和处理。由于有害气体主要通过螺旋输送机、刀盘与盾壳接缝、盾尾间隙、管片接缝等处渗入隧道，施工中需加强通风，通过稀释和排放，防止有害气体聚集、局部循环。特殊情况下，可以在开挖面钻孔或地表设置排气孔等，对有害气体进行提前抽排，以确保施工安全。此外，施工中配置必要的检测或监测设备，对有害气体进行监测预警，当存在瓦斯等易燃易爆气体地段时，通风、供电、供水、车辆等设备应满足防爆要求，必要时撤离作业人员。

6.6 工 程 案 例

(1) 工程概况

某机场站～区间风井 8～靖江站盾构区间左线起讫点里程为左 K56+074.389（右 K56+074.458）～左 K59+622.825（右 K59+623.243），左线设一 8.991m 长链和 0.120m 长链，右线设一 0.011m 短链，左线长 3524.416m，2350 环，右线长 3524.487m，2350 环。区间设置 5 个联络通道（其中 1 处兼排水泵站）。某机场站～区间风井 8，右线出某机场站后依次由半径为 $R=1500m$、$R=2500m$、$R=1500m$、$R=800$ 的圆曲线段、直线段及若干缓和曲线至区间风井 8 接收。左线出某机场站后依次由半径为 $R=2500m$、$R=1500m$、$R=800m$ 的圆曲线段、直线段及若干缓和曲线至区间风井 8 接收。区间风井 8～靖江站，右线出靖江站后依次由半径为 $R=800m$、$R=1500m$、$R=2500m$ 的圆曲线段、直线段及若干缓和曲线至区间风井 8 接收；左线出靖江站后依次由 $R=800m$、$R=1500m$、$R=2500m$ 的圆曲线段、直线段及若干缓和曲线至区间风井 8 接收。盾构区间隧道采用通用型钢筋混凝土管片衬砌，管片外径 6900mm，内径 6100mm，厚 400mm，环宽 1.5m，为"3+2+1"型（3 块标准块、2 块邻接块和 1 块封顶块），拼装时采用错缝拼装。管片纵向采用 16 根弯曲螺栓连接，环向采用 12 根弯曲螺栓连接。管片接缝防水采用三元乙丙橡胶密封垫，变形缝环增加遇水膨胀橡胶止水条，管片环缝设置丁青软木橡胶衬垫。

(2) 工程地质及水文地质

根据地质分析，本场地位于亚太地区华夏系第二巨型隆起带南端的北部，浙东大复背斜与浙西大复向斜北段结合部位的西侧，无区域性大断层通过，未发现第四系以来的活动断裂，因此，拟建场地地基稳定性较好，属较稳定地块。本场地在全国地震区带划分图上，属于华东地震区长江中下游地震亚区上海—上饶地震带的东南端，地震活动小，强度弱，频度低。据史料记载和地震台记录，本区历史上曾发生过5级左右地震，但这些地震对本区的影响小，近代地震均为微震。根据《中国地震动参数区划图》GB 18306—2015，本区域抗震设防烈度为7度，在Ⅱ类场地条件下设计基本地震动峰值加速度为0.10g。

本场地地处我国东南沿海，北亚热带南缘，东亚季风区，气候温和湿润，境内气候地域差异不大，降水充沛，日照充足，四季分明。年平均气温15.7℃，极端最高气温38.4℃（1988年7月），极端最低气温－10.6℃（1977年1月），无霜期223d，年日照2057.6h，年平均降水量1120～1230mm之间。降水大部分集中在4～9月，占全年降水量的68%，尤其是6～7月更为集中，占全年降水量的26%。年平均风速3.3m/s，最大风速31.7m/s；历年大于或等于6级风年平均日数136.8d。夏秋季台风是本场地的主要动力影响因素。根据杭州市气象站提供的观测点资料，水面年平均蒸发量1303.7mm。蒸发量年际变化不大，最大年蒸发量1520.5mm，最小年蒸发量1122.4mm；蒸发量的年内分配7、8月份最大，1月份最小。

某机场站～靖江路区间隧道埋深约为9.5～20.1m，主要穿越的地层有③$_5$粉砂、③$_7$砂质粉土和⑥$_1$淤泥质粉质黏土。某机场站～靖江路区间地层特性、地基土物理力学性质指标分别见表6.5。

区间地层岩性及特征表　　　　表6.5

地层编号	地层名称	地层描述
②$_4$	砂质粉土（al-mQ4^3）	黄灰、灰色，很湿，松散～稍密状。主要为现代（含早期）江滩沉积地层。摇振反应中等～迅速，无光泽反应，干强度和韧性低，振动析水，局部呈黏质粉土性，局部夹少量粉砂。沿线场地均有分布
③$_3$	砂质粉土夹粉砂（al-mQ4^2）	灰绿色、绿灰色，很湿，稍密～中密状。含云母碎屑，摇振反应迅速，无光泽反应，干强度和韧性低，振动析水，局部相变为粉砂。沿线场地均有分布
③$_5$	粉砂（al-mQ4^2）	灰绿色、灰色，饱和，中密状。含云母碎屑，局部夹少量砂质粉土及黏性土团块。沿线场地均有分布
③$_7$	砂质粉土夹淤泥质粉质黏土（al-mQ4^2）	灰色、灰褐色、浅灰色，很湿，稍密，摇振反应缓慢～中等，光泽反应粗糙，干强度和韧性低，含云母碎屑，局部夹薄层流塑状淤泥质粉质黏土，偶见粉砂薄层。沿线场地部分地段有分布
⑥$_1$	淤泥质黏土夹粉土（mQ4^1）	灰色，流塑，含有机质、腐殖质及云母碎屑，偶见贝壳碎屑。无摇振反应，切面光滑，干强度中等，韧性中等。沿线场地均有分布

本工程水系发育，沿线河流纵横交错，线路穿越地表河流较多，沿线场地涉及地表水主要为：雷山湾、方千娄直河、生产湾，均属于钱塘江水系。场地地下水因含水介质、水动力特征及其赋存条件的不同，其补、径、排作用和水化学特征均各不同，根据钻探揭露，勘探深度范围内地下水类型主要可分为松散岩类孔隙潜水、松散岩类孔隙承压水和基

岩裂隙水。

沿线场地潜水主要赋存于浅（中）部填土层、粉（砂）性土中。本次初勘阶段测得潜水稳定水位埋深为地面下 0.20～4.00m，相当于 85 国家高程 2.85～7.08m。潜水主要受大气降水与地下同层侧向径流补给，以竖向蒸发及地下同层侧向径流方式排泄，并随季节性变化。沿线场地潜水与河水呈水力互补的状态，潜水位随季节和邻近河水水位的变化而变化，年水位变幅约为 1.0～1.5m。沿线场地承压水主要分布于下部的⑫层砂砾石中，该层承压水埋深较深，隔水顶板埋深在地面以下 50m 左右，隔水层厚度约在 25.0～34.0m 左右。根据详勘期间在 XK-JTGJ-Z18 孔抽水试验成果显示，承压水混合水头埋深为 5.81m，相当于 85 国家高程－0.16m。

（3）盾构始发、掘进、接收施工

1）盾构机选型

根据以往的盾构施工经验，当地层透水系数大于 10^{-4}cm/s 时，宜选用泥水盾构；当地层的透水系数小于 10^{-7}cm/s 时，宜选用土压平衡盾构；当地层的渗水系数在 10^{-7}cm/s 和 10^{-4}cm/s 之间时，可以选用土压平衡盾构也可以选用泥水式盾构。通过渣土改良后土压平衡盾构和泥水盾构均适合本区间的工程地质及水文地质条件。土压平衡盾构不需要泥水处理场，施工占地少，对环境的影响相对较小，每延米综合价格相对较低；而泥水平衡盾构需泥浆处理场地，需较大施工场地，对周边环境影响较大，且泥浆处理费用昂贵，故每延米综合价格相对较高。依据本区间工程地质以及参照某机场站~靖江站盾构区间盾构机选择及性能要求，本案例区间配备 4 台高配置的土压平衡盾构机。

盾构机必须解决以下问题：①区间部分区段发现气压明显大于 0.05MPa 的气囊，且气量较大，局部测点气囊气压达到 0.16MPa，其主要的储气层为③$_7$砂质粉土夹淤泥质粉质黏土、⑥$_1$淤泥质黏土及粉土及⑥$_3$淤泥质粉质黏土夹粉土，盾构穿越机场范围内无条件放气处理问题；②黏土底层掘进易结泥饼问题，且区间穿越敏感建筑物、盾构长距离、小净空穿构筑物桩基等特殊情况。

盾构机除具有开挖系统、出渣系统、渣土改良系统、管片安装系统、注浆系统、动力系统、控制系统、测量导向系统等基本功能外，盾构机的配置和性能要求高，主要有：

① 综述：采用土压平衡盾构机，盾构机操作压力不小于 4.5bar；满足某机场轨道快线正线盾构区间管片规格（ϕ6900mm/ϕ6100mm－1500mm）；盾构机最小掘进转弯半径应小于或等于 300m；适用最小竖曲线半径小于或等于 1000m；适用隧道纵向坡度应大于或等于±40‰。

② 刀盘：刀盘能够安装于软土中，岩层刀具可根据地质条件更换；采用辐条式刀盘结构；为降低刀盘在软土区域中心结泥饼的风险，刀盘中心位置须具有足够的开口率，对该区间地层进行针对性设计。

③ 推进系统：推进油缸行程应大于或等于 2200mm；推进系统最大推力大于或等于 51200kN；最大掘进速度大于或等于 80mm/min。

④ 螺旋输送机：螺旋输送机尺寸应满足粒径大于 50cm 碎石排出要求，宜采用尾部驱动；螺旋输送机具有防喷涌功能及轴向可伸缩运动功能；配双卸料闸门，保压泵接口。

⑤ 同步注浆系统：注浆系统应采用至少六点的注浆点位，并能自动控制；具有单液同步注浆，以及二次双液辅助注浆功能；至少配备 2 台世界著名品牌的注浆泵。

⑥ 土体改良系统：刀盘、土舱及螺旋输送机均配置膨润土、泡沫及水注入系统，以

方便掘进时加入清水、泡沫剂、膨润土等材料,并在注入口结构上有相应的防堵塞单向导通装置。土体改良泡沫系统应采用单管单泵形式,回路应大于或等于 8 路。为防止结泥饼,土仓中心应有渣土流动措施、高压水冲刷设计,土仓中心应设置泥饼探测装置。

⑦ 管片拼装机:具有安全可靠的管片吊装系统,采用双轨梁式结构;管片拼装机采用液压式驱动,具有 6 个自由度。

⑧ 铰接与密封:盾尾密封刷至少 3 道,满足不低于 4.5bar 工作压力,盾尾密封具备可更换条件;盾尾铰接,具有两道密封装置。

⑨ 人舱:符合国家标准的具有带压进仓功能的人闸舱;具有空气压缩系统设计,具备带压作业的能力,设备具有稳定掌子面以及高压膨润土系统。

⑩ 导向系统和盾构设备远程监控系统:配备新型并适用精度(2s 以上)的激光导向系统,把盾构机的电控运行参数提取并网络传输至远程设备监视管理平台,供工程技术人员随时随地对所有盾构机现场施工情况及设备情况监视。此外,配备相应的有害气体检测系统;预留水平和倾斜超前钻机管线;具有聚合物泵送系统。

2) 加固区掘进施工

盾构处于加固区域时,正面的土质较硬,为控制推进轴线、保护刀盘,在这段区域施工时,平衡压力设定值应略低于理论值,加固区内土压力初定为 0.07MPa,推进时,根据盾构推力与地面监测情况等相关参数作微调。推进速度不宜过快(1cm/min 以内为宜),须充分磨削出洞处加固土体,使加固区土体得到充分切削。由于在始发阶段受到始发基座、反力架的限制,推力不宜过大,另外为保持洞门周边地层的稳定,盾构扭矩、刀盘转速都不宜过大。加固区段掘进控制参数见表 6.6。

加固区段掘进控制参数表 表 6.6

推力 (t)	扭矩 (t·m)	刀盘转速 (rpm)	刀盘顶部土仓 压力(bar)	螺旋机转速 (rpm)	推进速度 (mm/min)	同步注浆量 (m^3)
400~700	100~300	0.5~0.8	0.3~0.5	4~6	10~30	4~4.2

3) 前 100m 试掘进

盾构机在完成试掘进后,将对掘进参数进行必要的调整,为后续的正常掘进提供条件。主要内容包括:盾构掘进参数的设定和推进出土量控制。根据区间工程岩土工程勘察报告提供的地质情况及隧道埋深等情况,进行理论计算切口平衡压力。根据隧道埋深计算,掘进时正常土压在 2.8bar 左右。每环理论出土量 $=\pi/4 \times D_2^2 \times L = \pi/4 \times 7.15^2 \times 1.5 = 60.2 m^3$/环。盾构推进出土量控制在 98%~100% 之间。即 59.0~60.2m^3/环。正常推进时速度宜控制在 30~60mm/min 之间。

推进过程中,严格控制好推进里程,将施工测量结果不断地与计算的三维坐标相校核,及时调整。盾构应根据当班指令设定的参数推进,推进出土与衬砌背后注浆同步进行。不断完善施工工艺,控制施工后地表最大变形量在 -30~+10mm 之内。

4) 管片安装

管片拼装点位选择:根据管片环向 16 个螺栓孔,将管片按照钟表的方向平均分为 16 个点位,通过管片的点位选择,以达到错缝拼装的要求。

管片安装采用错缝拼装方式,拼装时先拼装底部,按左右对称顺序逐块拼装,最后拼装封顶块。封顶块拼装时先以搭接1/2的位置径向推上，然后再纵向插入。

管片结合隧道设计轴线、盾构机姿态、盾尾间隙、管片排版图进行选型，特殊情况下用转弯环调整盾尾间隙，保证隧道轴线位置。拼装之前清除盾尾拼装部位的砂浆等异物，并检查管片的型号、外观以及密封材料的粘贴情况。每环拼装结束后应及时拧紧纵、环向螺栓，并注意三次复紧。

5）不同地层掘进参数

不同地层掘进参数见表6.7。

不同地层掘进参数 表6.7

盾构参数 \ 地质分类	上软下硬	富水断裂带	泥质粉砂	江河富水砂性土层	塑性、黏性土层	穿越构筑物
掘进模式	土压平衡	土压平衡	土压平衡	土压平衡	土压平衡	土压平衡
土压力	严格控制			严格控制	约1.1倍压力	严格控制
刀盘	低转速 1.0～1.6r/min	低转速 1.0～1.6r/min	低转速 1.0～1.6r/min	低转速 1.0～1.6r/min	低转速 1.6～2.2r/min	低转速 1.0～1.6r/min
扭矩	1600～2500kN/m	1600～2500kN/m	2000～3000kN/m	1600～2500kN/m	2000～3000kN/m	1600～2500kN/m
推进速度	20～30mm/min	20～30mm/min	均匀中速通过 20～30mm/min	均匀快速通过 30～40mm/min	20～40mm/min	均匀低速通过， 10～30mm/min
推力	1000～2000t		800～1500t		1200～1600t	
螺机转速	8～12r/min		10～15r/min			匀速控制
注浆控制				速凝浆液，压力略高于水压力		增加洞内二次注浆，每次0.5m³，少量多次原则
渣土改良	泡沫（膨润土）	多加高浓度泡沫	泡沫		多加泡沫和水	
出土量	每渣土箱严格控制	每渣土箱严格控制	每渣土箱严格控制	每渣土箱严格控制	每渣土箱严格控制	每渣土箱严格控制
盾尾密封		加强盾尾密封和铰接检查，注入足够的油脂		加强盾尾密封和铰接检查，注入足够的油脂		

6）盾构接收

盾构到达施工流程如图6.9所示。

端头加固方案及降水：某机场站～区间风井 8 和区间风井 8～靖江站区间均在区间风井 8 接收，接收端头纵向加固长度为 12m，加固范围为盾构外径外侧，底部、顶部 3.0m 范围内为强加固区，隧道顶部以上 3.0m 至地面为弱加固区；加固方式为三轴搅拌＋旋喷＋TRD 止水帷幕，TRD 与搅拌桩同深；进出洞地层加固前必须对加固区段地下管线进行核查，必要时对地下管线进行改移和保护，并在施工全过程进行监测；地基加固应在降水井成井前施工完成；降水深度必须在盾构机以下 1.0m 以上；加固完毕后，区间隧道掘进及接收施工前应检测加固土体是否满足盾构始发（接收）要求，如不能达到，应通知参建各方采取补救措施；在加固效果满足始发要求的前提下，为更好地确保盾构接收过程安全，将在某机场站～区间风井 8 和区间风井 8～靖江站区间加固体周围各施作 3 口降水井。

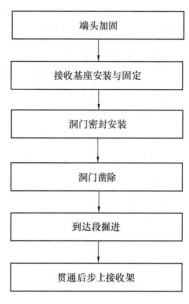

图 6.9　盾构到达施工流程

盾构参数控制：进洞段盾构施工过程中严格控制切口平衡土压力，尽量减少平衡压力的波动。进洞处隧道中心轴线埋深为 13.8m，根据本区间土层特性和前段施工经验，土体侧压力系数 K 取 0.7，土体加权平均重度为 $18kN/m^3$，土压力设定值暂定为 $0.17\pm0.1MPa$，实际施工过程中根据地面监测情况及时加以调整。进入加固区后逐步减小土仓压力至 0.07MPa。盾构进洞段施工时，应尽量做到均衡施工，减少对周围土体的扰动，避免在途中有较长时间耽搁。推进速度控制在 1cm/min。在确保盾构正面沉降控制良好的情况下，使盾构均衡匀速施工，盾构姿态变化不可过大。每环检查管片的超前量，推进时适时开启超挖刀，不急纠、不猛纠，多注意观察管片与盾壳的间隙，采用稳坡法推进，以减少盾构施工对地面的影响。根据洞门复测的结果，及时对轴线偏差进行调整，使盾构推进轴线尽量接近设计轴线。同步注浆务必做到均匀、及时、足量压注。根据本区间的注浆量统计，进洞段加固区域外注浆量暂定为每环 $4.5m^3$，加固区域内注浆量暂定为 $3m^3$。二次注浆量和注浆位置根据施工具体情况确定。在同步注浆量充足的前提下，盾构机的盾尾密封功能就显得特别重要。为了顺利、安全地进洞，必须切实做好盾尾油脂的压注工作，进洞段油脂用量控制在 25kg/环以上。每班上班时保证储桶内有充足的油脂。

接收前盾构掘进控制：接收前 5 环掘进参数，应慢速推进，刀盘转速及掘进推力均相应减小，推进速度应控制在 10～15mm/min 以内，推力控制在 1000～1300t，刀盘转速控制在 0.8～1.2rpm；严格控制每环掘进出土量，严禁超挖，严格控制盾构姿态，轴线水平和竖直偏差不得超过 10mm，以确保盾构准确地进入接收基座。由于盾构接收时推力较小，致洞门附近的管片环与环之间连接不够紧密，因此做好后 10 环管片的螺栓紧固和复拧紧工作，并用 14b 槽钢沿隧道纵向拉紧后 10 环管片，使后 10 环管片连成整体，防止管片松弛而影响密封防水效果。

（4）穿越特殊地段施工工艺与针对性措施

1）盾构区间下穿河流施工

某机场站~区间风井 8~靖江站盾构区间下穿浙航河处河宽约 11.8m，隧道顶距离河底约 13.34~13.54m。下穿雷山湾河处河宽约 20m，隧道顶距离河底约 12.1m。区间下穿方干娄直河处河宽约 30m，隧道顶距离河底约 7.7~8.1m。盾构穿越地质为③$_7$砂质粉土夹淤泥质粉质黏土、⑥$_1$淤泥质黏土夹粉土。盾构过河段风险分析及评估：本工程盾构过河段施工风险主要有河中段管片上浮风险、透水冒顶风险、过砂土层渣土喷涌风险、河道防汛墙沉降开裂风险、盾尾密封失效风险等。

盾构穿越河道过程中需针对性采取措施，盾构顶距河床冲刷线的距离保持 1D（洞径）左右。下穿浙航河、雷山湾河时，施工前需论证，如若需要，可在施工期间采取抛石等措施，确保盾构顺利通过；设计时在管片各分块均事先预留注浆管，盾构施工结束后，再对管片顶部土体进行加固处理，以提高整条隧道的稳定性；关注土仓内压力变化及排除渣土的变化情况，若发现渣土含水量过大，要立即上报，并分析原因，避免盲目出土造成超挖。若出现机械故障或其他原因造成盾构停推，要利用应急发电机保证盾构机保压系统工作正常，防止盾构后退。

盾构施工过程中，严格按照设计轴线掘进施工，尽可能地减少纠偏量，减少地层的扰动及损失。随时调整盾构施工参数，减少盾构的超挖和欠挖，以改善盾构前方土体的坍落或挤密现象。控制壁后注浆的压力，在注浆管路中设置安全阀，以免注浆压力过高而顶破覆土。注意出土量和推进速度的匹配性，必要时将采取地面预注浆或围堰改流等措施。加强同步注浆管理，减少盾尾通过后隧道外周围形成的建筑空隙，减少隧道周围土体的超挖量。同步注浆量压力数值动态调整，一般宜控制在盾尾建筑空隙 120%~150%，并根据实际情况适当补浆。

加快管片运输及拼装，减少不必要的停机时间。每环推进结束后，关闭螺旋机闸门方可进行拼装。在螺旋机的出口设置防喷涌设施，在发生漏水情况时关闭螺旋机出口，将水堵在盾构外。为了确保施工安全，防止紧急情况下螺旋机闸门由于被异物卡住或机械原因无法正常启闭，需在螺旋机外加设一道闸门，与原有闸门组成双保险，在河中段施工时，一旦发生喷涌现象，立即关闭闸门。

在河中段推进过程中，在管片拼装时，在盾尾整圈垫放海绵用以止水，封堵管片与盾构间的间隙，根据实际情况，每隔一定的距离压注聚氨酯止水保护圈。当盾尾发生泄漏时，针对泄漏部分集中压注盾尾油脂，利用堵漏材料进行封堵，并配制初凝时间较短的双液浆进行二次注浆。根据实际情况停止推进，在特殊位置进行聚氨酯压注封堵。

加强监测频率，确定合理施工参数，信息化管理指导盾构推进施工，保证隧道轴线偏移量及减少对周围环境的影响。

2）盾构下穿建（构）筑物措施

盾构下穿 T3 航站楼、下穿特种车辆隧道、下穿东西联络隧道、侧穿一办公楼、侧穿某航空股份有限公司浙江分公司等。为确保构筑物安全，在盾构推进过程中，需要通过放慢施工速度、优化施工参数、控制土体损失量、加强盾尾注浆及二次注浆并加强地面建筑监测等施工措施来控制地面隆沉。包括并不限于以下措施：

① 机场轨道快线隧道下穿石油管道，依据相关规程，石油管 5m 范围内禁止扰动，在石油管西侧 5m 至并行段之间净距小于 5m 段采用洞内长管注浆加固，洞内长管注浆深度不小于 3m。浆液采取单液浆与双液浆间隔设置，双液浆为水泥-水玻璃双浆液（体积比

1∶1）。盾构施工中严格控制施工参数，合理控制推进速度，保证连续均衡施工，严格控制土仓压力及出土量，防止盾构的超挖和欠挖。在长管注浆前应查实地层情况，确保不穿透砂层，避免高水压透水情况。机场快线盾构放慢施工速度、优化施工参数、控制土体损失量、加强盾尾注浆及二次注浆，将状态调至最佳。盾尾同步注浆要求压力应小于0.4MPa，力求更小，注浆量为1.2～1.5倍的空隙体积，盾构机配备两台注浆泵，能注厚浆，注浆材料要求采用中粗砂，不得采用细砂。

② 在盾构穿越建筑物之前的施工过程中，设置合理长度的试推进段，试推试验段建议设置在建筑物前50～100m左右，试推段每5m设置一监测断面，监测项目及要求与穿越建筑物要求一致。在试推进段中，要求施工单位就现场盾构实际推进情况设定不同的施工参数（盾构总推力、刀盘转速、推进速度、同步注浆量等），模拟穿越建筑物的施工工况条件，查看在各种参数控制下盾构机推进的影响，从而总结出盾构穿越时的最佳施工参数，特别是盾构推进的同步注浆以及二次注浆的参数。在总结施工参数和盾构穿越施工方法后，再正式穿越地面建筑物，以此确保盾构能顺利穿越，并将影响降到最低。

③ 盾构在穿越建筑物的过程中，须严格控制切口平衡土压力，使得盾构切口处的地层有微小的隆起量来平衡盾构背土时的地层沉降量。同时也必须严格控制与切口平衡压力有关的施工参数，如出土量、推进速度、总推力、实际土压力围绕设定土压力波动的差值等。防止过量超挖、欠挖，尽量减少平衡压力的波动。

④ 施工时，推进速度不宜过快，尽量做到均衡施工，减少对周围土体的扰动，避免在途中有较长时间耽搁。如果推得过快则刀盘开口断面对地层的挤压作用相对明显，地层应力来不及释放，所以正常推进时速度应控制在2～3cm/min。

⑤ 在确保盾构正面沉降控制良好的情况下，使盾构均衡匀速施工，盾构姿态变化不可过大、过频。每隔3环检查管片的超前量，隧道轴线和折角变化不能超过0.2%。推进时不急纠、不猛纠，多注意观察管片与盾壳的间隙，相对区域油压的变化量随出土箱数和千斤顶行程逐渐变化。采用稳坡法、缓坡法推进，以减少盾构施工对地面的影响。减少每环的纠偏量，从而减小建筑孔隙。提前纠偏过程中必须保持良好的盾构姿态，盾构轴线偏差不得超过50mm。

⑥ 严格控制同步注浆量和浆液质量，确保每环注浆总量到位，确保盾构推进每一箱土的过程中，浆液均匀合理地压注，确保浆液的配比符合质量标准。通过同步注浆及时充填建筑空隙，减少施工过程中的土体变形。每环的压浆量一般为建筑空隙的120%～150%左右，泵送出口处的压力应控制在0.3～0.4MPa左右。具体压浆量和压浆点视压浆时的压力值和地层变形监测数据选定。

⑦ 施工前做好详细的应急预案，准备好应急物资，确保安全。若出现险情，应及时应对，同时立即通知监理、业主、设计等相关部门，研究应对措施和方案。

⑧ 当盾构穿越过后，隧道影响的建筑物会有不同程度的后期沉降。因此必须准备足量的二次补压浆材料以及设备，根据后期沉降观测结果，及时进行二次补压浆，以便能有效控制后期沉降，确保地面建筑物的安全。推进过程中，根据地面监测情况，若有必要可采取壁后二次注浆进行补压浆，压浆量的控制根据变形信息确定。

6.7 本章小结

本章首先从前期调查、技术准备、盾构选型与配制、设施准备、工作井等方面详细介绍了盾构施工的准备工作，然后从盾构组装与调试、盾构现场验收、盾构始发、盾构掘进、盾构姿态控制、开仓作业、盾构接收等方面详细阐述了掘进施工基本原理与施工工艺，同时对管片拼装、壁后注浆、特殊地段施工等也进行了系统阐述。最后，以土压平衡盾构工程为例，详细介绍了盾构法隧道施工工艺。

思 考 题

6.1 盾构的原理是什么？盾构有哪些类型？
6.2 盾构的基本构造主要分为哪些部分？
6.3 盾构施工前的准备工作主要有哪些？
6.4 盾构始发的流程是什么？
6.5 壁后注浆的目的是什么？
6.6 简述泥水盾构的原理及适用范围。
6.7 土压平衡盾构的开挖模式有哪些？其适用条件是什么？
6.8 简述盾构在特殊地段施工需采取的安全措施。

第7章 施工监控量测

本章要点及学习目标
(1) 了解地铁隧道施工监测的目的与内容;
(2) 掌握地铁隧道施工监测测点布设与监测方法;
(3) 熟悉地铁隧道施工监测频率,掌握施工监测的控制标准;
(4) 掌握地铁隧道施工监测数据处理方法。

课程思政学习
培养造就大批德才兼备的高素质人才,是国家和民族长远发展大计。

7.1 工程影响分区与监测范围

城市地铁隧道工程在施工过程中经常发生支护结构垮塌、周围岩土体坍塌以及建(构)筑物、地下管线等周边环境对象的过大变形或破坏等安全风险事件。因此,在地铁隧道工程施工过程中,开展工程监测工作对安全风险事件的预防预报和控制安全风险事件的发生具有十分重要的意义。工程影响分区指根据周围岩土体和周边环境受工程施工影响程度的大小而进行的区域划分,可分为主要、次要和可能三个工程影响分区,其主要目的是区分工程施工对周边地层、环境的影响程度,以便把握工程关键部位,进而对受工程影响较大的周边环境对象进行重点监测,做到经济、合理地开展工程周边环境监测工作。

地铁隧道明挖法基坑工程影响分区如表7.1所示。

地铁隧道明挖法基坑工程影响分区　　　　表7.1

地铁隧道明挖法基坑工程影响分区	范围
主要影响区（Ⅰ）	基坑周边 $0.7H$ 或 $H \cdot \tan(45°-\phi/2)$ 范围内
次要影响区（Ⅱ）	基坑周边 $0.7H \sim (2.0\sim3.0)H$ 或 $H \cdot \tan(45°-\phi/2) \sim (2.0\sim3.0)H$ 范围内
可能影响区（Ⅲ）	基坑周边 $(2.0\sim3.0)H$ 范围外

注: H 指基坑设计深度（m）,ϕ 指岩土体内摩擦角（°）;基坑开挖范围内存在基岩时,H 可为覆盖土层和基岩强风化层厚度之和;工程影响分区的划分界线取表中 $0.7H$ 或 $H \cdot \tan(45°-\phi/2)$ 的较大值。

土质隧道工程影响分区如表7.2所示。当隧道穿越基岩时,应根据覆盖土层特征、岩石坚硬程度、风化程度及岩体结构与构造等地质条件,综合确定工程影响分区界线。

土质隧道工程影响分区　　　　表7.2

土质隧道工程影响区	范围
主要影响区（Ⅰ）	隧道正上方及沉降曲线反弯点范围内
次要影响区（Ⅱ）	隧道沉降曲线反弯点至沉降曲线边缘 $2.5i$ 处
可能影响区（Ⅲ）	隧道沉降曲线边缘 $2.5i$ 外

注: i 指隧道地表沉降曲线 Peck 计算公式中的沉降槽宽度系数（m）。

地铁隧道工程对周围岩土体的扰动是一个复杂的过程,施工方法不同、地质条件不同，工程施工对周围岩土体的影响有明显的不同，特别是工程影响范围和影响程度受工程地质条件的影响更大。因此，工程影响分区的划分界线应根据地质条件、施工方法及措施特点，结合当地的工程经验进行调整，如遇到以下情况时，应调整工程影响分区界线：

（1）地铁隧道周边土体以淤泥、淤泥质土或其他高压缩性土为主时，应增大工程主要影响区和次要影响区；

（2）隧道穿越或基坑处于断裂破碎带、岩溶、土洞、强风化岩、全风化岩或残积土等不良地质体或特殊性岩土发育区域，应根据其分布和对工程的危害程度调整工程影响分区界线；

（3）采用锚杆支护、注浆加固、高压旋喷等工程措施时，应根据其对岩土体的扰动程度和影响范围调整工程影响分区界线；

（4）采用施工降水措施时，应根据降水影响范围和预计的地面沉降大小调整工程影响分区界线；

（5）施工期间出现严重的涌砂、涌土或管涌以及较严重的渗漏水、支护结构过大变形、周边建（构）筑物或地下管线严重变形等异常情况时，宜根据工程实际情况增大工程主要影响区和次要影响区。

监测范围应根据隧道明挖法基坑设计深度、隧道埋深和断面尺寸、施工工法、支护结构形式、地质条件、周边环境条件等综合确定，并应包括主要影响区和次要影响区。当采用爆破开挖岩土体的地铁隧道工程，爆破振动的监测范围应根据工程实际情况通过爆破试验确定。

7.2 工程监测等级划分

工程监测等级的划分有利于在监测设计工作量布置时更具针对性，突出重点，合理开展监测工作，其等级宜根据地铁隧道基坑、区间隧道工程的自身风险等级、周边环境风险等级和地质条件复杂程度进行划分。

工程自身风险是指工程自身设计、施工的复杂程度带来的风险。地铁隧道基坑、区间隧道工程自身风险等级，宜根据支护结构发生变形或破坏、岩土体失稳等的可能性和后果的严重程度，采用工程风险评估的方法确定，也可根据基坑设计深度、隧道埋深和断面尺寸等按表7.3划分。

地铁隧道基坑、区间隧道工程的自身风险等级　　　　　表 7.3

工程自身风险等级		等级划分标准
地铁隧道基坑工程	一级	设计深度大于或等于20m的基坑
	二级	设计深度大于或等于10m且小于20m的基坑
	三级	设计深度小于10m的基坑
区间隧道工程	一级	超浅埋隧道；超大断面隧道
	二级	浅埋隧道；近距离并行或交叠的隧道；盾构始发与接收区段；大断面隧道
	三级	深埋隧道；一般断面隧道

注：1. 超大断面隧道是指断面尺寸大于100m²的隧道；大断面隧道是指断面尺寸在50～100m²的隧道；一般断面隧道是指断面尺寸在10～50m²的隧道。
　　2. 近距离隧道是指两隧道间距在一倍开挖宽度（或直径）范围以内；
　　3. 隧道深埋、浅埋和超浅埋的划分根据施工工法、围岩等级、隧道覆土厚度与开挖宽度（或直径），结合当地工程经验综合确定。

周边环境风险等级宜根据周边环境发生变形或破坏的可能性和后果的严重程度，采用工程风险评估的方法确定，也可根据周边环境的类型、重要性、与工程的空间位置关系和对工程的危害性按表7.4划分。

周边环境风险等级 表7.4

周边环境风险等级	等级划分标准
一级	主要影响区内存在既有轨道交通设施、重要建（构）筑物、重要桥梁与隧道、河流或湖泊
二级	主要影响区内存在一般建（构）筑物、一般桥梁与隧道高速公路或重要地下管线； 次要影响区内存在既有轨道交通设施、重要建（构）筑物、重要桥梁与隧道、河流或湖泊； 隧道工程上穿既有轨道交通设施
三级	主要影响区内存在城市重要道路、一般地下管线或一般市政设施； 次要影响区内存在一般建（构）筑物、一般桥梁与隧道高速公路或重要地下管线
四级	次要影响区内存在城市重要道路、一般地下管线或一般市政设施

地质条件复杂程度可根据场地地形地貌、工程地质条件和水文地质条件按表7.5划分。

地质条件复杂程度 表7.5

地质条件复杂程度	等级划分标准
复杂	地形地貌复杂；不良地质作用强烈发育；特殊性岩土需要专门处理；地基、围岩和边坡的岩土性质较差；地下水对工程的影响较大需要进行专门研究和治理
中等	地形地貌较复杂；不良地质作用一般发育；特殊性岩土不需要专门处理；地基、围岩和边坡的岩土性质一般；地下水对工程的影响较小
简单	地形地貌简单；不良地质作用不发育；地基、围岩和边坡的岩土性质较好；地下水对工程无影响

注：符合条件之一即为对应的地质条件复杂程度，从复杂开始，向中等、简单推定，以最先满足的为准。

工程支护结构和周边环境是工程风险的主要承险体，工程支护结构的稳定性和周边环境的安全状态是工程施工过程中需关注的重点，也是监测工作的主要内容。因此，工程监测等级主要根据工程自身风险等级和周边环境风险等级确定。工程监测等级可按表7.6划分，并应根据当地经验结合地质条件复杂程度进行调整。

工程监测等级 表7.6

工程监测等级 \ 周边环境风险等级 \ 工程自身风险等级	一级	二级	三级	四级
一级	一级	一级	一级	一级
二级	一级	二级	二级	二级
三级	一级	二级	三级	三级

7.3 监测项目及要求

7.3.1 监测对象

工程监测对象的选择应在满足工程支护结构安全和周边环境保护要求的条件下，针对不同的施工方法，根据支护结构设计方案、周围岩土体及周边环境条件综合确定。监测对象包括以下内容：

（1）基坑工程中的支护桩（墙）、立柱、支撑、锚杆、土钉等结构，矿山法隧道工程中的初期支护、临时支护、二次衬砌，盾构法隧道工程中的管片等支护结构。

（2）工程周围岩体、土体、地下水及地表。

（3）工程周边建（构）筑物、地下管线、高速公路、城市道路、桥梁、既有轨道交通及其他城市基础设施等环境。

7.3.2 监测项目

监测项目一般分为应测和选测项目，应测项目是指施工过程中为保证工程支护结构、周边环境和周围岩土体的稳定以及施工安全应进行日常监测的项目；选测项目是指为了设计、施工和研究的特殊需要在局部地段或部位开展的监测项目。

明挖法基坑支护结构和周围岩土体监测项目应根据表 7.7 选择。

明挖法基坑支护结构和周围岩土体监测项目　　　　　　表 7.7

序号	监测项目	工程监测等级		
		一级	二级	三级
1	支护桩（墙）、边坡顶部水平位移	√	√	√
2	支护桩（墙）、边坡顶部竖向位移	√	√	√
3	支护桩（墙）体水平位移	√	√	○
4	支护桩（墙）结构应力	○	○	○
5	立柱结构竖向位移	√	√	○
6	立柱结构水平位移	√	√	○
7	立柱结构应力	○	○	○
8	支撑轴力	√	√	√
9	顶板应力	○	○	○
10	锚杆拉力	√	√	√
11	土钉拉力	○	○	○
12	地表沉降	√	√	√
13	竖井井壁支护结构净空收敛	√	√	√
14	土体深层水平位移	○	○	○
15	土体分层竖向位移	○	○	○
16	坑底隆起（回弹）	○	○	○
17	支护桩（墙）侧向土压力	○	○	○
18	地下水位	√	√	√
19	孔隙水压力	○	○	○

注：√为应测项目；○为选测项目。

盾构法隧道管片结构和周围岩土体监测项目应根据表7.8选择。

盾构法隧道管片结构和周围岩土体监测项目　　　　　　　　　表7.8

序号	监测项目	工程监测等级		
		一级	二级	三级
1	管片结构竖向位移	√	√	√
2	管片结构水平位移	√	○	○
3	管片结构净空收敛	√	√	√
4	管片结构应力	○	○	○
5	管片连接螺栓应力	○	○	○
6	地表沉降	√	√	√
7	土体深层水平位移	○	○	○
8	土体分层竖向位移	○	○	○
9	管片围岩压力	○	○	○
10	孔隙水压力	○	○	○

注：√为应测项目；○为选测项目。

矿山法隧道支护结构和周围岩土体监测项目应根据表7.9选择。

矿山法隧道支护结构和周围岩土体监测项目　　　　　　　　　表7.9

序号	监测项目	工程监测等级		
		一级	二级	三级
1	初期支护结构拱顶沉降	√	√	√
2	初期支护结构底板竖向位移	√	○	○
3	初期支护结构净空收敛	√	√	√
4	隧道拱脚竖向位移	○	○	○
5	中柱结构竖向位移	√	√	○
6	中柱结构倾斜	○	○	○
7	中柱结构应力	○	○	○
8	初期支护结构、二次衬砌应力	○	○	○
9	地表沉降	√	√	√
10	土体深层水平位移	○	○	○
11	土体分层竖向位移	○	○	○
12	围岩压力	○	○	○
13	地下水位	√	√	√

注：√为应测项目；○为选测项目。

当遇到以下情况时，应对工程周围岩土体进行监测：

（1）基坑深度较大、基底土质软弱或基底下存在承压水且对工程影响较大时，应进行坑底隆起（回弹）监测。

（2）基坑侧壁、隧道围岩的地质条件复杂，岩土体易产生较大变形、空洞、坍塌的部位或区域，应进行土体分层竖向位移或深层水平位移监测。

（3）在软土地区，基坑或隧道邻近对沉降敏感的建（构）筑物等环境时，应进行孔隙水压力、土体分层竖向位移或深层水平位移监测。

（4）工程临近或穿越岩溶、断裂带等不良地质条件，或施工扰动引起周围岩土体物理力学性质发生较大变化，并对支护结构、周边环境或施工可能造成危害时，应结合工程实际选择岩土体监测项目。

周边环境监测项目应根据表7.10选择。当主要影响区存在高层、高耸建（构）筑物时，应进行倾斜监测。

周边环境监测项目 表7.10

监测对象	监测项目	工程影响分区	
		主要影响区	次要影响区
建（构）筑物	竖向位移	√	√
	水平位移	○	○
	倾斜	○	○
	裂缝	√	○
地下管线	竖向位移	√	√
	水平位移	○	○
	差异沉降	√	√
高速公路与城市道路	路面路基竖向位移	√	√
	挡墙竖向位移	√	○
	挡墙倾斜	√	○
桥梁	墩台竖向位移	√	√
	墩台差异沉降	√	√
	墩柱倾斜	√	√
	梁板应力	○	○
	裂缝	√	○
既有城市轨道交通	隧道结构竖向位移	√	√
	隧道结构水平位移	√	√
	隧道结构净空收敛	○	○
	隧道结构变形缝差异沉降	√	√
	轨道结构（道床）竖向位移	√	√
	轨道静态几何形位（轨距、轨向、高低、水平）	√	√
	隧道、轨道结构裂缝	√	○
既有铁路（包括城市轨道交通地面线）	路基竖向位移	√	√
	轨道静态几何形位（轨距、轨向、高低、水平）	√	√

注：√为应测项目；○为选测项目。

当工程周边存在既有地铁隧道工程或对位移有特殊要求的建（构）筑物及设施时，监测项目应与有关管理部门或单位共同确定。特别是采用钻爆法施工时，应对爆破振动影响范围内的建（构）筑物、桥梁等高风险环境进行振动速度或加速度监测。

7.3.3 现场巡查

明挖法基坑施工现场巡查包括施工工况和支护结构两个方面。施工工况巡查主要包括：（1）开挖长度、分层高度及坡度，开挖面暴露时间；（2）开挖面岩土体的类型、特征、自稳性，渗漏水量大小及发展情况；（3）降水或回灌等地下水控制效果及设施运转情况；（4）基坑侧壁及周边地表截、排水措施及效果，坑边或基底积水情况；（5）支护桩（墙）后土体裂缝、沉陷，基坑侧壁或基底的涌土、流砂、管涌情况；（6）基坑周边的超载情况；（7）放坡开挖的基坑边坡位移、坡面开裂情况。支护结构巡查主要包括：（1）支护桩（墙）的裂缝、侵限情况；（2）冠梁、围檩的连续性，围檩与桩（墙）之间的密贴性，围檩与支撑的防坠落措施；（3）冠梁、围檩、支撑的变形或裂缝情况；（4）支撑架设情况；（5）盖挖法顶板的变形和开裂，顶板与立柱、墙体的连接情况；（6）锚杆、土钉垫板的变形、松动情况；（7）止水帷幕的开裂、渗漏水情况。

盾构法隧道施工现场巡查包括下列内容：（1）盾构始发端、接收端土体加固情况；（2）盾构掘进位置（环号）；（3）盾构停机、开仓等的时间和位置；（4）管片破损、开裂、错台、渗漏水情况；（5）联络通道开洞口情况。

矿山法隧道施工现场巡查包括施工工况和支护结构两个方面。施工工况巡查包括：（1）开挖步序、步长、核心土尺寸等情况；（2）开挖面岩土体的类型、特征、自稳性，地下水渗漏及发展情况；（3）开挖面岩土体的坍塌位置、规模；（4）降水或止水等地下水控制效果及降水设施运转情况。支护结构巡查包括：（1）超前支护施作情况及效果、钢拱架架设、挂网及喷射混凝土的及时性、连接板的连接及锁脚锚杆的打设情况；（2）初期支护结构渗漏水情况；（3）初期支护结构开裂、剥离、掉块情况；（4）临时支撑结构的变位情况；（5）二次衬砌结构施作时临时支撑结构分段拆除情况；（6）初期支护结构背后回填注浆的及时性。

周边环境现场巡查包括下列内容：（1）建（构）筑物、桥梁墩台或梁体、既有轨道交通结构等的裂缝位置、数量和宽度，混凝土剥落位置、大小和数量，设施的使用状况；（2）地下建（构）筑物积水及渗水情况，地下管线的漏水、漏气情况；（3）周边路面或地表的裂缝、沉陷、隆起、冒浆的位置、范围等情况；（4）河流湖泊的水位变化情况，水面出现漩涡、气泡及其位置、范围，堤坡裂缝宽度、深度、数量及发展趋势等；（5）工程周边开挖、堆载、打桩等可能影响工程安全的生产活动。

7.3.4 远程视频监控

远程视频监控是指利用图像采集、传输、显示等设备及语音系统、控制软件组成的工程安全管理监控系统，对在建工程进行监视、跟踪和信息记录。目前，远程视频监控是现场巡查最有力的补充，对于重要风险部位可以通过远程视频监控，实现24h全天候监控。对工程施工中风险较大的部位宜进行远程视频监控，且远程视频监控现场应有适当的照明条件，当无照明条件时可采用红外设备进行监控。

下列部位宜进行远程视频监控：

（1）明挖法基坑工程的岩土体开挖面、支护结构、周边环境等；
（2）盾构法隧道工程的始发、接收井与联络通道；
（3）矿山法隧道工程的岩土体开挖面；
（4）施工竖井、洞口、通道、提升设备等重点部位。

7.4 支护结构和周围岩土体监测点布设

7.4.1 明挖法

明挖法的支护桩（墙）、边坡顶部水平位移和竖向位移监测点布设应符合下列规定：

（1）监测点应沿基坑周边布设，且监测等级为一级、二级时，布设间距宜为10～20m；监测等级为三级时，布设间距宜为20～30m；

（2）基坑各边中间部位、阳角部位、深度变化部位、邻近建（构）筑物及地下管线等重要环境部位、地质条件复杂部位等，应布设监测点；

（3）对于出入口、风井等附属工程的基坑，每侧的监测点不应少于1个；

（4）水平和竖向位移监测点宜为共用点，监测点应布设在支护（墙）顶或基坑坡顶上。

明挖法的支护桩（墙）体水平位移监测点布设应符合下列规定：

（1）监测点应沿基坑周边的桩（墙）体布设，且监测等级为一级、二级时，布设间距宜为20～40m，监测等级为三级时，布设间距宜为40～50m；

（2）基坑各边中间部位、阳角部位及其他代表性部位的桩（墙）体应布设监测点；

（3）监测点的布设位置宜与支护桩（墙）顶部水平位移和竖向位移监测点处于同一监测断面。

明挖法的支护桩（墙）结构应力监测断面及监测点布设应符合下列规定：

（1）基坑各边中间部位、深度变化部位、桩（墙）体背后水土压力较大部位、地面荷载较大或其他变形较大部位、受力条件复杂部位等，应布设竖向监测断面；

（2）监测断面的布设位置与支护桩（墙）体水平位移监测点宜共同组成监测断面；

（3）监测点的竖向间距应根据桩（墙）体的弯矩大小及土层分布情况确定，且监测点竖向间距不宜大于5m，在弯矩最大处应布设监测点。

明挖法的立柱结构竖向位移、水平位移和结构应力监测点布设应符合下列规定：

（1）竖向位移和水平位移的监测数量不应少于立柱总数量的5%，且不应少于3根；当基底受承压水影响较大或采用逆作法施工时，应增加监测数量；

（2）竖向位移和水平位移监测宜选择基坑中部、多根支撑交汇处、地质条件复杂处的立柱；

（3）竖向位移和水平位移监测点宜布设在便于观测和保护的立柱侧面上；

（4）水平位移监测点宜在立柱结构顶部、底部上下对应布设，并可在中部增加监测点；

（5）结构应力监测应选择受力较大的立柱，监测点宜布设在各层支撑立柱的中间部位或立柱下部的1/3部位，并沿立柱周边均匀布设4个监测点。

明挖法的支撑轴力监测断面及监测点布设应符合下列规定：

（1）支撑轴力监测宜选择基坑中部、阳角部位、深度变化部位、支护结构受力条件复杂部位及在支撑系统中起控制作用的支撑；

（2）支撑轴力监测应沿竖向布设监测断面，每层支撑均应布设监测点；

（3）每层支撑的监测数量不宜少于每层支撑数量的10%，且不应少于3根；

（4）监测断面的布设位置与相近的支护桩（墙）体水平位移监测点宜共同组成监测断面；

（5）采用轴力计监测时，监测点应布设在支撑的端部；采用钢筋计或应变计监测时，可布设在支撑中部或两支点间1/3部位，当支撑长度较大时也可布设在1/4点处，并应避开节点位置。

明挖法的锚杆拉力监测断面及监测点布设应符合下列规定：

（1）锚杆拉力监测宜选择基坑各边中间部位、阳角部位、深度变化部位、地质条件复杂部位及周边存在高大建（构）筑物部位的锚杆；

（2）锚杆拉力监测应沿竖向布设监测断面，每层锚杆均应布设监测点；

（3）每层锚杆的监测数量不应少于3根；

（4）每根锚杆上的监测点宜设置在锚头附近或受力有代表性的位置；

（5）监测点的布设位置与支护桩（墙）体水平位移监测点宜共同组成监测断面。

明挖法的土钉拉力监测点布设应符合下列规定：

（1）土钉拉力监测宜选择基坑各边中间部位、阳角部位、深度变化部位、地质条件复杂部位及周边存在高大建（构）筑物部位的土钉；

（2）土钉拉力监测应沿竖向布设监测断面，每层土钉均应布设监测点；

（3）每根土钉杆体上的监测点应设置在受力有代表性的位置；

（4）监测点的布设位置与土钉墙顶水平位移监测点宜共同组成监测断面。

明挖法的周边地表沉降监测断面及监测点布设应符合下列规定：

（1）沿平行基坑周边边线布设的地表沉降监测点不应少于2排，且排距宜为3～8m，第一排监测点距基坑边缘不宜大于2m，每排监测点间距宜为10～20m；

（2）应根据基坑规模和周边环境条件，选择有代表性的部位布设垂直于基坑边线的横向监测断面，每个横向监测断面监测点的数量和布设位置应满足对基坑工程主要影响区和次要影响区的控制，每侧监测点数量不宜少于5个；

（3）监测点及监测断面的布设位置宜与周边环境监测点布设相结合。

明挖法的坑底隆起（回弹）监测点布设应符合下列规定：

（1）坑底隆起（回弹）监测应根据基坑的平面形状和尺寸布设纵向、横向监测断面；

（2）监测点宜布设在基坑的中央、距坑底边缘的1/4坑底宽度处以及其他能反映变形特征的位置；当基底土质软弱、基底以下存在承压水时，宜适当增加监测点；

（3）回弹监测标志埋入基坑底面以下宜为20～30cm。

明挖法的地下水位观测孔布设应符合下列规定：

（1）地下水位观测孔应根据水文地质条件的复杂程度、降水深度、降水的影响范围和周边环境保护要求，在降水区域及影响范围内分别布设地下水位观测孔，观测孔数量应满足掌握降水区域和影响范围内的地下水位动态变化的要求；

（2）当降水深度内存在2个及以上含水层时，应分层布设地下水位观测孔；

（3）降水区靠近地表水体时，应在地表水体附近增设地下水位观测孔。

7.4.2 盾构法

盾构管片结构竖向、水平位移和净空收敛监测断面及监测点布设应符合下列规定：

（1）在盾构始发与接收段、联络通道附近、左右线交叠或邻近段、小半径曲线段等区段应布设监测断面；

（2）存在地层偏压、围岩软硬不均、地下水位较高等地质条件复杂区段应布设监测断面；

（3）下穿或临近重要建（构）筑物、地下管线、河流湖泊等周边环境条件复杂区段应布设监测断面；

（4）每个监测断面宜在拱顶、拱底、两侧拱腰处布设管片结构净空收敛监测点，拱顶、拱底的净空收敛监测点可兼作竖向位移监测点，两侧拱腰处的净空收敛监测点可兼作水平位移监测点。

盾构管片结构应力、管片围岩压力、管片连接螺栓应力监测点布设应符合下列规定：

（1）盾构管片结构应力、管片围岩压力、管片连接螺栓应力监测应布设垂直于隧道轴线的监测断面，监测断面宜布设在存在地层偏压、围岩软硬不均、地下水位较高等地质或环境条件复杂地段，并应与管片结构竖向位移和净空收敛监测断面处于同一位置；

（2）每个监测项目在每个监测断面的监测点数量不宜少于5个。

盾构法隧道的周边地表沉降监测断面及监测点布设应符合下列规定：

（1）监测点应沿盾构隧道轴线上方地表布设，且监测等级为一级时，监测点间距宜为5～10m；监测等级为二级、三级时，监测点间距宜为10～30m，始发和接收段应适当增加监测点；

（2）应根据周边环境和地质条件布设垂直于隧道轴线的横向监测断面，且监测等级为一级时，监测断面间距宜为50～100m；监测等级为二级、三级时，间距宜为100～150m；

（3）在始发和接收段、联络通道等部位及地质条件不良易产生开挖面坍塌与地表过大变形的部位，应有横向监测断面控制；

（4）横向监测断面的监测点数量宜为7～11个，且主要影响区的监测点间距宜为3～5m，次要影响区的监测点间距宜为5～10m。

盾构法隧道的周围土体深层水平位移和分层竖向位移监测孔及监测点布设应符合下列规定：

（1）地层疏松、土洞、溶洞、破碎带等地质条件复杂地段，软土、膨胀性岩土、湿陷性土等特殊性岩土地段，工程施工对岩土体扰动较大或临近重要建（构）筑物、地下管线等地段，应布设监测孔及监测点；

（2）监测孔的位置和深度应根据工程需要确定，并应避免管片背后注浆对监测孔的影响；

（3）土体分层竖向位移监测点宜布设在各层土的中部或界面上，也可等间距布设。

孔隙水压力监测点布设应符合下列规定：

（1）孔隙水压力监测宜选择在隧道管片结构受力和变形较大、存在饱和软土和易产生液化的粉细砂土层等有代表性的部位进行布设；

（2）竖向监测点宜在水压力变化影响深度范围内按土层分布情况布设，竖向监测点间距宜为2～5m，且数量不宜少于3个。

7.4.3 矿山法

拱顶沉降是指隧道拱顶部位的竖向变形，净空收敛是指在隧道拱顶、拱脚及侧墙之间的相对位移，拱顶沉降及净空收敛监测数据直接反映初期支护结构和围岩的变形特征。矿山法的初期支护结构拱顶沉降、净空收敛监测断面及监测点布设应符合下列规定：

（1）初期支护结构拱顶沉降、净空收敛监测应布设垂直于隧道轴线的横向监测断面，区间监测断面间距宜为10～15m；

（2）监测点宜在隧道拱顶、两侧拱脚处（全断面开挖时）或拱腰处（半断面开挖时）布设，拱顶的沉降监测点可兼作净空收敛监测点，净空收敛测线宜为1～3条；

（3）分部开挖施工的每个导洞均应布设横向监测断面；

（4）监测点应在初期支护结构完成后及时布设。

矿山法的初期支护结构底板竖向位移监测点布设时，监测点宜布设在初期支护结构底板的中部或两侧，监测点的布设位置与拱顶沉降监测点需对应布设。

围岩压力、初期支护结构应力及二次衬砌应力监测也是矿山法开挖的重要监测内容，其目的是掌握和了解围岩作用在初期支护结构上的压力及初期支护结构、二次衬砌结构的受力特征、分布规律、安全及稳定状况等。矿山法的围岩压力、初期支护结构应力、二次衬砌应力监测断面及监测点布设应符合下列规定：

（1）在地质条件复杂或应力变化较大的部位布设监测断面时，应力监测断面与净空收敛监测断面宜处于同一位置；

（2）监测点宜布设在拱顶、拱脚、墙中、墙脚、仰拱中部等部位，监测断面上每个监测项目不宜少于5个监测点；

（3）需拆除竖向初期支护结构的部位应根据需要布设监测点。

矿山法施工时需高度重视地表沉降的监测，因为周边地表沉降监测能够反映施工对周围地层和地表的影响，实时判断工程施工措施的可靠性和工程施工及周边环境的安全性。矿山法的周边地表沉降监测断面及监测点布设应符合下列规定：

（1）监测点应沿每个隧道或分部开挖导洞的轴线上方地表布设，且监测等级为一级、二级时，监测点间距宜为5～10m；监测等级为三级时，监测点间距宜为10～15m；

（2）应根据周边环境和地质条件，沿地表布设垂直于隧道轴线的横向监测断面，且监测等级为一级时，监测断面间距宜为10～50m；监测等级为二级、三级时，监测断面间距宜为50～100m；

（3）在车站与区间、车站与附属结构、明暗挖等的分界部位，洞口、隧道断面变化、联络通道、施工通道等部位及地质条件不良易产生开挖面坍塌和地表过大变形的部位，应有横向监测断面控制；

（4）横向监测断面的监测点数量宜为7～11个，且主要影响区的监测点间距宜为3～5m，次要影响区的监测点间距宜为5～10m。

7.5 周边环境监测点布设

7.5.1 建（构）筑物

为了能够反映建（构）筑物竖向位移的变化特征和便于监测结果的分析，监测点的布设应考虑其基础形式、结构类型、修建年代、重要程度及其与城市地铁工程的空间位置关系等因素。当进行建（构）筑物水平位移监测点布设时，应布设在邻近基坑或隧道一侧的建（构）筑物外墙、承重柱、变形缝两侧及其他有代表性的部位，并可与建（构）筑物竖向位移监测点布设在同一位置。当进行建（构）筑物竖向位移监测点布设时，应反映建（构）筑物的不均匀沉降，并应符合下列规定：

（1）建（构）筑物竖向位移监测点应布设在外墙或承重柱上，且位于主要影响区时，监测点沿外墙间距宜为 10～15m，或每隔 2 根承重柱布设 1 个监测点；位于次要影响区时，监测点沿外墙间距宜为 15～30m，或每隔 2～3 根承重柱布设 1 个监测点；在外墙转角处应有监测点控制；

（2）在高低悬殊或新旧建（构）筑物连接、建（构）筑物变形缝、不同结构分界、不同基础形式和不同基础埋深等部位的两侧应布设监测点；

（3）对烟囱、水塔、高压电塔等高耸构筑物，应在其基础轴线上对称布设监测点，且每栋构筑物监测点不应少于 3 个；

（4）风险等级较高的建（构）筑物应适当增加监测点数量。

建（构）筑物倾斜监测点布设也非常重要，倾斜监测点布设应沿主体结构顶部、底部上下对应按组布设，且中部可增加监测点；每栋建（构）筑物倾斜监测数量不宜少于 2 组，每组的监测点不应少于 2 个。

建（构）筑物裂缝宽度监测点布设也不可忽略，裂缝宽度监测应根据裂缝的分布位置、走向、长度、宽度、错台等参数，分析裂缝的性质、产生的原因及发展趋势，选取应力或应力变化较大部位的裂缝或宽度较大的裂缝进行监测；裂缝宽度监测宜在裂缝的最宽处及裂缝首、末端按组布设，每组应布设 2 个监测点，并应分别布设在裂缝两侧，且其连线应垂直于裂缝走向。

7.5.2 桥梁

桥梁承台或墩柱是整个桥梁的支撑结构，城市地铁工程建设对地层的扰动通过桥梁承台或墩柱传递到桥梁上部结构，引起桥梁整体的变形和应力变化。桥梁承台或墩柱竖向位移是桥梁整体竖向位移的直接反映，在其上布设监测点可获得评价桥梁变形的数据，其竖向位移监测点布设时，应布设在墩柱或承台上，且每个墩柱和承台的监测点不应少于 1 个，群桩承台宜适当增加监测点，以全面反映桥梁的竖向位移变化。

当采用全站仪监测桥梁墩柱倾斜时，监测点应沿墩柱顶、底部上下对应按组布设，且每个墩柱的监测点不应少于 1 组，每组的监测点不宜少于 2 个；当采用倾斜仪监测时，监测点不应少于 1 个。

桥梁墩台的沉降或差异沉降可导致桥梁结构内部应力的变化，当结构出现应力集中而超过其应力限值时，会导致结构开裂甚至破坏。因此，桥梁结构应力监测点宜布设在桥梁梁板结构中部或应力变化较大部位。

7.5.3 地下管线

目前城市地铁工程中地下管线监测是一个非常重要也非常复杂和困难的工作，地下管线的监测主要有间接监测点和直接监测点两种形式。地下管线监测点埋设形式和布设位置应根据地下管线的重要性、修建年代、类型、材质、管径、接口形式、埋设方式、使用状况，以及与工程的空间位置关系等综合确定。

竖向位移监测点宜布设在地下管线的节点、转角点、位移变化敏感或预测变形较大的部位。当地下管线位于主要影响区时，宜采用位移杆法在管体上布设直接竖向位移监测点，竖向位移监测点的间距宜为 5～15m；位于次要影响区时，竖向位移监测点的间距宜为 15～

30m，当无法布设直接竖向位移监测点时，可在地表或土层中布设间接竖向位移监测点。

地下管线水平位移监测点的布设位置和数量应根据地下管线特点和工程需要确定。

当隧道下穿污水、供水、燃气、热力等地下管线且风险很高时，应布设管线结构直接竖向位移监测点及管侧土体竖向位移监测点；当地下管线密集、种类繁多时，应对重要的、抗变形能力差的、容易渗漏或破坏的管线进行重点监测。

7.5.4 高速公路与城市道路

高速公路、城市道路的路面与路基刚度差异较大，路面与路基变形不能协调同步。高速公路、城市道路的路面和路基竖向位移监测点的布设应与路面下方的地下构筑物和地下管线的监测工作相结合，并应做到监测点布设合理、相互协调。

隧道下穿高速公路、城市重要道路时，应布设路基竖向位移监测点，路肩或绿化带上应有地表监测点控制。

道路挡墙竖向位移监测点应沿挡土墙走向布设，挡土墙位于主要影响区时，监测点间距不宜大于5～10m；位于次要影响区时，监测点间距宜为10～15m。道路挡墙倾斜监测点应根据挡土墙的结构形式选择监测断面布设，每段挡土墙监测断面不应少于1个，每个监测断面上、下监测点应布设在同一竖直面上。

7.5.5 既有轨道交通

既有轨道交通隧道结构竖向位移、水平位移和净空收敛监测应按监测断面布设，且既有隧道结构位于主要影响区时，监测断面间距不宜大于5m；位于次要影响区时，监测断面间距不宜大于10m。每个监测断面宜在隧道结构顶部或底部、结构柱、两边侧墙布设监测点。既有轨道交通整体道床或轨枕的竖向位移监测应按监测断面布设，监测断面与既有隧道结构或路基的竖向位移监测断面宜处于同一里程。

城市轨道交通、铁路的轨道静态几何形位主要包括轨距、轨向、轨道的左右水平和前后高低，轨道静态几何形位监测涉及轨道的行车安全，国家、行业、地方的相关养护标准及工务维修规则对轨道静态几何形位监测均有具体的规定，轨道静态几何形位监测点的布设应按城市轨道交通或铁路的工务维修、养护要求等进行确定。

既有轨道交通监测宜采用远程自动化监控系统。

7.6 监测方法及技术要求

7.6.1 水平位移监测

测定特定方向的水平位移宜采用小角法、方向线偏移法、视准线法、投点法、激光准直法等大地测量法，并应符合下列规定：

（1）采用投点法和小角法时，应对经纬仪或全站仪的垂直轴倾斜误差进行检验，当垂直角超出±3°范围时，应进行垂直轴倾斜改正；

（2）采用激光准直法时，应在使用前对激光仪器进行检校；

（3）采用方向线偏移法时，对主要监测点，可以该点为测站测出对应基准线端点的边长与角度，求得偏差值；对其他监测点，可选适宜的主要监测点为测站，测出对应其他监测点的距离与方向值，按方向值的变化求得偏差值。

测定任意方向的水平位移可根据监测点的分布情况，采用交会、导线测量、极坐标等方法。当监测点与基准点无法通视或距离较远时，可采用全球定位系统（GPS）测量法或三角、三边、边角测量与基准线法相结合的综合测量方法。

水平位移监测网可采用假设坐标系统，并进行一次布网。每次监测前，应对水平位移基准点进行稳定性复测，并以稳定点作为起算点。测角、测边水平位移监测网宜布设为近似等边的边角网，其三角形内角不应小于30°，当受场地或其他条件限制时，个别角度可适当放宽。

监测仪器和监测方法应满足水平位移监测点坐标中误差和水平位移控制值的要求，水平位移监测精度要求如表7.11所示。

水平位移监测精度 表7.11

工程监测等级		一级	二级	三级
水平位移控制值	累计变化量 D'（mm）	$D'<30$	$30{\leqslant}D'<40$	$D'{\geqslant}40$
	变化速率 v_d（mm/d）	$v_d<3$	$3{\leqslant}v_d<4$	$v_d{\geqslant}4$
监测点坐标中误差（mm）		${\leqslant}0.6$	${\leqslant}0.8$	${\leqslant}1.2$

注：监测点坐标中误差是指监测点相对测站点（如工作基点等）的坐标中误差，为点位中误差的$1/\sqrt{2}$；当根据累计变化量和变化速率选择的精度要求不一致时，优先按变化速率的要求确定。

7.6.2 竖向位移监测

竖向位移监测可采用几何水准测量、电子测距三角高程测量、静力水准测量等方法，其应满足如下要求：

（1）监测精度应与相应等级的竖向位移监测网观测相一致；

（2）主要监测点应与水准基准点或工作基点组成闭合线路，或附合水准线路；

（3）对于采用的水准仪视准轴与水准管轴的夹角（i角），监测等级一级时，不应大于10″，监测等级二级时，不应大于15″，监测等级三级时，不应大于20″；

（4）采用钻孔等方法埋设坑底隆起（回弹）监测标志时，孔口高程宜用水准测量方法测量，高程中误差为±1.0mm，沉降标至孔口垂直距离宜采用经检定的钢尺量测；

（5）采用静力水准进行竖向位移自动监测时，设备的性能应满足监测精度的要求；

（6）采用电子测距三角高程进行竖向位移监测时，宜采用0.5″～1″级的全站仪和特制觇牌采用中间设站、不量仪器高的前后视观测方法。

竖向位移监测网布设时，宜采用城市轨道交通工程高程系统，也可采用假定高程系统；当采用几何水准测量、三角高程测量时，监测网应布设成闭合、附合线路或节点网，采用闭合线路时，每次应联测2个以上的基准点。

监测仪器和监测方法应满足竖向位移监测点测站高差中误差和竖向位移控制值的要求，竖向位移监测精度的要求如表7.12所示。

竖向位移监测精度 表7.12

工程监测等级		一级	二级	三级
竖向位移控制值	累计变化量 S（mm）	$S<25$	$25{\leqslant}S<40$	$S{\geqslant}40$
	变化速率 v_s（mm/d）	$v_s<3$	$3{\leqslant}v_s<4$	$v_s{\geqslant}4$
监测点测站高差中误差（mm）		${\leqslant}0.6$	${\leqslant}1.2$	${\leqslant}1.5$

注：监测点测站高差中误差是指相应精度与视距的几何水准测量单程一测站的高差中误差。

7.6.3 深层水平位移监测

支护桩（墙）体和土体的深层水平位移监测，宜在（墙）体或土体中预埋测斜管，采用测斜仪观测各深度处的水平位移。测斜仪系统精度不宜低于 0.25mm/m，分辨率不宜低于 0.02mm/500mm，电缆长度应大于测斜孔深度。测斜管采用聚氯乙烯（PVC）工程塑料或铝合金管制成，直径为 45～90mm，管内应有两组相互垂直的纵向导槽。支护桩（墙）体的水平位移测斜管长度不宜小于桩（墙）体的深度，土体深层水平位移监测的测斜管长度不宜小于基坑设计深度的 1.5 倍。

测斜管埋设的要求包括：

（1）支护桩（墙）体测斜管埋设宜采用与钢筋笼绑扎一同下放的方法，采用钻孔法埋设时，测斜管与钻孔孔壁之间应回填密实；

（2）土体水平位移测斜管应在基坑或隧道支护结构施工 7d 前埋设；

（3）埋设前应检查测斜管质量，测斜管连接时应保证上、下管段的导槽相互对准、顺畅，各段接头应紧密对接，管底应保证密封；

（4）测斜管埋设时应保持固定、竖直，防止发生上浮、破裂、断裂、扭转，测斜管一对导槽的方向应与所需测量的位移方向保持一致。

深层水平位移监测前，宜用清水将测斜管内冲刷干净，并采用模拟探头进行试孔检查后再使用。监测时，应将测斜仪探头放入测斜管底，恒温一段时间后自下而上以 0.5m 或 1.0m 间隔逐段量测。每个监测点均应进行正、反两次量测，并取其平均值为最终值。深层水平位移计算时，应确定固定起算点，固定起算点可设在测斜管的顶部或底部；当测斜管底部未进入稳定岩土体或已发生位移时，应以管顶为起算点，并应测量管顶的平面坐标进行水平位移修正。

支护桩（墙）体水平位移监测点的埋设如图 7.1 所示。

7.6.4 土体分层竖向位移监测

土体分层竖向位移监测可埋设磁环分层沉降标，采用分层沉降仪进行监测；也可埋设深层沉降标，采用水准测量方法进行监测。

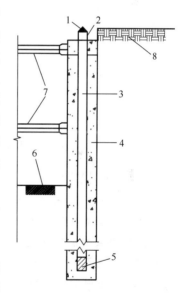

图 7.1 支护桩（墙）体水平位移监测点

1—测斜管保护盖；2—钢套管；
3—测斜管；4—支护桩（墙）体；
5—测斜管底封堵端；6—基坑底部；
7—支撑；8—地面

分层沉降管宜采用聚氯乙烯（PVC）工程塑料管，直径宜为 45～90mm。磁环分层沉降标可通过钻孔在预定位置埋设。安装磁环时，应先在沉降管上分层沉降标的设计位置套上磁环与定位环，再沿钻孔逐节放入分层沉降管。分层沉降管安置到位后，应使磁环与土层黏结固定。磁环分层沉降标埋设后应连续观测 1 周，至磁环位置稳定后，测定孔口高程并计算各磁环的高程。采用分层沉降仪量测时，应以 3 次测量平均值作为初始值，读数较差不应大于 1.5mm。

采用磁环分层沉降标监测时，应对磁环距管口深度采用进程和回程两次观测，并取进、回程读数的平均数；每次监测时均应测定分层沉降管管口高程的变化，然后换算出分层沉降管外各磁环的高程。土体分层竖向位移监测点的埋设如图7.2所示。

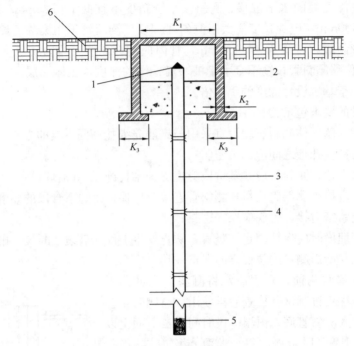

图 7.2 土体分层竖向位移监测点
1—分层沉降管保护盖；2—保护井；3—分层沉降管；
4—磁环；5—分层沉降管底封堵端；6—地表；
K_1—保护井盖直径；K_2—保护井井壁厚度；K_3—井底垫圈宽度

7.6.5 倾斜监测

倾斜监测应根据现场观测条件和要求，选用投点法、激光铅直仪法、垂准法、倾斜仪法或差异沉降法等观测方法。

投点法应采用全站仪或经纬仪瞄准上部观测点，在底部观测点安置水平读数尺直接读取偏移量，正、倒镜各观测一次取平均值，并根据上、下观测点高度计算倾斜度。垂准法应在下部测点安装光学垂准仪、激光垂准仪或经纬仪、全站仪加弯管目镜，在顶部测点安置接收靶，在靶上读取或量取水平位移量与位移方向。倾斜仪法可采用水管式、水平摆、气泡或电子倾斜仪等进行观测，倾斜仪应具备连续读数、自动记录和数字传输功能。差异沉降法应采用水准方法测量沉降差，经换算求得倾斜度和倾斜方向。

当采用全站仪或经纬仪进行外部观测时，仪器设置位置与监测点的距离宜为上、下点高差的1.5～2.0倍。

7.6.6 裂缝监测

建（构）筑物、桥梁、既有隧道结构等的裂缝监测内容应包括裂缝位置、走向、长度、宽度，必要时尚应监测裂缝深度。工程施工前应记录监测对象已有裂缝的分布位置和数量，并对监测裂缝进行统一编号，记录各裂缝的位置、走向、长度、宽度、深度以及初测日期等。

裂缝监测宜采用下列方法：

（1）裂缝宽度监测宜采用裂缝观测仪进行测读，也可在裂缝两侧贴、埋标志，采用千分尺或游标卡尺等直接量测，或采用裂缝计、粘贴安装千分表及摄影量测等方法监测裂缝宽度变化；

（2）裂缝长度监测宜采用直接量测法；

（3）裂缝深度监测宜采用超声波法、凿出法等。

裂缝监测标志应便于量测，长期观测可采用镶嵌或埋入墙面的金属标志、金属杆标志或楔形板标志；需要测出裂缝纵横向变化值时，可采用坐标方格网板标志。裂缝宽度量测精度不宜低于 0.1mm，裂缝长度和深度量测精度不宜低于 1.0mm。当采用测缝传感器自动测记时，应与人工监测数据比对，且数据的观测、传输、保存应可靠。

7.6.7 净空收敛监测

隧道内部净空尺寸的变化，常称为收敛位移。矿山法初期支护结构和盾构法管片结构的净空收敛可采用收敛计、全站仪或红外激光测距仪进行监测。

采用收敛计监测的要求如下：

（1）应在收敛测线两端安装监测点，监测点与隧道侧壁应固定牢固，监测点安装后应进行监测点与收敛尺接触点的符合性检查，并应进行 3 次独立观测，且 3 次独立观测较差应小于标称精度的 2 倍；

（2）观测时应施加收敛尺标定时的拉力，观测结果应取 3 次独立观测读数的平均值；

（3）工作现场温度变化较大时，读数应进行温度修正。

采用红外激光测距仪监测应符合下列规定：

（1）测距仪的标称精度应优于±2mm；

（2）应在收敛测线两端设置对中与瞄准标志，隧道侧壁粗糙时，瞄准标志宜采用反射片，对中与瞄准标志设置后，应进行实测精度符合性检查，并应进行 3 次独立观测，且 3 次独立观测较差应小于测距标称精度的 2 倍；

（3）观测结果应为 3 次独立观测读数的平均值。

采用全站仪进行固定测线收敛监测的要求如下：

（1）应设置固定仪器设站位置，并在收敛测线两端固定小棱镜或设置反射片，设站点与测线两端点水平投影应呈一直线；

（2）应按盘左、盘右两个盘位观测至少一测回，并计算测线两端点的水平距离。

采用全站仪进行隧道全断面扫描收敛监测的要求如下：

（1）每个断面应设置仪器对中点、定向点和检查点，3 点水平投影应呈一直线；

（2）应结合断面的剖面结构采集断面数据，断面上每段线形（直线或圆弧）内的有效数据不应少于 5 个点；

（3）宜采用具有无棱镜测距、自动测量功能的全站仪，装载机载程序实现自动数据采集，无棱镜测距精度不应低于±3mm；

（4）收敛变形数据宜与标准断面进行比较，并以标准断面为基准输出全断面各点向外（拉张）或向内（压缩）变形情况。

7.6.8 爆破振动监测

爆破振动监测系统由速度传感器或加速度传感器、数据采集仪及数据分析软件组成，速度传感器或加速度传感器可采用垂直、水平单向传感器或三矢量一体传感器。

爆破振动监测传感器的安装应与被测对象之间刚性黏结,并应使传感器的定位方向与所测量的振动方向一致。监测工作中可采用以下方法固定传感器:

(1) 被测对象为混凝土或坚硬岩石时,宜采用环氧砂浆、环氧树脂胶、石膏或其他高强度胶粘剂将传感器固定在混凝土或坚硬岩石表面,也可预埋固定螺栓,将传感器底面与预埋螺栓紧固相连;

(2) 被测对象为土体时,可先将表面松土夯实,再将传感器直接埋入夯实土体中,并使传感器与土体紧密接触。

仪器安装和连接后应进行监测系统的测试,监测期内整个监测系统应处于良好工作状态。

7.6.9 地下水位监测

地下水位监测宜通过钻孔设置水位观测管,采用测绳、水位计等进行量测。

地下水位应分层观测,水位观测管的滤管位置和长度应与被测含水层的位置和厚度一致,被测含水层与其他含水层之间应采取有效的隔水措施。水位观测管埋设稳定后应测定孔口高程并计算水位高程。人工观测地下水位的测量精度不宜低于 20mm,仪器观测精度不宜低于 $0.5\%F \cdot S$。

水位观测管的安装应符合以下规定:

(1) 水位观测管的导管段应顺直,内壁应光滑无阻,接头应采用外接头;
(2) 观测孔孔底宜设置沉淀管;
(3) 观测孔完成后应进行清洗,观测孔内水位应与地层水位一致,且连通良好。

水位观测管宜至少在工程开始降水前 1 周埋设,且宜逐日连续观测水位并取得稳定初始值。

7.6.10 结构应力监测

结构应力可通过安装在结构内部或表面的应变计或应力计进行量测。混凝土构件可采用钢筋应力计、混凝土应变计、光纤传感器等进行监测,钢构件可采用轴力计或应变计等进行监测。结构应力监测应排除温度变化等因素的影响,特别是钢筋混凝土结构应排除混凝土收缩、徐变以及裂缝的影响。

结构应力监测传感器埋设前应进行标定和编号,埋设后导线应引至适宜监测操作处,导线端部应做好防护措施。钢筋应力计或应变计的量程宜为设计值的 2 倍,精度不宜低于 $0.25\%F \cdot S$。

7.7 监测频率与监测项目控制值

7.7.1 监测频率要求

监测频率的确定是监测工作的重要内容,与施工方法、施工进度、工程所处的地质条件、周边环境条件以及监测对象与监测项目的自身特点等密切相关。同时,监测频率与投入的监测工作量和监测费用有关,在制定监测频率时既要考虑不能错过监测对象的重要变化时刻,也应当合理布置工作量,控制监测费用,选择科学、合理的监测频率有利于监测工作的有效开展。

对于地铁隧道明挖法基坑工程施工中的支护结构、周围岩土体和周边环境的监测频率，可按表7.13确定。

明挖法基坑工程监测频率　　　　表7.13

施工工况		基坑设计深度（m）				
		≤5	5~10	10~15	15~20	>20
基坑开挖深度（m）	≤5	1次/1d	1次/2d	1次/3d	1次/3d	1次/3d
	5~10	—	1次/1d	1次/2d	1次/2d	1次/2d
	10~15	—	—	1次/1d	1次/1d	1次/2d
	15~20	—	—	—	(1~2次)/1d	(1~2次)/1d
	>20	—	—	—	—	2次/1d

注：(1) 基坑工程开挖前的监测频率应根据工程实际需要确定；(2) 底板浇筑后可根据监测数据变化情况调整监测频率；(3) 支撑结构拆除过程中及拆除完成后3d内监测频率应适当增加。

对于盾构法隧道工程施工中的隧道管片结构、周围岩土体和周边环境的监测频率，可按表7.14确定。

盾构法隧道工程监测频率　　　　表7.14

监测部位	监测对象	开挖面至监测点或监测断面的距离	监测频率
开挖面前方	周围岩土体和周边环境	5D<L≤8D	1次/(3~5d)
		3D<L≤5D	1次/2d
		L≤3D	1次/1d
开挖面后方	管片结构、周围岩土体和周边环境	L≤3D	(1~2次)/1d
		3D<L≤8D	1次/(1~2d)
		L>8D	1次/(3~7d)

注：(1) D为盾构法隧道开挖直径（m），L为开挖面至监测点或监测断面的水平距离（m）；(2) 管片结构位移、净空收敛宜在衬砌环脱出盾尾且能通视时进行监测；(3) 监测数据趋于稳定后，监测频率宜为1次/(15~30d)。

对于矿山法隧道工程施工中的隧道初期支护结构、周围岩土体和周边环境的监测频率，可按表7.15确定。

矿山法隧道工程监测频率　　　　表7.15

监测部位	监测对象	开挖面至监测点或监测断面的距离	监测频率
开挖面前方	周围岩土体和周边环境	2B<L≤5B	1次/2d
		L≤2B	1次/1d
开挖面后方	初期支护结构、周围岩土体和周边环境	L≤1B	(1~2次)/1d
		1B<L≤2B	1次/1d
		2B<L≤5B	1次/2d
		L>5B	1次/(3~7d)

注：(1) B为矿山法隧道或导洞开挖宽度（m），L为开挖面至监测点或监测断面的水平距离（m）；(2) 当拆除临时支撑时应增大监测频率；(3) 监测数据趋于稳定后，监测频率宜为1次/(15~30d)。

当遇到下列情况时，应提高监测频率：
(1) 监测数据异常或变化速率较大；
(2) 存在勘察未发现的不良地质条件，且影响工程安全；
(3) 地表、建（构）筑物等周边环境发生较大沉降、不均匀沉降；
(4) 盾构始发、接收以及停机检修或更换刀具期间；
(5) 矿山法隧道断面变化及受力转换部位；
(6) 工程出现异常；
(7) 工程险情或事故后重新组织施工；
(8) 暴雨或长时间连续降雨；
(9) 邻近工程施工、超载、振动等周边环境条件较大改变。

7.7.2 监测项目控制值和预警

监测项目控制值是工程施工过程中对工程自身及周边环境的安全状态或正常使用状态进行判断的重要依据，也是工程设计、工程施工及施工监测等工作的重要控制点。监测项目控制值的大小直接影响到工程自身和周边环境的安全，对施工方法、监测手段的确定以及对施工工期和造价都有很大的影响。因此，合理地确定监测项目控制值是一项十分重要的工作。

地铁隧道明挖法基坑支护结构和周围岩土体的监测项目控制值应根据工程地质条件、基坑设计参数、工程监测等级及当地工程经验等确定，当无地方经验时，可按表7.16和表7.17确定。

明挖法基坑支护结构和周围岩土体监测项目控制值　　　表 7.16

监测项目	支护结构类型、岩土类型	工程监测等级一级			工程监测等级二级			工程监测等级三级		
		累计值 (mm)		变化速率 (mm/d)	累计值 (mm)		变化速率 (mm/d)	累计值 (mm)		变化速率 (mm/d)
		绝对值	相对基坑深度 (H) 值		绝对值	相对基坑深度 (H) 值		绝对值	相对基坑深度 (H) 值	
支护桩（墙）顶竖向位移	土钉墙、型钢水泥土墙	—	—	—	—	—	—	30～40	0.5%～0.6%	4～5
	灌注桩、地下连续墙	10～25	0.1%～0.15%	2～3	20～30	0.15%～0.3%	3～4	20～30	0.15%～0.3%	3～4
支护桩（墙）顶水平位移	土钉墙、型钢水泥土墙	—	—	—	—	—	—	30～60	0.6%～0.8%	5～6
	灌注桩、地下连续墙	15～25	0.1%～0.15%	2～3	20～30	0.15%～0.3%	3～4	20～40	0.2%～0.4%	3～4
支护桩（墙）体水平位移	坚硬～中硬土（型钢水泥土墙）	—	—	—	—	—	—	40～50	0.4%	6
	中软～软弱土（型钢水泥土墙）	—	—	—	—	—	—	50～70	0.7%	6

续表

监测项目	支护结构类型、岩土类型		工程监测等级一级			工程监测等级二级			工程监测等级三级		
			累计值（mm）		变化速率（mm/d）	累计值（mm）		变化速率（mm/d）	累计值（mm）		变化速率（mm/d）
			绝对值	相对基坑深度（H）值		绝对值	相对基坑深度（H）值		绝对值	相对基坑深度（H）值	
支护桩（墙）体水平位移	灌注桩、地下连续墙	坚硬～中硬土	20～30	0.15%～0.2%	2～3	30～40	0.2%～0.4%	3～4	30～40	0.2%～0.4%	4～5
		中软～软弱土	30～50	0.2%～0.3%	2～4	40～60	0.3%～0.5%	3～5	50～70	0.5%～0.7%	4～6
地表沉降	坚硬～中硬土		20～30	0.15%～0.2%	2～4	25～35	0.2%～0.3%	2～4	30～40	0.3%～0.4%	2～4
	中软～软弱土		20～40	0.2%～0.3%	2～4	30～50	0.3%～0.5%	3～5	40～60	0.4%～0.6%	4～6
立柱结构竖向位移			10～20	—	2～3	10～20	—	2～3	10～20	—	2～3
支护墙结构应力			(60%～70%)f			(70%～80%)f			(70%～80%)f		
立柱结构应力											
支撑轴力			最大值：(60%～70%)f			最大值：(70%～80%)f			最大值：(70%～80%)f		
锚杆拉力			最小值：(80%～100%)f_y			最小值：(80%～100%)f_y			最小值：(80%～100%)f_y		

注：（1）H 为基坑设计深度，f 为构件的承载能力设计值，f_y 为支撑、锚杆的预应力设计值；（2）累计值应按表中绝对值和相对基坑深度（H）值两者中的小值取用；（3）支护桩（墙）顶隆起控制值宜为20mm；（4）嵌岩的灌注桩或地下连续墙控制值可按表中数值的50%取用。

竖井井壁支护结构净空收敛监测项目控制值　　　　表 7.17

监测项目	累计值（mm）	变化速率（mm/d）
竖井井壁支护结构净空收敛	30	2

盾构法隧道管片结构竖向位移、净空收敛和地表沉降控制值应根据工程地质条件、隧道设计参数、工程监测等级及当地工程经验等确定，当无地方经验时，可按表 7.18 和表 7.19 确定。

盾构法隧道管片结构竖向位移、净空收敛监测项目控制值　　　　表 7.18

监测项目及岩土类型		累计值（mm）	变化速率（mm/d）
管片结构沉降	坚硬～中硬土	10～20	2
	中软～软弱土	20～30	3
管片结构差异沉降		0.04%L_s	—
管片结构净空收敛		0.2%D	3

注：L_s 为沿隧道轴向两监测点间距，D 为隧道开挖直径。

盾构法隧道地表沉降监测项目控制值 表 7.19

监测项目及岩土类型		工程监测等级					
		一级		二级		三级	
		累计值（mm）	变化速率（mm/d）	累计值（mm）	变化速率（mm/d）	累计值（mm）	变化速率（mm/d）
地表沉降	坚硬～中硬土	10～20	3	20～30	4	30～40	4
	中软～软弱土	15～25	3	25～35	4	35～45	5
地表隆起		10	3	10	3	10	3

注：本表主要适用于标准断面的盾构法隧道工程。

矿山法隧道支护结构变形、地表沉降控制值应根据工程地质条件、隧道设计参数、工程监测等级及当地工程经验等确定，当无地方经验时，可按表 7.20 和表 7.21 确定。

矿山法隧道支护结构变形监测项目控制值 表 7.20

监测项目及区域		累计值（mm）	变化速率（mm/d）
拱顶沉降	区间	10～20	3
	车站	20～30	
底板竖向位移		10	2
净空收敛		10	2
中柱竖向位移		10～20	2

矿山法隧道地表沉降监测项目控制值 表 7.21

监测等级及区域		累计值（mm）	变化速率（mm/d）
一级	区间	20～30	3
	车站	40～60	4
二级	区间	30～40	3
	车站	50～70	4
三级	区间	30～40	4

注：（1）表中数值适用于土的类型为中软土、中硬土及坚硬土中的密实砂卵石地层；（2）大断面区间的地表沉降监测控制值可参照车站执行。

在周边环境方面，建（构）筑物监测项目控制值应在调查分析建（构）筑物使用功能、建筑规模、修建年代、结构形式、基础类型、地质条件等的基础上，结合其与工程的空间位置关系、已有沉降、差异沉降和倾斜以及当地工程经验进行确定；桥梁监测项目控制值应在调查分析桥梁规模、结构形式、基础类型、建筑材料、养护情况等的基础上，结合其与工程的空间位置关系、已有沉降、差异沉降和倾斜以及当地工程经验进行确定；地下管线监测项目控制值应在调查分析管线功能、材质、工作压力、管径、接口形式、埋置深度、铺设方法、铺设年代等的基础上，结合其与工程的空间位置关系和当地工程经验进行确定；高速公路与城市道路监测项目控制值应在调查分析道路等级、路基路面材料、道路现状情况和养护周期等的基础上，结合其与工程的空间位置关系和当地工程经验等进行确定；城市轨道交通既有线监测项目控制值应在调查分析地质条件、线路结构形式、轨道结构形式、线路现状情况等的基础上，结合其与工程的空间位置关系、当地工程经验，进行必要的结构检测、计算分析和安全性评估后确定；既有铁路线路结构及轨道几何形位的监测项目控制值应满足线路维修的要求。

7.8 工 程 案 例

（1）工程概况

某城市隧道区间为地下双洞单线布置形式，区间起止里程 YDK0＋604.822～YDK1＋696.269（ZDK0＋674.370～ZDK1＋696.269），右线长1090.052m，左线长1026.485m，线间距8.4～16.8m，埋深15.8～27.7m，最小曲线半径为400m，区间在 YDK1＋172.492（ZDK1＋173.112）设置联络通道及泵房一处。管片外径6.2m，内径5.5m，管片厚度为0.35m，环宽1.2m，为钢筋混凝土管片结构，采用直线环＋转弯环组合，错缝拼接方式。周边环境敏感复杂，临近地面建（构）筑物主要为花鸟城、博物馆、商铺等，地下管线繁杂密集，主要有 DN2000 雨水、DN800 污水、DN800 给水管线、DN400 给水管线、10kV 电力管线和通信管线等。区间穿越的地层主要为：6-2 淤泥质夹粉质黏土、7-2 粉质黏土、8-1 粉质黏土、8-2 粉质黏土夹粉砂、11-1 黏土、18-1 黏土混角砾、18-2 黏土混角砾，其中隧道范围分布大量块石，最高强度为125.5MPa。场地内地下水类型主要分为松散岩类孔隙潜水和基岩裂隙水。施工方法主要是采用盾构法施工和爆破法辅助施工结合的方式进行。

（2）监测内容及监测点布设

1）监测内容

根据相关规范及设计的要求，确定本区间隧道爆破监测内容如下：

① 建（构）筑物沉降监测；

② 建（构）筑物倾斜监测；

③ 地下管线沉降；

④ 爆破周边建（构）筑物和管线振动监测；

⑤ 裂缝监测。

2）工作基点的布设

地面埋设监测工作基准点时，水准点布设在监测对象沉降影响范围（包括埋深）以外，保证其坚固稳定，爆破影响区内拟布设6个工作基点，编号BM1～BM6。水准路线控制网布设的基本原则采用分级布设，用长1.5m直径18mm螺纹钢筋嵌入地层并用快速水泥固定，保证工作基点的稳定性，同时避开隧道掘进影响，间距不超过500m。

基准点联测时，布设二级水准网（起始、闭合于首级控制点），二级水准控制点根据监测点数量、区域等因素选定，以观测各沉降点高程。首级控制和二级控制布设成附合路线（地面环境）或闭合路线（隧道内）。在布设水准控制路线时，为确保前后视距差满足二级精度要求，同时满足变形监测的"三定"要求（测站固定、仪器固定、人员固定），在布设的同时量测出每次仪器的安置位置，并用红油漆在地面做出标记，基准点联测周期每月一次。水准控制点采用闭合水准路线或附合水准路线进行往返测，取两次观测高差中数进行平差。

3) 监测点的布设

周边建（构）筑物沉降监测点布设时，根据建（构）筑物调查情况，在隧道两侧影响范围内的建（构）筑物上布设沉降监测点，沉降观测点的布设应能全面反映建（构）筑物及地基变形特征，并顾及地质及建（构）筑物结构特点。具体布设时，通常布置在建（构）筑物的四角点、大转角处，沿建（构）筑物的周边，每隔10～20m或每隔2～3根柱基上，对于宽度大于15m的建（构）筑物，在一侧墙面上的沉降点至少布设2个，在长边上适当加密监测点；高低层建筑、新旧建筑、纵横墙等交接处的两侧也需要布设。沉降观测标志根据不同的建筑结构类型和建筑材料，采用墙（柱）标志、基础标志和隐蔽式标志等形式，各类标志的立尺部位应加工成半球形或有明显的突出点。

周边建（构）筑物倾斜监测点布设时，倾斜监测点沿主体结构顶部、底部上下对应按组布设。每栋建（构）筑物倾斜监测点不少于2组，且应布设在相互垂直的2个立面，另每组监测点不少于2个。房屋倾斜监测点采用徕卡反光贴，每组反光贴分别粘贴在建（构）筑物外墙顶部和底部，且两反光贴需在同一条铅垂线上。

周边地下管线监测点布设时，如果地下管线位于盾构正上方，竖向位移监测点布设间距宜为10～15m，如果其位于盾构两侧，竖向位移监测点的间距宜为20～25m。在重要的部位，如管线接头处、端点、转弯处宜加布监测点。地下管线位于主要影响区时，优先采用抱箍法在管体上布设直接竖向位移监测点，该过程需结合管线的改迁同步进行。对于部分不进行改迁的管线可在征得产权单位同意的情况下将管线挖出进行直接点布设。管线位于次要影响区且无法布设直接竖向位移监测点时，可考虑在地表或土层中布设间接竖向位移监测点，即在管线位置上方钻50～80cm（具体需结合管线埋深）深的孔，然后将预埋件放入并用水泥砂浆固定。没有改迁的管线无法布设直接监测点时，可以在管线设备上（人孔、窨井、阀门、抽气孔等）布设直接监测点。管线监测点在测点附近采用喷涂标识，注明监测点编号。为保证施工安全，施工监测点布设取孔前需施工单位对施工监测进行技术交底，并签写打孔动土令后方可进行开孔作业。

爆破振动监测布设时，监测振动仪布置在临近建筑较近的位置，具体布设位置是在吴山某花鸟城放置1台，某博物馆放置2台，某街商铺放置2台，管线区域放置1台。在选定的振动监测位置用记号笔或贴纸标记"L"形标记，每次爆破前把爆破振动仪放置在标记位置，安放到位后待爆破时采集振动频率。

裂缝监测布设时，对于较宽的裂缝测点布设，在其上设置石膏薄片，使其与裂缝两侧牢固黏结，当裂缝裂开或加大时，石膏片也裂开，监测时可测定其裂缝的大小和变化；对于较细的裂缝可直接用裂缝观测仪进行观测。监测点埋设技术要求，施工前对建（构）筑物进行巡视，对发现的裂缝进行编号，标注测试断面。

隧道内监测点布设时，隧道内拱底/拱顶沉降监测是在进出洞100环范围内，每5环布设一拱底/拱顶沉降点，其他部位每10环布设一个拱底/拱顶观测点。拱底隆沉监测采用在拱底钻孔埋设沉降钉的形式进行，监测点要求埋设于隧道底部轴线位置，联络通道等较低且易于积水部位埋设于侧面，点位布设在盾构机车架后方处；拱顶沉降监测在隧道顶贴反射片，位置与拱底隆沉监测点同环；管片结构竖向位移和净空收敛监测点应布设在同一断面上，并在管片出盾尾车架后开始埋设并测量初始值；管片结构的拱底竖向位移监测点布设在管片正下方（6点钟方向），利用冲击钻在管片底部钻孔，向孔内注入适量的锚固剂，然后埋设沉降监测钉；管片结构的拱顶竖向位移监测点宜设置于管片正上方（12点钟方向），在对应位置使用油漆标记或埋设自贴式反射片，作为拱顶沉降监测点；为保证后期同运营监测点顺利对接，本工程在隧道侧壁对应拱底监测点位置布设一个备用监测点，备用监测点要求布设于走道板对面高于拱底90cm位置。隧道内收敛监测，管片结构的净空收敛断面沿水平直径方向和垂直直径方向布设固定收敛测线，在测线两端设置对中与瞄准标志；采用管片联测埋设自贴式反射片的方式做支座和照准标记，确保每次收敛测量均在同一位置；竖向收敛监测点与拱顶拱底沉降监测点共用，拱底沉降点作为固定装置，拱顶沉降点作为瞄准标记。爆破区间监测点布设加密到3环一个监测断面，每次爆破完成后分析管片监测数据变化，实时了解管片稳定状态。

（3）监测点的验收及初始值复核程序

1）监测点的验收

在盾构机到达前一周内应布设完成现场监测点。测点布置完成后，监测单位及时填写报验材料，上报总包单位审查。总包单位审查监测单位监测点报验材料并审核通过后，在测点验收及初值复核意见表后附报验材料上报监理单位，同时通知监理单位、第三方监测单位进行现场监测点验收。监理单位负责组织总包单位总工或监测负责人、施工方监测项目负责人、第三方监测单位标段岗位人员等相关人员进行现场验收。经现场验收，监理单位负责主持召开测点验收会，并负责记录会议纪要。监理单位、第三方监测单位在测点验收审核意见表中出具审核意见。如现场验收中存在不合格测点，审核意见中明确整改意见及重新布设时间节点。施工方监测单位对于验收中不合格测点，应在审核意见明确的时间节点之内完成重新布设，并重新报审。

2）监测点初始值复核

测点验收后2d内，第三方和施工方监测单位进行验收合格监测点的初始值采集，采集过程中监理单位旁站，独立测量3次，取其稳定值的平均值作为初始值。对于初始值采集时间，盾构推进前方的周边环境对象初始值测量在距离盾构机刀盘40m之前进行，隧道管片的变形监测在管片出盾尾车架后立即进行初始值测量。测点初值采集完成后，施工方监测单位应在24h内完成数据处理；将初始值采集成果上报监理单位审核，审核后流转第三方监测单位；流转材料包括监测点验收及初值复核意见表、测点复核申请单，后附报验测点清单及施工方监测初值成果。

（4）监测点的保护与恢复

监测点用水钻，钻直径110mm、深度约30cm保护孔。测点低于地表5cm，防止车辆碾压，监测点布设完毕后和监测过程中定期或不定期进行巡视检查。施工过程中，如果测点被人为破坏，能迅速恢复的，必须在2h以内恢复；对于不能恢复的测点，首先按原布设方案重新埋设，对于不能按原方案重新埋设的，按规范的要求改移重设。对于重新布设的监测点上报后，经施工单位、监理单位、第三方监测单位验收合格后，重新采取初始值上报，第三方监测单位复测比对无误后方可进行监测。各项监测点布设完毕后，请施工单位、监理单位、第三方监测单位进行监测点验收，验收合格后进行下一道工序；对于个别监测点验收不通过的，进行二次布点或重新调整。

（5）监测实施

1）现场巡视

本工程的现场监测采用仪器监测与巡视检查相结合方法。整个施工工期内，每天将安排专人进行巡视检查，并对每项巡检内容进行记录。在施工前对所要巡视的地面、建（构）筑物、外漏管线、隧道本身做首次巡视；首次巡视的重点是调查地面、建（构）筑物、外漏管线、隧道本身有无裂缝、渗漏、地面隆陷情况。首次巡视会同施工单位、监理单位、第三方监测单位等针对有裂缝及渗漏的地方做好标识，记录裂缝及渗漏的位置、形态，用游标卡尺测量并记录裂缝的宽度，并采用拍照的方式对既有裂缝、地面隆陷等情况进行影像资料存档，作为初始状态调查报告。

2）建（构）筑物倾斜监测

本工程建（构）筑物倾斜监测采用倾斜位移测量法。倾斜位移测量法有两种：一是通过测量建（构）筑物基础差异来确定建（构）筑物的倾斜；二是通过全站仪测距直接测定建（构）筑物的倾斜，本工程采用两种方法相结合的方式进行。

3）爆破振动监测

本工程采用TC-4850爆破测振仪监测。采用自动记录仪将传感器测得的测点水平径向、水平切向和垂直方向的振动速度进行记录。所记录的振动波形有时间标尺，并标出最大振幅值和所处时刻，同时需对爆破振动质点速度进行回归分析，模拟出其传播规律。

4）裂缝监测

本工程采用PTS-C10智能裂纹宽度观测仪进行裂缝监测。对于较宽裂缝，石膏与裂缝黏结牢固，测读石膏新裂缝的增量，即为建（构）筑物裂缝的变化量；对于较细裂缝，用仪器将裂缝放大数倍，摄入映像分析计算宽度，将两次宽度相减计算裂缝发展趋势。

5）隧道拱顶、拱底竖向位移监测

埋设的监测点位应稳固，深度在30~50mm，外露不大于20mm，并在管片做明显标识。采集监测点1（管片结构拱底竖向位移监测点）和监测点2（管片结构竖向位移监测点）的初始值，道床施工前只对监测点1进行数据采集，道床施工时应将监测点1引测至监测点2，道床浇筑完成后只对监测点2进行数据采集。用激光测距仪测拱底隆沉监测点到拱顶沉降点反射片的距离，通过拱底隆沉监测点高程计算拱顶沉降点高程。

6）监测频率及监测周期

建（构）筑物沉降、倾斜，地下管线沉降，每次爆破后监测一次，爆破完成后1周，监测频率为1次/3天。建（构）筑物、管线振动监测，每次爆破过程监测一次。提高监测频率的情况包括：在爆破施工过程中，如发现监测数据接近或超过报警值时，应及时以书面形式汇报施工方；监测数据变化较大或者速率加快；周边地面突发较大沉降或出现严重开裂；邻近建筑突发较大沉降、不均匀沉降或出现严重开裂；出现其他影响隧道及周边环境安全的异常情况；当有危险事故征兆时，应实时跟踪监测。当爆破完成后一个月无继续爆破作业，且周边建（构）筑物及周边管线最后30d的最大沉降速率小于或等于±0.04mm/d时，可认为已达到稳定状态，申请停止监测。

7）监测报警值

各监测项目的监测报警值如表7.22、表7.23所示。

建（构）筑物监测变形控制值　　　　　　　　表7.22

序号	监测项目	黄色预警		橙色预警		红色预警	
		日变量	累计变化量	日变量	累计变化量	日变量	累计变化量
1	建（构）筑物沉降	±1.7mm/d	+7mm −14mm	±2mm/d	+8mm −16mm	±4mm/d	+10mm −20mm
2	建（构）筑物倾斜	/	1.4‰	/	1.6‰	/	2.0‰
3	刚性管线	±1.7mm/d	+7mm −14mm	±2mm/d	+8mm −16mm	±4mm/d	+10mm −20mm
4	柔性管线	±1.7mm/d	+7mm −21mm	±2mm/d	+8mm −25mm	±4mm/d	+10mm −30mm

注：红色预警控制值均依照设计文件及相关规范，橙色预警为红色预警的85%，黄色预警为橙色预警的70%。

爆破施工监测变形控制值　　　　　　　　表7.23

编号	建筑物名称	方位	振速V（cm/s）
1	某博物馆	南	2.5
2	某花鸟城	北	2.5
3	天兴楼某饭店	北偏东17°	2.5
4	某景区游客集散中心	北偏东8°	2.5
5	某酒楼	东偏北42°	2.5
6	永和大王餐厅	东偏北55°	2.5
7	某画廊	东偏北22°	2.5
8	某特许商品零售店	东	2.5
9	给水管	地下	5.0
10	雨水管		5.0
11	电力线		5.0
12	污水管		5.0
13	通信线		5.0

7.9 本章小结

本章详细介绍了工程影响分区与监测范围、工程监测等级划分，并从监测对象、监测项目、现场巡查、远程视频监控等方面系统介绍了监测项目及要求，重点从明挖法、盾构法、矿山法三方面讲述了支护结构和周围岩土体监测点布设，以及从建（构）筑物、桥梁、地下管线、高速公路与城市道路、既有轨道交通等方面讲述了周边环境监测点布设，同时从水平位移监测、竖向位移监测、深层水平位移监测、土体分层竖向位移监测、倾斜监测、裂缝监测、净空收敛监测、爆破振动监测、地下水位监测、结构应力监测等方面讲述了监测方法及技术要求。最后详细介绍了监测频率与监测项目控制值，并以某城市盾构法隧道结合爆破法辅助施工为例，详细介绍了监测施工工艺。

思 考 题

7.1 地铁隧道工程影响分区和工程监测等级划分的依据有哪些?
7.2 简述地铁盾构施工监测的内容和特点。
7.3 简述地铁隧道工程的监测方法及其技术要求。
7.4 简述地下管线和既有轨道交通的监测范围及其测点布设要求。
7.5 盾构法和明挖法施工监测频率与监测项目控制值有哪些?

第8章 安全风险管控与应急管理

本章要点及学习目标
(1) 了解地铁隧道工程风险类型以及认识安全风险管控的重要性；
(2) 掌握地铁隧道工程安全风险等级划分，了解规划阶段、可行性研究阶段、勘察设计阶段以及施工阶段的安全风险管控内容；
(3) 了解应急管理基本内容并且熟练掌握在事故发生后的紧急处理和救援。

课程思政学习
青年强，则国家强。

8.1 安全风险等级划分

地铁隧道工程建设风险管理应根据工程建设阶段规模、重要性程度及安全风险管理目标等制定风险等级标准。根据风险发生的可能性和风险损失，风险等级标准分为四级，如表 8.1 所示。

风险等级标准　　　　　　　　　　　　　　　　　表 8.1

可能性等级	损失等级	A 灾难性的	B 非常严重的	C 严重的	D 需考虑的	E 可忽略的
1	频繁的	Ⅰ级	Ⅰ级	Ⅰ级	Ⅱ级	Ⅲ级
2	可能的	Ⅰ级	Ⅰ级	Ⅱ级	Ⅲ级	Ⅲ级
3	偶尔的	Ⅰ级	Ⅱ级	Ⅲ级	Ⅲ级	Ⅳ级
4	罕见的	Ⅱ级	Ⅲ级	Ⅲ级	Ⅳ级	Ⅳ级
5	不可能的	Ⅲ级	Ⅲ级	Ⅳ级	Ⅳ级	Ⅳ级

针对不同等级的安全风险，采用不同的安全风险处置原则和控制方案，各等级风险的接受准则如表 8.2 所示。

风险接受准则　　　　　　　　　　　　　　　　　表 8.2

等级	接受准则	处置原则	控制方案
Ⅰ级	不可接受	必须采取风险控制措施降低风险，至少应将风险降低至可接受或不愿接受的水平	必须编制风险预警与应急处置方案，或进行方案修正或调整等
Ⅱ级	不愿接受	应实施风险管理降低风险，且风险降低的所需成本不应高于风险发生后的损失	应实施风险防范与监管，制定风险处置措施
Ⅲ级	可接受	宜实施风险管理，可采取风险处理措施	宜加强日常管理与监管
Ⅳ级	可忽略	可实施风险管理	可开展日常审视检查

从事地铁隧道工程建设活动必须坚持先勘察、后设计、再施工的原则，严格执行基本建设程序，落实各阶段安全风险的管控责任，真正做好全过程的安全风险管理；地铁隧道工程

安全风险管控应坚持风险预控、关口前移，全面推行安全风险分级管控和信息化平台搭建，主要工作涉及风险管控体系建设、静态风险评估、危险性较大的分部分项工程管理、动态风险管理、隐患排查治理、关键节点管理、应急管理等。建设、勘察、设计、施工、监理等各相关参建单位应根据建设管理模式、风险等级及预警等级，实行分层、分级管理，建立健全安全风险管控责任制，落实管理人员、措施，确保机制运行有效。各参建单位应组织制定与各自所承担项目内容相应的安全风险评估和风险管控方案（制度及标准、风险评估报告、风险管理文件），建设单位应根据各参建单位所承担项目的情况，通过合同文件明确安全风险管控的目标，审查各参建单位的安全风险管控方案和进行履约管理。

8.2 规划阶段安全风险管控

8.2.1 风险识别与管控

地铁隧道工程规划阶段包括线路规划方案拟定、专项审查、工程初步勘察与沿线周边的环境调查等。规划阶段安全风险管控需全面收集与地铁隧道工程建设风险相关的基础资料，系统了解工程所在区域的场地及周边环境，重点识别和防控线路沿线的重大工程周边环境风险、区域不良地质风险和自然灾害风险，对全线位、站位选择所涉及的工程安全和运营安全风险进行辨识、分析。

规划阶段安全风险管控应针对提出的多种规划方案进行风险评估，分析地铁隧道工程建设各阶段潜在的重大风险因素，在满足工程经济合理、技术可行适用的原则下，应以规避风险为主；对于安全风险较大的方案，应重新调整规划方案，调整后仍不能规避较大风险时，应提出相应的控制措施，以消除风险的不利影响。

地铁隧道工程规划方案风险识别与管控内容主要包括以下方面：
（1）规划方案与地铁隧道工程网络协调性风险分析；
（2）线位、站位、线路选择与工程选址风险分析；
（3）重大不良地质条件与周边区域环境条件风险分析；
（4）征地、拆迁风险分析；
（5）强降雨、大风或台风等沿海地区自然灾害风险分析；
（6）不同规划方案风险分析；
（7）地方其他特殊原因风险分析。

不同规划方案比选时应注意地铁隧道工程与其他城市规划工程的相互关系，评估与其他规划工程实施先后顺序及投入运营后可能引起的其他工程建设风险。建设单位应对风险评估及各专项研究成果组织专家论证，并提交相关部门审批。

8.2.2 重大风险因素分析

地铁隧道工程规划阶段应对下列可能引起重大风险的风险因素进行专项风险分析：
（1）临近或穿越既有地铁隧道线路（含铁路工程、城市管廊工程、公路隧道工程等）的工程；
（2）临近或穿越既有建（构）筑物（包括建筑物、道路、重要市政管线、水利设施等）的工程；
（3）临近或穿越有重要保护性的建（构）筑物、古文物或地下障碍物以及沿线及车站

附近既有遗留工程的工程;

(4) 临近或穿越既有军事保护区及设施等的工程;

(5) 临近或穿越江河湖海的工程;

(6) 自然灾害（包括暴雨、台风、地震、洪水、冰雪、泥石流、高温等）;

(7) 影响结构和施工安全的特殊不良地质条件（包括富水地层、粉砂层、深厚软土、孤石、地裂缝、温泉、洞穴等）、有害气体、大范围污染区等;

(8) 需特殊设计或采用新技术、新工艺、新材料或新设备的工程;

(9) 生态环境污染及破坏。

地铁隧道工程规划阶段风险管控需要编制工程建设风险评估报告，风险评估报告应给出规划方案风险清单、不同规划方案风险对比，并应提出重大建设风险的处置措施，同时应通过专项评审后作为后续风险管理的依据。

8.3 可行性研究阶段安全风险管控

8.3.1 现场风险调查

可行性研究阶段应对影响拟建线路敷设形式、线路走向、平剖面方案等的控制性工程和重大工程环境进行风险评估，并满足可行性研究文件的深度要求。地铁隧道工程可行性研究阶段安全风险管控主要是通过辨识和评估工程建设风险，优化可行性方案，规避和降低由于线位、站位和施工方法等规划方案不合理所带来的风险，为工程设计、施工等做好前期准备。建设单位应组织设计单位、工程咨询单位开展可行性研究阶段风险管理工作。可通过组织专家咨询、评审论证和政府相关部门审批等形式对风险管理的成果进行质量控制。针对重大安全风险提出风险控制方案，包含有相应的处置措施，并以专题报告或专章形式体现在可行性研究报告中。

现场调查前应了解工程沿线的工程地质和水文地质情况，根据划分的风险评估单元，结合规划阶段的风险评估报告，制订现场风险调查计划，安排专业人员按照可行性方案进行实地考察，并记录现场风险。现场风险调查应包含工程周边建（构）筑物、周边管线、周边道路交通、区域性不良地质和复杂地质条件、地表水及地下水情况、突发性自然灾害等，必要时应要求进行补充调查或现状安全评估。现场风险调查应了解工程所在地的动拆迁规模及环境保护要求，并应进行施工环境影响调研。

8.3.2 风险识别与管控

地铁隧道工程可行性研究阶段风险管控需要开展可行性研究阶段安全风险分析，识别工程建设过程中可能存在的工程自身、周边环境、自然灾害等风险并编制主要风险清单。地铁隧道工程施工方法的选择应与工程地质、水文地质及周边环境等条件相适应，尤其是涉及重大安全风险的关键性节点，应采用工艺成熟、安全可靠、技术可行、风险可接受的施工方法。可行性研究风险评估应合理处理新建工程与近、远期实施工程的相互关系，对于地质条件差、后期施工影响大的工程，应在本期工程建设阶段为后期工程施工预留条件，避免相互交叉影响引起的风险。

可行性研究报告编制单位应识别、分析及评价可行性研究方案中的重大安全风险源，并综合考虑经济、工期和技术水平，评价方案实施后安全风险发生的可能性及损失，给出安全风险处置的措施建议。地铁隧道工程可行性研究阶段应编制工程可行性研究风险评估报告，并作为可行性研究报告的组成部分，进行评审。风险评估报告中应给出工程可行性方案风险清单、不同方案的风险对比，并应提出重大安全风险的处置措施，通过专项评审后作为后续风险管控的依据。

8.4 勘察设计阶段安全风险管控

8.4.1 工程勘察阶段风险管控

建设单位应组织开展周边环境调查工作，提供客观、详细的环境调查成果资料，环境调查工作可委托有相应资质和经验的单位实施。勘察和环境调查工作完成后，应由建设单位组织勘察、环境调查单位对设计等相关单位进行勘察成果文件和环境调查资料的交底，并形成交底记录。勘察单位、环境调查单位、设计单位为本阶段风险管理的主体责任落实单位。工程设计应根据相关工程建设标准、勘察与环境调查成果资料等进行，设计中应同步开展工程安全风险辨识、风险分析和评价，制定有效控制风险的技术措施，并在工程建设全过程进行风险跟踪，针对重大风险因素应进行专项风险分析，编制风险应急预案。

勘察设计阶段风险管控包括：总体设计阶段勘察与设计风险管控、初步设计阶段勘察与设计风险管控、施工图设计阶段勘察与设计风险管控。

工程勘察与环境调查的主要工作内容为地形地貌绘制、工程测量、周边环境调查、工程地质和水文地质勘察，以及室内或现场岩土力学试验分析等，为工程设计和施工提供必要的基础资料。工程勘察工作的阶段划分主要包括：

（1）初步勘察是为总体设计、初步设计提供岩土工程勘察基础资料；

（2）详细勘察是为施工图设计提供岩土工程勘察基础资料。岩土工程勘察报告应包括不良地质风险评价等专项内容，提供施工工法适应性分析及设计处理方案的建议。详细勘察期间场地条件不具备时，在条件具备后应进行补充勘察，施工单位应予配合；

（3）施工勘察是在施工阶段因设计或施工方案变更、出现新的地质问题或工程险情时进行的必要的补充勘察工作，以便为优化和调整施工方案提供依据。

工程勘察应完成的工作包括：

（1）建设单位应委托具有勘察资质的单位分阶段进行沿线地质勘察，并组织设计单位提出勘察工作要求；

（2）勘察单位应按照相关法律法规及要求组织、实施勘察工作，向建设单位提供准确、合理、可靠的勘察成果文件；

（3）勘察单位应对工程的地质风险进行分析、评价，重点评价工程范围内的不良地质、地下水、地表水体等，并提出处置建议；

（4）勘察单位应根据工程需要对特殊地质提出专项勘察工作建议；

（5）建设单位应根据工程需要委托专项勘察；

（6）建设单位应对勘察成果文件组织验收，并将详细勘察文件送施工图审查；

（7）建设单位应组织勘察单位向设计单位进行勘察文件交底。

环境调查的阶段划分包括：

（1）地铁隧道工程建设的工程环境调查工作一般分为初步调查和详细调查；

（2）初步调查是为满足初步设计阶段要求而进行的周边环境的调查。一般包括建（构）筑物初步调查、管线初步调查和重点管线详查等。其中重点管线详查是为满足初步设计、管线综合而进行的重点管线资料的调查；

（3）详细调查是为满足施工图设计阶段要求而进行的重要环境、重点部位环境条件的详细调查。调查范围和对象一般由设计单位提出，包括建（构）筑物详查和管线全面详查等；

（4）工程环境调查报告宜以《建（构）筑物调查报告》和《管线调查报告》等分册的形式提交。报告除包含文字和图表内容外，应辅以必要的影像资料。

此外，工程勘察与环境调查外业活动应编制相应的外部作业施工风险管控措施，并按规定程序报批后方可实施。

8.4.2 总体设计阶段风险管控

总体设计单位在进行总体设计时应初步识别重大风险工程，形成重大风险工程清单，建设单位应对总体设计方案中的重大风险工程清单进行初步审查，提出审查意见，并在初步设计开始前将重大风险工程清单提交工点设计单位。总体设计风险管理，应评估地铁隧道工程自身风险等级、周边环境风险等级、自然灾害风险等级、工程地质及水文地质风险等级等，在总体设计阶段应根据勘察结果对相应的风险进行研究预防，勘察资料不全或有误时要求建设单位组织进行复勘。

针对重大风险可开展专题研究和风险分析，编制风险处置措施与应急处置技术方案。总体设计风险管控需要编制风险记录文件，记录风险的名称、发生位置、风险等级、风险描述、建议控制方案等。

8.4.3 初步设计阶段风险管控

初步设计阶段风险管控主要工作包括：风险辨识与分级评估，风险专项初步设计，划分风险分析单元，建立风险评估列表。初步设计阶段风险管控采用的风险处置措施包括：补充地勘资料、提出周边建（构）筑物保护性措施、建立工程建设风险等级审查和设计变更风险管理办法、编制重大风险管控指导文件。当采取处置措施后安全风险仍无法接受时，应修改设计方案。

建设单位应当在初步设计阶段组织开展工程安全风险评估，根据周边环境条件、地质条件、施工工法等对工程建设安全风险（工程自身风险、周边环境风险）进行评估、分类、分级，提出针对性的管控措施，并组织专家论证。初步设计风险管控需要编制风险记录文件，记录Ⅲ级及以上风险的名称、发生位置、风险等级、描述、建议控制方案等。

8.4.4 施工图设计阶段风险管控

在前期工程建设风险评估和风险管理的基础上，施工图设计阶段应全面识别工程自身风险、环境风险和自然灾害风险，并进行工程风险分级，提出风险管控措施。

针对初步设计阶段风险评估报告中的重大风险（Ⅰ级、Ⅱ级风险）工程，应作风险专项设计。施工图设计风险管理应对采用新技术、新材料、新工艺、新型车辆、新设备系统及关键单项工程进行风险分析，对建设中的关键工序或难点进行专项风险评估。由于自然灾害、地质变化、主观原因、其他工程影响等因素，工程安全风险提高了或出现了新的工程安全风险的，设计单位应及时变更施工图设计并报备建设单位，建设单位应组织各参建单位进行沟通、协商，分析变更原因并达成一致意见。施工图设计发生重大变更的，应当按有关规定重新进行风险评估。施工图设计阶段提出的安全风险控制措施应纳入施工图设计文件，其费用应纳入施工图核算。

8.5 施工阶段安全风险管控

8.5.1 施工准备阶段风险识别与管控

施工阶段主要包括：土建施工准备期、土建施工期、车辆及机电系统安装与调试、试运行及竣工验收。建设单位按分层级管理原则组织制定施工阶段工程安全风险管理要求，明确管理流程。地铁隧道工程施工阶段必须实施动态风险管理，并利用现场监测数据和风险记录，实施施工风险动态跟踪和控制。

地铁隧道工程施工必须开展工程监测、现场巡视、视频监控等安全风险监控工作，搭建安全风险管控平台，分析各类监控信息，进行安全风险状态评价、预警、响应、处置、消警等，并形成相关风险管控记录。各参建单位应根据相关工作编制风险控制对策、专项应急预案，由建设单位汇总后建立重大风险台账及事故呈报制度。地铁隧道工程施工准备阶段应以建设项目目标、工程任务及场地条件为依据，综合考虑施工组织方案和周边环境条件编制现场风险检查表。

施工准备阶段应重点开展以下安全风险技术管控工作：
(1) 场地地质条件、工程结构安全风险分析；
(2) 周边环境［包括建（构）筑物、管线、道路、水体、既有地铁隧道等］影响风险分析；
(3) 自然环境（地震、台风、泥石流、暴雨、大风、雷电、大雾、高温等）影响风险分析；
(4) 工程施工组织设计及技术方案可行性风险分析；
(5) 施工监测布置及监测预警标准风险分析；
(6) 现场风险管理制度及组织的建立；
(7) 现场施工安全防范措施及抢险物资储备。

施工准备阶段设计单位应对施工单位进行安全设计交底，施工安全设计交底的内容原则上应涵盖施工图设计的有关安全风险专项内容。施工单位根据地质踏勘、环境核查结果等情况，结合自身施工工艺设备、施工经验等，开展对设计文件的学习和分析。

开工前，应开展风险深入识别、分析及分级调整工作，涉及风险等级调整的，施工单位应提出风险调整建议清单，建设单位组织监理、设计等单位进行审查确认。施工单位进场后应及时开展工程重大风险分析与评审工作，编写工程重大安全风险评估报告，组织行业专家评估咨询，并根据专家意见修改。风险评估报告经监理单位审批、业主备案后，发给各相关参建单位，作为工程风险管控的依据。

施工组织设计中应包含施工安全风险管理内容，包括施工组织及技术方案可行性安全风险分析、安全风险管理组织与工作制度、安全风险管理计划、安全风险防范与处置措施、应急设备物资储备等。施工单位进场后应配合有相应资质的单位开展工程（水文）地质补充勘察、周边环境［包括周边建（构）筑物、管线及其他设施］影响因素的实地核查工作，监理单位应对施工单位上述工作实施监督管理。对于因工程施工存在严重影响和纠纷的建（构）筑物，施工单位应委托具备相应资质的鉴定机构进行安全性鉴定，形成建（构）筑物安全性鉴定成果报告。

8.5.2 施工阶段风险识别与管控

地铁隧道工程施工阶段必须实施动态风险管控，利用现场监测数据和风险记录，实现风险定期识别、评估，根据风险识别及评估结果更新风险清单并审批，实现施工风险动态跟踪与控制。该阶段应在施工准备期安全风险管控成果的基础上，重点开展以下安全风险技术管控工作：

（1）工程监测、现场巡视与视频监控；
（2）施工风险动态跟踪与控制；
（3）安全状态动态评价；
（4）工程关键节点安全风险管控；
（5）危险性较大分部分项工程安全风险管控；
（6）预警、响应、处置及消警；
（7）应急预案制定及应急资源（人员、物资、设备等）配置；
（8）信息报送与施工风险台账管理；
（9）现场重大安全事故上报及处置。

施工单位、监理单位和第三方监测单位在施工监控过程中开展风险巡视，及时进行现场安全风险动态评估，分析评价安全风险状况，加强预警和信息报送，对预警状态应及时组织分析和风险处置，并上报有关监控管理层，根据其综合预警及相关反馈建议加强风险处置。施工关键工序和重要部位必须实施关键节点安全风险管控，关键节点风险管控应由建设、监理、施工、勘察、设计、第三方监测等单位相关负责人参加，并按相关程序进行，参加核查的人员应对涉及的施工条件逐项进行核查，形成明确核查意见和书面核查记录（包括影像资料），并对签署的核查意见负责。

施工阶段编制危险性较大的分部分项工程专项方案主要包括的内容有：工程概况、编制依据、施工计划、施工工艺技术、施工安全风险源识别及安全保证措施、施工管理及作业人员配备和分工、验收要求、应急处置措施、计算书及相关施工图纸。对于危险性较大的分部分项工程，施工单位应当组织专家对专项方案进行论证。实行施工总承包的，由施工总承包单位组织召开专家论证会，专家论证会前专项方案应当通过施工单位审核和总监理工程师审查。施工单位应当在施工现场显著位置公示危险性较大的分部分项工程名称、施工时间和具体责任人员，并在危险区域设置安全警示标志。

建设单位负责组织和监督现场施工安全风险管理实施，安全风险管理主要内容及职责有：

（1）监督工程建设各方建立项目安全风险管理培训制度；
（2）全过程参与现场安全风险管理，检查建设各方安全风险管理实施状况；
（3）定期组织工程建设各方开展安全风险管理工作的沟通和交流，并对安全风险状况进行记录；
（4）组织工程建设各方对安全风险处置措施进行审定，其中重大安全风险的控制方案须经施工单位组织专家评审后方可实施；
（5）配合政府主管部门对现场施工安全风险管理活动进行同步监督管理；

（6）监督安全风险管理实施和安全风险事故处理。

勘察单位安全风险管理主要内容及职责有：

（1）编制岩土工程勘察初步、详细的勘察大纲和方案，针对勘察施工及环境调查过程中的作业风险，制定有效的预防措施；

（2）勘察报告中应详细分析不良地质风险对工程的影响并提出对策；

（3）因现场场地条件或现有技术手段制约，存在无法探明的工程地质或水文地质情况时，会同设计单位和施工单位分析设计和施工中潜在的风险；书面通知建设单位，并在勘察文件中说明情况，提出合理建议；

（4）工程勘察及环境调查中，严格落实方案中的预防措施，防范发生地下管线破坏、停电、爆炸和火灾等风险。

设计单位负责进行设计方案交底，协调施工安全风险动态跟踪，安全风险管理主要内容及职责有：

（1）对工程重大安全风险进行设计交底；

（2）对周边重要环境影响区域进行安全风险影响分级，共同参与编制周边环境保护措施；

（3）制定工程重大安全风险预警控制指标，明确现场监控量测要求；

（4）根据现场实际施工条件变化，合理调整设计方案，办理设计变更；

（5）参与建设单位安全风险管理，检查施工现场风险控制措施的落实情况；

（6）参与制定风险控制措施及事故应急技术处置方案；

（7）配合施工进度进行重大安全风险沟通、交流与协调；

（8）实施现场施工安全风险跟踪管理；

（9）参与指导审查施工单位安全风险管理方案、处置措施与应急预案。

施工单位负责施工现场安全风险管理的执行和落实，安全风险管理主要内容及职责有：

（1）结合施工组织设计拟定安全风险管理计划，建立工程施工安全风险实施细则，做好相关专项应急处置预案及演练等工作；

（2）负责完成工程施工安全风险动态评估，对工程自身周边环境、施工作业风险、自然环境和组织管理风险等，进行动态辨识与更新，分析并梳理重大安全风险，划分工程组段，提交工程重大安全风险分析与评审报告；

（3）工程设计、施工方案如有重大变更，应根据变更情况对工程建设安全风险进行重新分析与评估；

（4）对重大安全风险编制事故应急处置预案；

（5）对风险等级为Ⅲ级及以上的安全风险，根据设计单位技术要求等，确定工程施工预警监控指标及标准；

（6）现场区域作业人员必须严格执行登记制度，对施工作业班组、作业人员、作业层技术人员进行施工安全风险交底，制定工程建设安全风险管理培训计划，建立安全操作行之有效的制度；

（7）结合工程施工进度及时上报工程施工信息，向工程建设各方通报现场施工安全风险状况；

（8）因工程建设安全风险处置措施的实施而发生的费用增加或工期延长，应经建设单位批准后方可实施；

（9）对与工程施工有关的事故、意外或缺陷等进行安全风险记录；

（10）必须做到施工安全措施费用专款专用。

监理单位负责协查施工现场安全风险管理执行与督查，安全风险管理主要内容及职责有：

（1）将建设安全风险管理纳入日常监理工作；

（2）审查施工单位的施工方案，评估施工单位安全风险管理实施情况；

（3）对施工安全风险进行检查；

（4）评估监理工作内容不全或失察风险；

（5）对于施工重大安全风险或危险性较大的分部分项工程，应在施工前检查施工单位安全风险预防措施，并应进行旁站监理，做好监理现场记录；

（6）在实施监理过程中，发现存在安全事故隐患的，应当要求施工单位整改；情况严重的，应当要求施工单位暂时停止施工，并及时报告建设单位。施工单位拒不整改或者不停止施工的，监理单位应当及时向有关主管部门报告；

（7）对施工现场监测和第三方监测进行监理。

第三方监测单位应负责现场监测工作和风险预警，安全风险管理主要内容及职责有：

（1）制定合理的监测方案，并对监测方案进行安全风险评估；

（2）评估监测点布置不当、监测点或监测设备损坏风险；

（3）对监测数据的准确性和可靠性进行安全风险分析；

（4）应将监测数据分析纳入日常安全风险管理，及时提交施工风险预警、预报信息。

8.5.3 双重预防机制

地铁隧道工程安全风险管控应将安全风险逐一建档入账，采取安全风险分级管控、隐患排查治理双重预防性工作机制。不同类别的风险源，采用相应的风险评估方法判定其等级，突出重大风险源，科学评定风险等级。

双重预防机制需要对风险进行分级、分类、分阶段、分单位进行管控，努力把各类风险控制在可接受范围内，杜绝和减少事故隐患。同时，需要建立完善隐患排查治理体系。各参建单位明确和细化隐患排查的事项、内容及频次，认真排查风险管控过程中出现的缺失、漏洞和风险控制失效环节，强化对重大风险源的隐患排查，全过程记录隐患排查治理情况，对于排查发现的重大事故隐患，在向负有安全生产监督管理职责的单位报告的同时，制定并实施严格的隐患治理方案，坚决把隐患消灭在事故发生之前。

施工单位应进行全过程、全要素的安全风险辨识，主要包括设备设施、周边环境、工程地质及水文地质、施工工艺及管理体系，做到系统全面、持续更新。双重预防机制还需实施安全风险公示公告。施工单位需在醒目位置及重点区域设置安全风险公告栏，标明重大风险源、可能引发的事故类型、事故后果、管控措施及应急措施，强化重大风险源监测及预警。

地铁隧道工程建设施工阶段应当编制风险管理文件，施工风险管理文件应经项目管理单位和现场其他工程建设各方盖章确认后作为施工竣工文件存档备案。

地铁隧道工程施工风险管控文件应包括：

(1) 施工准备期风险分析与评估报告；
(2) 工程施工主要风险分析评估及现场风险记录；
(3) 工程重大风险规避措施及事故预案；
(4) 车辆及机电系统安装、调试和试运行的风险评估及故障处理记录；
(5) 其他现场施工风险事故记录、处置措施及责任人员等信息；
(6) 工程地质勘察报告，周边建（构）筑物调查报告，周边管线调查报告，专项调查报告；
(7) 工程重大安全风险分析与评审报告，建（构）筑物安全性鉴定成果报告等。

8.6 应 急 管 理

8.6.1 应急预案及演练

建立安全生产应急管理工作协调机制，加强地铁隧道建设各参建单位之间和属地地区安全生产应急管理机构之间的协调联动，推进资源整合和信息共享，形成相互支持、密切配合、共同应对地铁隧道建设施工突发事故的合力。

应急管理应根据工程实际情况编制应急预案，包括综合应急预案、工程项目应急预案和现场处置方案。建设单位应当编制本单位综合应急预案，并按照影响工程周边环境事故类别编制工程项目应急预案；施工单位应当编制所承担工程项目的综合应急预案，并按工程事故、影响周边环境事故类别编制工程项目应急预案，同时制定事故现场处置方案。

建设单位、施工单位应当对各自编制的综合应急预案组织评审，工程项目应急预案和现场处置方案宜根据实际情况组织评审。应急预案编制单位应当建立应急演练制度，宜根据实际情况采取实战演练、桌面推演等方式，组织开展联动性强、形式多样、节约高效的应急演练。建设单位、施工单位应对应急预案演练进行评估，并针对演练过程中发现的问题，对应急预案提出修订意见。评估和修订意见应当有书面记录，并及时存档。

8.6.2 应急现场指挥机构与职责

应急管理工作进行时宜采用"预防为主、以人为本、统一领导、分级管理、快速反应、科学救援"的原则，实现统一、规范、有序、高效、科学的应急管理目标。事故应急救援领导小组的主要职责为：由建设公司领导层构成，组织指挥各方面力量处理重大事故，统一指挥对较大及以上事故现场的应急救援，控制事故蔓延和扩大。现场应急救援指挥部的主要职责为：领导小组下设现场应急救援指挥机构，由建设公司领导层构成，调动各抢险小组赶赴现场，负责联系调配外援力量，协调各方进行抢险救灾，负责现场抢险组织实施的各项工作。工作小组主要职责为：进行抢险方案审查，疏散群众，警戒，物资补给，后勤协调，信息发布，事故调查处理等。事故单位（承包人）主要职责为：制定应急救援预案，组织事故应急救援队伍，组织自救，配合有关部门及时查清事故原因和受损情况等。监理单位主要职责为：检查施工现场各项安全防护措施的落实情况，发现事故隐患要及时提出整改要求，事故发生时，积极配合现场进行紧急救援等。勘察单位主要职责为：确保勘察成果的质量，发生与地质灾害有关的事故时，提供技术支持。设计单位主要职责为：确保设计的科学性，发生事故时，参与抢险方案及恢复生产方案的审查，分析事故原因，预防事故的扩大，提供技术支持等。第三方监测单位主要职责为：对监测数据及时进行分类整理、分析处理。事故发生期间，应按照要求加大监测频率和数量，积极参加抢险，提供科学的数据。安全风险监控单位主要职责为：组织对较大突发风险事件的信息报送和加强监督、检查、考核，对报警状态风险工程进行监控、处理和检查，对事故现场进行分析、组织专家论证，并参与制定相应处置措施，排除风险工程隐患。

8.6.3 突发事故处置

地铁隧道建设施工险情发生应适时启动应急机制，成立现场应急救援指挥机构。地铁隧道建设工地一旦突发安全事故、管线事故或其他灾害性工程和环境事故或事件，事故单位必须在规定的时间内逐级上报。地铁隧道工程施工突发事故发生时，事故责任单位和现场人员必须立即向项目指挥机构报告，并启动现场应急预案，抢救伤员，保护现场，设置警戒标志。各单位主要领导接到发生或者有可能发生重大事故的报告后，立即赶赴事故现场，同时安排通知有关职能部门领导、事故应急处置相关单位领导及技术专家赶赴事故现场。

现场的清理工作应由事故单位负责，相关单位予以配合；如发生火灾、爆炸、基坑坍塌导致建筑物倒塌、燃气泄漏、电线漏（断）电、自来水管爆裂时，应立即通知有关部门组织力量到现场紧急处置。抢险救灾工作结束后，各参加处置的单位必须按各自的职能分工做好善后工作，协助保险公司开展灾后理赔工作，按照"四不放过"的原则对事故进行调查。事故调查小组应对有关工程勘察报告、设计方案、施工方案、监理日记等事实凭证进行审验，核查其程序是否合法、内容是否符合技术标准及法律法规要求，对发现的问题，应及时进行记录，必要时再作深入调查和论证。

8.7 工程案例

（1）工程概况

某区间隧道，右线全长 2750.176m，左线全长 2719.724m，为双洞单线隧道，区间隧道工程穿越某机场运营中的航站区及飞行区，线路自机场 T1 站南端引出后，下穿机场 P1 停车场，然后进入机场空侧，先后下穿某航油公司外场值班用房、特种车修理间、机场特种车道、T2 滑行道、T1 滑行道；在右 DK54+270 进入陆侧后，先后下穿城市道路、地勤车保养中心、供水站、急救中心、景观河；随后又进入机场空侧，下穿运营中的机场东跑道南端土面区、第三跑道防吹坪、机场排水渠、4 号灯光站，在里程右 DK56+024 出某机场空侧，里程右 DK56+252.6 进入机场 T3 站。区间隧道为盾构法施工。衬砌采用环宽为 1600mm 钢筋混凝土管片，内径为 8000mm，外径为 8800mm，强度等级 C50，抗渗等级不小于 P12，管片组装方式采用错缝拼装。管片连接采用 14 根 M30 环向螺栓和 19 根 M30 纵向螺栓，接缝之间采用高弹性橡胶密封止水条防水。管片与围岩之间的环缝采用同步注浆及二次补浆充填，防止地面沉降。

（2）安全风险管理

辨识范围：所有进入工作场所的人员（包括合同方人员和访问者）、工作场所的设施、常规和非常规活动。

危险源辨识内容主要包括：

1）工作环境。包括周围环境、工程地质、地形地貌、资源交通、抢险救灾等。

2）平面布局。包括功能区布置（如生产区、临时设施区、材料堆放区、加工区的布置）；高温、有害物质、噪声、辐射、易燃、易爆、危险品、设施布置；建筑物、构筑物布置；风向、安全距离等。

3）交通路线。包括临时便道、各施工作业区、作业面、作业点的贯通道路以及与外界连接的交通路线等。

4）建筑结构。包括结构、防火、防爆、朝向、采光、运输（操作、运输、检修）通道、预留洞口、卫生设施等。

5）施工工序中涉及的物质特性（毒性、腐蚀性、燃爆性）、温度、压力、速度、作业及控制条件、事故及失稳失控状态等。

6）施工设备。包括高温、低温、腐蚀、高压、振动设备及其关键部位的备用设备的控制、操作、检修及失误时的紧急异常情况；机械设备的运动零部件和工件、操作条件、检修作业、误运转、误操作、不按规定保养和检测；电气设备的断电、触电、火灾、爆炸、误运转和误操作、静电、雷电等。危险性的大型设备和高处作业设备，吊装设备等。

7）特殊场所。如乙炔、氧气、油料库、易燃与危险品库等。

8）有害部位。如粉尘、毒物、噪声、振动、辐射、高温、低温等作业部位。

9）各种设施。如管理设施、应急抢救设施（医务所等）、辅助生产设施、生活卫生设施（食堂、浴池）等。

10）员工的心理和生理因素、人机工程学，违章指挥、违章操作、违反劳动纪律、心存侥幸等。

（3）主要风险项目

根据盾构区间隧道的特点，地质情况相对复杂，涉及工序较多，在盾构工作井施工和盾构掘进施工过程中，主要涉及的危险源有基坑安全、用电、水平运输、垂直运输、管片拼装、开仓换刀等，具体情况如表8.3所示。

重大危险源识别及处理措施　　　　　　　　　　表8.3

序号	危险源类别	可能后果	基本对策及应急处理措施
1	施工用电	触电事故	①必须编制《临时用电施工组织设计》。 ②临时用电设施验收合格后方可使用。 ③施工现场线路全部采用橡胶套电缆或用塑铜线架空架设。 ④施工现场线路、电气设备的安装、维修保养及接线、拆线工作必须由持证电工进行。 ⑤对移动机具及照明的使用实行二级漏电保护，并经常进行检查、维修和保养。 ⑥坚持每周一次安全用电检查和日常巡视工作，发现问题立即整改
2	安全通道	人员伤亡	①隧道内安全通道采用专用的走道板。 ②使用前进行验收并挂牌。 ③走道板须绑扎牢固
3	中小型机械使用	机械伤人	①机管员负责机械使用前的验收工作，平时做好对机械运行情况的检查。 ②操作人员必须持有效证件上岗。 ③按规定搭设机械防护棚。 ④机械设备金属外壳必须接地，随机开关灵敏可靠。 ⑤督促操作人员做好定期检查、保养及维修工作，并做好运转、保养记录。 ⑥机械设备的防护装置必须齐全有效，严禁带"病"运转。 ⑦固定机械设备和手持移动机具，必须实施二级漏电保护。 ⑧必须做到定机、定人、定岗位。 ⑨下班之前必须做好清洁工作，切断机械电器设备的电源

续表

序号	危险源类别	可能后果	基本对策及应急处理措施
4	地下管线	管线损坏 煤气中毒 爆炸 供水中断	① 与管线单位取得联系，弄清地下管线的分布确切情况，编制地下管线保护方案，做好安全交底。 ② 加强沉降观测，对观测结果分析，提出处理及预防措施。 ③ 合理设置掘进参数，加强注浆效果的控制。 ④ 定期检查管线保护措施的落实情况及保护措施的可靠性。 ⑤ 必要时，跟踪注浆；并做好应急准备
5	水平运输	财产损失 人员伤亡 设备事故	① 对运输机具、轨道必须定期进行安全运行检查和维护。 ② 电瓶车辆在隧道内曲线段行驶以及进出台车，必须缓慢通过。 ③ 工作人员必须在人行走道板上通行，走道板须绑扎牢固。 ④ 电瓶车、平板车严禁载人运输。 ⑤ 电瓶车司机持证上岗。禁止酒后驾驶。 ⑥ 做好例行保养，刹车片及时更换。 ⑦ 长距离大坡度地段：电瓶车增设电动制动刹车装置及配置行车闪光示警灯具，定期及时检查刹车装置，保证其良好性；将钢轨轨枕可靠固定连接，不允许松动；工作面钢轨末端设置行驶制动装置，制定安全行车操作规程；配置专用防止管片旋转的平板车
6	动火作业	发生火灾 财产损失 人员伤亡	① 动火前必须分级办理动火证，专人进行监护。 ② 配备足够的消防器材。 ③ 成立防火领导小组，建立义务消防队
7	垂直运输	物体堕落 物体打击	① 盾构工作井及竖井四周设立安全栏杆及安全挡板，防止发生井边物体坠落打击事故。 ② 起吊设备必须有限位保险装置，不得带"病"或超负荷作业。 ③ 起重专职指挥，加强责任心，预防发生碰撞事故。 ④ 管片、土斗配专用吊具及钢丝绳，要定期检查，发现缺陷，及时调换。 ⑤ 满载土斗起吊前，必须进行处理，防止泥块坠落伤人。 ⑥ 夜间施工井口必须有足够的光照度。 ⑦ 起重指挥持证上岗。 ⑧ 起重用索具、夹具须有产品合格证和质保书
8	管片拼装	财产损失 人员伤亡 设备事故	① 机械手操作人员在机械手转动前必须告知上下作业人员，在确保无人的情况下才可转动机械手。 ② 机械手举起管片后，严禁该断面区域站人，以防吊耳脱落，引起管片坠落伤人。 ③ 机械手转动前小脚应撑住管片，不得晃动。 ④ 油缸调定油压不大于6MPa，以免吊耳、预埋件受损伤。 ⑤ 机械手的声、光警报装置齐全。 ⑥ 机械手由专人操作
9	开仓换刀	财产损失 人员伤亡 设备事故	① 建立健全安全质量责任制，进仓、检查刀盘及换刀、减压作业、运输严格按规程操作。 ② 进行必要的岗前培训，对作业人员上岗前针对进仓、检查刀盘及换刀、减压作业的特点进行安全教育，树立起安全作业的意识。 ③ 公司领导实行24h现场值班制度。 ④ 保证现场材料供应，确保作业过程的有效运转。 ⑤ 值班工程师现场24h值班，并在值班过程中做好带压进仓作业的各种记录并收集、整理后第二天及时上报公司。 ⑥ 带压作业过程中，加强各种检测仪表、空压机、气路电路的观测，如发现空压机故障，应立即启动另一台空压机；如发现管路漏气，应立即汇报并及时处理，以防意外情况发生。并将监测及时上报值班经理。 ⑦ 每班作业时，电工应加强用电管理，确保工地施工安全。 ⑧ 人仓、自动保压系统及减压仓由专人负责操作，做好各项记录。 ⑨ 人员作业时应佩戴好个人防护用品，防止意外伤亡事故发生

续表

序号	危险源类别	可能后果	基本对策及应急处理措施
10	高温	施工人员中暑事件	配备必要的防暑降温用品,隧道内加强通风,保持隧道内空气流通
11	大雨	财产损失 人员伤亡 设备事故	① 与当地气象台保持信息联系,掌握天气情况,提前预知预防。 ② 提前做好防雨防汛物资准备,准备足够的防汛器材。 ③ 加强地面及隧道内排水
12	盾构机拆除与安装	人员伤亡 设备事故 财产损失	① 拆除和安装必须制订专项施工方案,起吊作业制订作业安全专项施工方案。 ② 安装、拆除施工单位必须具备相应的安装资质。 ③ 起吊作业必须做到设备有检验合格证,作业人员持证上岗。 ④ 高处作业必须有牢固可靠的操作平台,安全带使用规范。 ⑤ 作业前按规定开展安全技术交底和班前讲话。 ⑥ 施工中必须有专职安全员全过程监控。 ⑦ 临时用电按要求做到三级配电二级保护,所有用电设备做到验收合格,重复接地接零规范
13	地面建(构)筑物	开裂、破坏	① 全面调查建筑物的现状,制定相应施工措施,特别是对地表沉降敏感的建筑物。 ② 盾构机严格控制出土量,控制姿态,保持均衡施工;严格进行同步注浆和二次注浆。 ③ 暗挖隧道严格按工艺要求和顺序进行。 ④ 对地表沉降和建筑物变形进行严密监测,及时反馈信息,优化施工参数。 ⑤ 必要时跟踪注浆。 ⑥ 做好应急准备
14	横通道开挖	坍塌	① 严格按照设计及相关规范要求的冻结时间进行冻结作业,确保冻土帷幕的厚度与质量,开挖时采用分层阶梯开挖,严格控制进尺,及时支撑和喷锚封闭开挖面,尽量减少开挖面出露时间。 ② 加强对支护结构的变形观测,并预备一定数量的支撑、沙包等材料,施工中及时反馈信息,一旦变形超过规定值,立即采取应急加固措施处理。 ③ 一旦发生坍塌应及时撤离,避免人员伤亡,并根据实际情况制定抢险措施

(4) 安全风险预防措施

1) 安全风险管理机构及职责

结合工程特点,防范自然灾害和安全事故造成的较大危害,成立安全风险管理组织机构,见图 8.1,严格分工,各负其责,严格控制安全风险,从组织管理上把本工程施工过程中的不安全因素消灭在萌芽状态。安全风险管理职责见表 8.4。

安全风险管理职责　　　表 8.4

序号	机构	安全风险管理职责
1	项目经理	全面负责本工程项目的施工风险管理工作,负责及时采取有效措施规避和预防各种施工风险,主持召开施工风险分析会并作出相应处理方案,尽可能降低施工风险
2	总工程师 项目副经理 安全总监	负责对风险监测组、风险分析组、风险对策组的管理,配合项目经理做好风险管理工作;负责组织制定预防施工风险措施和紧急救援预案,提交风险分析会讨论实施

续表

序号	机构	安全风险管理职责
3	风险分析组	负责收集各种施工风险的资料,包括施工进度、地质预测预报和监控量测结果;结合工程施工情况对其进行分析,提出风险预警报告
4	风险对策组	依据风险分析结果,及时制定相应的施工风险预防措施和紧急救援预案,规避各种施工风险
5	风险管理组	负责各项风险措施及紧急救援预案的实施
6	风险监测组	负责进行地质预测预报和监控量测工作,负责采集地质预测预报和监控量测数据,对数据进行处理和分析,并及时将结果报风险分析组
7	紧急救援组	负责发生施工风险后的紧急救援工作,各小组各负其责做好紧急救援工作

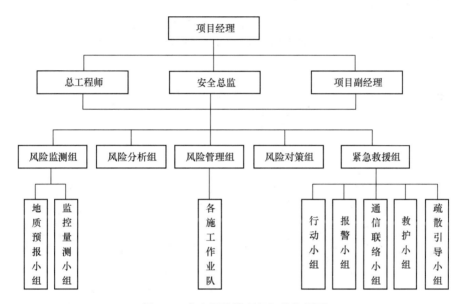

图 8.1 安全风险管理组织机构框图

2) 安全风险评估及预防

针对上述危险源及主要风险项目,项目部将安排不间断实时监控,把本工程施工过程中的不安全因素消灭在萌芽状态。及时进行数据分析与反馈,用数据指导施工。

① 自然灾害引起的风险

风险评估:在工程实施阶段,工程所在地有可能发生给工程带来损失的风险包括火灾、洪水、塌陷,以及对盾构施工造成影响的地质灾害等,应根据设计图纸和工地踏勘结果,对自然灾害引起的风险进行充分估计,提出处置方案,以保证工程的顺利进行,减少因此而引起的损失。

风险防范:由于自然灾害引起的风险发生的偶然性较大且难以预见,施工中应采取积极的防范措施将灾害引起的损伤降到最低;施工前对工程所在地区自然灾害发生的种类、频率进行详细调查、评估,对于发生频率较高的自然灾害做到防患于未然;施工期间做好营地和工地特别是盾构始发井的防排水工作,防止雨季洪水泛滥对施工驻地及人员及机械设备造成伤害。盾构施工前要进一步对隧道沿线进行地层补充勘察,发现灾害性地层要进行预先处理，如隧道沿线影响范围的溶洞须在处理检测合格后方可允许盾构掘进通过。

② 人为因素引起的风险

风险评估：在工程实施过程中有可能因为指挥失误或操作不当引发如隧道坍塌、爆炸、火灾、触电、人员伤亡等不安全事故或器材失窃等突发事件风险，引起工程费用增加。

风险防范：此类风险具有危害性大、较易发生等特点。因此降低人为因素风险的主要做法首先是加强思想教育、从我做起，高度重视各种风险的防范，第二是强化内部管理，制定严格的制度和操作规程；第三要做好各专业工程施工突发事件预防和应急准备，一旦发生此类情况能够在最短的时间有效控制，将损失减少到最低程度并做好善后工作；最后是参保，如若发生此类情况可以从保险公司获得部分补偿以减少损失。

(5) 应急预案

1) 指挥机构

项目部成立应急救援指挥领导小组，组织机构如图 8.2 所示。当项目经理不在项目部，由常务副经理和生产副经理担任临时指挥和副总指挥，全权负责应急救援工作。

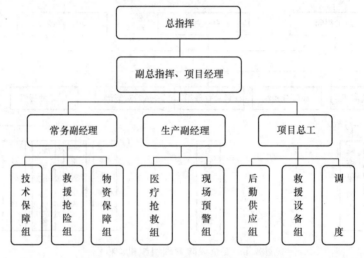

图 8.2 应急救援指挥领导小组组织机构

2) 指挥机构职责

总指挥：发生事故时，由总指挥宣布启动应急预案；负责事故发生后的组织应急抢险和救援；向上级汇报事故情况；参与事故调查和组织编写事故报告；对外发布信息；做好预案的实际效果的评价和修改工作；总结应急救援工作的经验教训。

副总指挥：协助总指挥做好平常的检查和事中处理工作；具体指挥事故的抢险和救援；人员的调遣。负责对事故现场的控制，协调应急队员的救援工作，识别危险物及存在的潜在危险并对事故现场进行分析，执行有效的应急操作，保证应急行动队员的个人安全。

技术保障组：负责平时的演练、培训和检查工作；在事故发生过程中做好记录，保护好事故现场。针对事故现场特点，协助项目总工进行技术方案的研究，提出处理方案和意见。

救援抢险组：负责现场的应急救援和抢险工作的具体实施。

物质保障组：制订应急救援物资计划，检查、监督、落实其储备情况。当发生险情时，保证应急救援物资的供应。

医疗抢救组：根据伤员情况，制定伤员营救方案，进行事故现场伤员的营救、转运等工作，联系就近医疗单位进行妥善的营救治疗工作。

现场预警组：应急预案启动后，负责疏散事故现场的施工人员；负责现场可能影响区域的警戒工作，禁止无关人员进入施工现场；若险情影响到地面交通，协助开展交通疏解和指引。

后勤供应组：应急预案启动后，保证应急过程中用车的调配、用餐、饮用水等后勤保障工作。

救援设备组：负责将应急救援设备迅速运达现场，及时开展抢救工作，并负责设备安装和运行。

调度：负责事故处置时生产调度工作，事故现场通信联络和对外联系；负责现场医疗救护指挥及中毒、受伤人员分类和护送转院工作。

(6) 安全事故的紧急处置措施

1) 事故报告原则

应遵循"迅速、准确"的原则，在第一时间上报质量、安全险情或事故情况。

2) 事故报告内容

事故发生后，现场主管、现场施工人员必须以最快捷的方式立即将所发生的事故情况汇报给项目经理、公司工程部和项目部应急指挥领导小组，并且在24h内完成书面报告，报相关部门。

事故报告应包括的内容有：发生事故的单位及事故发生的时间、地点；事故的简要经过、伤亡人数、直接经济损失的初步估计；事故原因、性质的初步判断；事故救援的情况和采取的措施；需要有关部门和单位协助事故抢救和救援的有关事宜。

施工过程中施工现场或驻地发生无法预料的需要紧急抢救处理的危险时，应迅速逐级上报，次序为现场、综合安全部、抢险领导小组、上级主管部门。由总工室/工程部收集、记录、整理紧急情况信息并向小组及时传递，由小组组长主持紧急情况处理会议，协调、派遣和统一指挥所有车辆、设备、人员、物资等实施紧急抢救和向上一级汇报。事故处理根据事故大小情况来确定，如果事故特别小，根据上级指示可由项目部自行直接进行处理，如果事故较大或项目部处理不了则由项目部向公司主管部门进行请示，请求启动公司救援预案，公司救援预案仍不能进行处理的，则由公司向业主请示启动上一级救援预案或政府部门的救援预案。

轻伤事故，应在24h内报告企业负责人、安全管理部门和基层工会组织。重伤事故，一般情况下，事故单位应在24h内报上级主管单位，由上级主管单位分别报市有关部门。对涉外有影响的，事故单位应在事故发生后4h内如实报上级主管单位。重伤3人或死亡1~2人的事故，事故单位应在事故发生后4h内如实报上级主管单位，由上级主管单位分别报市安全生产监督局及市有关部门。死亡3人以上重大、特别重大死亡事故应在事故发生后2h内报市人民政府，同时报上级主管单位、市安全生产监督局、市劳动行政部门、工会组织、公安部门。发生急性中毒、中暑事故，除报上级主管部门、市安全生产监督局、领导外，应同时报市卫生行政部门。发生爆炸物品爆炸事故和火灾事故，除报上级主管部门、市安全生产监督局、领导外,应同时报公安部门。

(7) 应急事故处理流程

应急事故处理流程见图8.3。

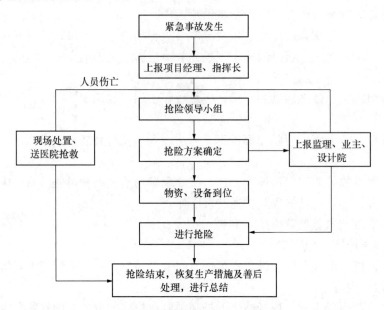

图8.3 应急事故发生处理流程

1) 紧急情况发生后,现场要做好警戒和疏散工作,保护现场,及时抢救伤员和财产,并由现场的项目部最高级别负责人指挥,在3min内电话通知值班室,主要说明紧急情况性质、地点、发生时间,有无伤亡,是否需要派救护车、消防车或警力支援到现场实施抢救,如需要可直接拨打120、119、110等求救电话,并派专人到路口接警。

2) 当班人员在接到紧急情况报告后必须在2min内将情况报告到紧急情况领导小组组长和副组长。小组组长组织讨论后在最短时间内发出如何进行现场处置的指令。分派人员车辆等到现场进行抢险、警戒、疏散和保护现场等。由小组组长在30min内打电话向上一级有关部门报告。

3) 遇到紧急情况,全体职工应特事特办、急事急办、主动积极地投身到紧急情况的处理中去。各种设备、车辆、器材、物资等应统一调遣,各类人员必须坚决无条件服从组长或副组长的命令和安排,不得拖延、推诿、阻碍紧急情况的处理。

(8) 现场可能出现的紧急情况应急措施

1) 自来水管泄漏的应急措施

立即通知业主、监理及管道产权方和自来水厂,立即停止现场施工,对管线泄漏部位、范围用彩条布、沙袋压盖,所有施工人员撤离,将管道附近的机械设备撤离,将建筑施工材料吊开,为下一步管线抢修创造有利条件。加强对管线、地面沉陷、车站基坑的监测,并将监测结果及时反馈给设计、监理、业主,当监测达到报警值时,成立抢修小组,与设计、监理、业主等单位共同研究制定抢修方案并立即组织抢修,尽快恢复生产。

2) 管线泄漏的应急措施

立即通知业主、监理和管道产权方,立即停止现场施工,对管线泄漏部位、范围用彩条布、沙袋压盖,所有施工人员撤离,将管道附近的机械设备撤离,将建筑施工材料吊开,为下一步管线抢修创造有利条件。若为煤气管,禁止一切明火,停止所有动火作业。若为电缆,禁止人员靠近。若为电信光缆,禁止车辆在其附近行驶。加强对管线、地面沉陷、车站基坑的监测,并将监测结果及时反馈给设计、监理、业主,当监测达到报警值时,成立抢修小组,与设计、监理、业主等单位共同研究制定抢修方案并立即组织抢修,尽快恢复生产。

3) 路面塌陷的应急措施

发生塌陷时,应迅速向事故现场负责人报告,防止事故扩大和保护事故现场。事故现场负责人接到报告后,一边组织现场人员救援,尽力控制事故蔓延,抢救人员;一边向当地公安交警部门报警,同时向公司应急救援指挥部报告。应急救援指挥部接到报告后,通知指挥部成员和各专业救援队迅速赶往事故现场。指挥部成员通知所在部门按专业对口迅速向上级主管公安、劳动、行政、工会、环保、卫生等部门报告事故情况。抢救队首先查明现场有无受伤人员,并以最快速度使受伤者脱离现场,严重者尽快送医院抢救。指挥部成员到达事故现场后,根据事故状态及危害程度作出相应的应急决定,并命令各应急救援队立即开展救援,如事故扩大时,应请求支援。通知交警部门,进行封路,过往车辆禁止通行,行人只能徒步在没有塌陷路段通行。

4) 房屋不均匀沉降的应急措施

立即停止施工,通知相关部门,以取得房屋业主方的配合,进行人员疏散;设置井点,进行回灌清水;对沉降区内根据地面情况采取相应的注浆加固措施,以控制沉降;加密地面监测的频率,及时反馈数据,以调整注浆参数;待地表沉降稳定并已处理完成后,方可继续施工。

8.8 本章小结

本章首先介绍了安全风险等级划分,然后从风险识别与管控、重大风险因素分析方面介绍了规划阶段安全风险管控,从现场风险调查、风险识别与管控方面介绍了可行性研究阶段安全风险管控,从工程勘察阶段风险管控、总体设计阶段风险管控、初步设计阶段风险管控、施工图设计阶段风险管控方面介绍了勘察设计阶段安全风险管控,从施工准备阶段风险识别与管控、施工阶段风险识别与管控、双重预防机制方面介绍了施工阶段安全风险管控。同时,从应急预案及演练、应急现场指挥机构与职责、突发事故处置方面介绍了应急管理。最后以盾构法隧道为例,详细介绍了安全风险管理、安全风险预防措施、应急预案、发生安全事故的紧急处置措施、应急事故处理流程以及现场可能出现的紧急情况的应急措施。

思 考 题

8.1 勘察设计阶段安全风险管控的措施有哪些?

8.2 施工阶段安全风险管控中的双重预防机制具体内容是什么?

8.3 应急管理主要包括哪些内容?

8.4 地铁隧道工程发生安全事故的紧急处置措施有哪些?

8.5 突发事故处置的主要内容有哪些?

第 9 章　日常运营与保护

本章要点及学习目标
（1）了解地铁隧道运营安全评价的内容；
（2）掌握明挖法、矿山法、盾构法和沉管法日常检查的相关项目、内容和密度；
（3）掌握日常检查中地铁隧道结构健康度评定的标准；
（4）了解地铁隧道结构保养与维修的主要内容。

课程思政学习
青年一代有理想、有本领、有担当，国家就有前途，民族就有希望。

9.1　地铁隧道运营安全评价

地铁隧道的运营安全直接关系到乘客和工作人员的生命安全，以及地铁系统的正常运行。地铁隧道运营安全评价体系包括基础安全评价和事故风险水平评价。其中基础安全评价内容包括：安全管理评价、运营组织与管理评价、车辆系统评价、供电系统评价、消防系统与管理评价、线路及轨道系统评价、机电设备评价、通信设备评价、信号设备评价、环境与设备监控系统评价、隧道结构评价、外界环境评价等。

安全管理评价包括安全管理机构与人员、安全生产责任制、安全管理目标、安全生产投入、事故应急救援体系、安全培训教育、安全信息交流、安全生产宣传、事故隐患管理、安全作业规程、安全检查制度等 11 个评价项目。运营组织与管理评价包括系统负荷、调度指挥、列车运行、客运组织 4 个评价项目。车辆系统评价包括车辆、维修体系 2 个项目。供电系统评价包括主变电站、牵引变电站、降压变电站、接触网（接触轨）、电力电缆、维修配件 6 个评价项目。消防系统与管理评价包括火灾自动报警系统（FAS）及联动控制、气体灭火系统、消防给水系统、应急照明及疏散指示、灭火器配置与管理、车站消防管理、消防值班人员与设备管理、建筑与附属设施防火等 8 个项目。线路及轨道系统评价包括线路及轨道系统、维修体系 2 个评价项目。机电设备评价包括自动扶梯、电梯与自动人行道、屏蔽门系统与防淹门系统、给水排水设备、通风和空调设备、风亭 6 个评价项目。通信设备评价包括通信系统、维修体系 2 个评价项目。信号设备评价包括信号系统、维修体系 2 个评价项目。环境与设备监控系统评价包括环境与设备监控系统（BAS/EMCS）、安全防护标识、维修体系 3 个评价项目。外界环境评价包括自然灾害、保护区 2 个评价项目。隧道结构评价，主要评价标准包括：建立隧道结构设计缺陷档案；建立维护和巡检制度，且切实落实；对隧道结构设计缺陷和劣化或破损有分析、监控、记录；针对隧道结构设计缺陷和劣化或破损制定对策措施。本章重点介绍隧道结构的评价与保护。

9.2 地铁隧道结构检查

9.2.1 初始检查

初始检查需要注意以下事项：

（1）初始检查宜采用隧道检测设备，同时应采用锤击方法进行检查。

（2）初始检查内容与竣工验收相同的宜采用竣工验收结果。

（3）初始检查应填写初始检查记录表，并应对隧道结构健康度进行评定，初始检查记录表应作为隧道运营期养护管理的原始资料。

（4）初始检查完成后，应形成初始检查报告，检查报告主要包括以下几点：初始检查记录表、隧道病害展示图和检查记录资料；统计分析病害类型、分布位置、严重程度，评定健康度；需要实施专项检查的建议；需要采取保养维修措施的建议。

以下主要讨论明挖法、矿山法、盾构法初始检查的相关项目、内容和密度。

明挖法隧道初始检查的项目、内容和密度应满足表 9.1 的要求。

明挖法隧道初始检查的项目、内容和密度　　　　　表 9.1

检查项目	检查内容	检查密度
主体结构	裂缝、压溃等破损的位置、范围、类型、长度、宽度	全检
	起毛、酥松、起鼓等材料劣化的位置、范围和程度	
	剥落剥离的位置、范围和深度	
	渗漏水的位置、范围、状态、水量、浑浊和冻结状况	
	钢筋锈蚀的位置、范围和程度	
	断面轮廓检查	不少于 1 个断面/100m
施工缝、变形缝	错台的位置、范围和程度	目测明显错台位置
	压溃的位置、范围和程度	全检
	渗漏水的位置、范围、状态、水量、浑浊和冻结状况	
道床	裂缝、脱空、下沉、隆起、渗漏水的位置、范围和程度	全检

矿山法隧道初始检查的项目、内容和密度应满足表 9.2 的要求。

矿山法隧道初始检查的项目、内容和密度　　　　　表 9.2

检查项目	检查内容	检查密度
洞口	边（仰）坡滑坡、危石的崩塌征兆和发展趋势	全检
	边坡、碎落台、护坡、护坡道、挡土墙、排水沟的破损的位置、范围和程度	
洞门	墙身裂缝的位置、范围、类型、长度、宽度	全检
	渗漏水的位置、范围、状态、水量、浑浊和冻结状况	
	结构倾斜、沉陷和断裂的范围、变位量、发展趋势	
	墙背填料流失的范围和程度	

续表

检查项目	检查内容	检查密度
衬砌	裂缝、压溃等破损的位置、范围、类型、长度、宽度	全检
	起毛、酥松、起鼓等材料劣化的位置、范围和程度	
	剥落剥离的位置、范围和深度	
	渗漏水的位置、范围、状态、水量、浑浊和冻结状况	
	钢筋锈蚀的位置、范围和程度	
	断面轮廓检查	不少于1个断面/100m
施工缝、变形缝	错台的位置、范围和程度	目测明显错台位置
	压溃的位置、范围和程度	全检
	渗漏水的位置、范围、状态、水量、浑浊和冻结状况	
道床	裂缝、脱空、下沉、隆起、渗漏水的位置、范围和程度	全检

盾构法隧道初始检查的项目、内容和密度应满足表9.3的要求。

盾构法隧道初始检查的项目、内容和密度   表9.3

检查项目	检查内容	检查密度
管片	裂缝、压溃等破损的位置、范围、类型、长度、宽度	全检
	起毛、酥松、起鼓等材料劣化的位置、范围和程度	
	剥落剥离的位置、范围和深度	
	渗漏水的位置、范围、状态、水量、浑浊和冻结状况	
	钢筋、螺栓和钢管片锈蚀的位置、范围和程度	
	断面轮廓检查	不少于1个断面/50m
管片接缝、变形缝	错台的位置、范围和程度	目测明显错台位置
	压溃的位置、范围和程度	全检
	渗漏水的位置、范围、状态、水量、浑浊和冻结状况	
	接缝止水条的脱落位置和范围	
螺栓孔、注浆孔	填塞物脱落的位置	
	渗漏水的位置、状态、水量、浑浊和冻结状况	
道床	裂缝、脱空、下沉、隆起、渗漏水的位置、范围和程度	

9.2.2 日常检查

日常检查需要注意以下事项：

（1）在雨季或冰冻季节，日常检查应增加检查频次。

（2）日常检查宜采用目测和常规检查工具进行。

（3）日常检查应填写日常检查记录表，并应对隧道结构健康度进行评定。

以下主要讨论明挖法、矿山法、盾构法日常检查的相关项目、内容和密度。

明挖法隧道日常检查的项目、内容和密度应满足表9.4的要求。

明挖法隧道日常检查的项目、内容和密度　　　　表 9.4

检查项目	检查内容	检查密度
主体结构	裂缝、压溃等破损	全检
	起毛、酥松、起鼓等材料劣化	
	剥落剥离	
	渗漏水	
	钢筋锈蚀	
施工缝、变形缝	错台	存在病害的施工缝、变形缝
	压溃	全检
	渗漏水	
道床	裂缝、脱空、下沉、隆起、渗漏水	

矿山法隧道日常检查的项目、内容和密度应符合表 9.5 的规定。

矿山法隧道日常检查的项目、内容和密度　　　　表 9.5

检查项目	检查内容	检查密度
洞门	边（仰）坡滑坡、危石	全检
	边沟、护坡、挡土墙、排水沟等构造物的破损	
	墙身裂缝	
	渗漏水	
	结构倾斜、沉陷和断裂	
	墙背填料流失	
衬砌	裂缝、压溃等破损	
	起毛、酥松、起鼓等材料劣化	
	剥落剥离	
	渗漏水	
	钢筋锈蚀	
施工缝、变形缝	错台	存在病害的施工缝、变形缝
	压溃	全检
	渗漏水	
道床	裂缝、脱空、下沉、隆起、渗漏水	

盾构法隧道日常检查的项目、内容和密度应满足表 9.6 的要求。

盾构法隧道日常检查的项目、内容和密度　　　　表 9.6

检查项目	检查内容	检查密度
管片	裂缝、压溃等破损	全检
	起毛、酥松、起鼓等材料劣化	
	剥落剥离	
	渗漏水	
	钢筋、螺栓和钢管片的锈蚀	

续表

检查项目	检查内容	检查密度
管片接缝、变形缝	错台	存在病害的接缝、变形缝
管片接缝、变形缝	压溃	全检
管片接缝、变形缝	渗漏水	全检
管片接缝、变形缝	接缝止水条脱落	全检
螺栓孔、注浆孔	填塞物脱落	全检
螺栓孔、注浆孔	渗漏水	全检
道床	裂缝、脱空、下沉、隆起、渗漏水	全检

9.2.3 定期检查

定期检查需要注意以下几点：

（1）常规定期检查宜在春季或秋季进行。

（2）常规定期检查的项目、内容、密度和方法应符合初始检查的规定，首次常规定期检查应在初始检查1年后开展。

（3）常规定期检查应填写常规定期检查记录表，并应对隧道结构健康度进行评定。

（4）常规定期检查完成后，应形成常规定期检查报告。

（5）特别定期检查的项目、内容和密度应满足表9.7的要求。

特别定期检查的项目、内容和密度 表9.7

类型	检查项目	检查内容	检查密度
明挖法	主体结构	裂缝、压溃等破损位置、范围、类型、长度、宽度、深度△和发展趋势△	全检
明挖法	主体结构	起毛、酥松、起鼓等材料劣化的位置、范围和程度	全检
明挖法	主体结构	剥落剥离的位置、范围和深度	全检
明挖法	主体结构	渗漏水的位置、湿渍面积、pH值*、水量、浑浊和冻结状况	全检
明挖法	主体结构	钢筋锈蚀位置、范围和程度	全检
明挖法	主体结构	结构厚度△	全检，3条测线
明挖法	主体结构	混凝土强度△	不少于3处/区间
明挖法	主体结构	混凝土碳化深度△	不少于3处/区间
明挖法	主体结构	钢筋保护层厚度△	全检，3条测线
明挖法	主体结构	断面轮廓检查	不少于1个断面/100m
明挖法	施工缝、变形缝	错台位置、范围和程度	存在病害的施工缝、变形缝
明挖法	施工缝、变形缝	压溃位置、范围和程度	全检
明挖法	施工缝、变形缝	渗漏水的位置、范围、pH值*、状态、水量、浑浊和冻结状况	全检
明挖法	道床	裂缝、脱空、下沉、隆起、渗漏水的位置、范围和程度	全检

续表

类型	检查项目	检查内容	检查密度
矿山法	洞口	边（仰）坡滑坡、危石崩塌征兆和发展趋势	全检
		边坡、碎落台、护坡、护坡道、挡土墙、排水沟的破损的位置、范围和程度	
	洞门	墙身裂缝的位置、范围、类型、长度、宽度	
		渗漏水的位置、范围、状态、水量、浑浊和冻结状况	
		结构倾斜、沉陷和断裂的范围、变位量、发展趋势	
		墙背填料流失范围和程度	
	衬砌	裂缝、压溃等破损位置、范围、类型、长度、宽度、深度△和发展趋势△	
		起毛、酥松、起鼓等材料劣化的位置、范围和程度	
		剥落剥离的位置、范围和深度	
		渗漏水的位置、湿渍面积、pH值*、水量、浑浊和冻结状况	
		钢筋锈蚀的位置、范围和程度	
		衬砌厚度和背后空洞△	全检，3条测线
		混凝土强度△	不少于3处/区间
		混凝土碳化深度△	不少于3处/区间
		钢筋保护层厚度△	全检，3条测线
		断面轮廓检查	不少于1个断面/100m
	施工缝、变形缝	错台位置、范围和程度	存在病害的施工缝、变形缝
		压溃位置、范围和程度	全检
		渗漏水的位置、范围、pH值*、状态、水量、浑浊和冻结状况	
	道床	裂缝、脱空、下沉、隆起、渗漏水的位置、范围和程度	
盾构法	管片	裂缝、压溃等管片破损位置、范围、类型、长度、宽度、深度△和发展趋势△	全检
		起毛、酥松、起鼓等材料劣化的位置、范围和程度	
		剥落剥离的位置、范围和深度	
		渗漏水的位置、湿渍面积、pH值*、水量、浑浊和冻结状况	
		钢筋、螺栓和钢管片锈蚀的位置、范围和程度	
		管片强度△	不少于3处/区间
		背后空洞△	全检，3条测线
		混凝土碳化深度△	不少于3处/区间
		断面轮廓检查	不少于1个断面/50m
	管片接缝、变形缝	错台的位置、范围和程度	存在病害的接缝、变形缝
		压溃的位置、范围和程度	全检
		渗漏水的位置、范围、pH值*、状态、水量、浑浊和冻结状况	
		接缝止水条脱落位置和范围	

165

续表

类型	检查项目	检查内容	检查密度
盾构法	螺栓孔、注浆孔	填塞物脱落的位置	全检
		渗漏水的位置、pH值*、状态、水量、浑浊和冻结状况	
	道床	裂缝、脱空、下沉、隆起、渗漏水位置、范围和程度	
		渗漏水的位置、范围、pH值*、状态、水量、浑浊和冻结状况	
	道床	裂缝、脱空、下沉、隆起、渗漏水的位置范围和程度	

注：带"*"的内容为选测内容；带"△"的内容为特别定期检查相对常规定期检查增加的内容。

特别定期检查应按初始检查、日常检查和常规定期检查结果进行抽检，抽检隧道区间数量不应少于隧道区间总数量的50%。特别定期检查完成后，应形成特别定期检查报告，检查报告应包括下列内容：

（1）隧道以往资料分析和周边环境状况描述；
（2）检查的组织实施过程、时间节点和工作内容；
（3）检查中采用的检查设备、方法、依据；
（4）特别定期检查记录表、隧道病害展示图和检查记录资料；
（5）统计分析病害类型、分布位置、严重程度，评定健康度；
（6）需要采取保养维修措施的建议。

9.2.4 特殊检查

特殊检查在不同检查情况下的项目、内容和密度应满足表9.8的要求。

特殊检查在不同检查情况下的项目、内容和密度 表9.8

检查情况分类	检查项目	检查内容	检查密度
火灾	资料调查	火灾温度	—
		火灾持续时间	
	洞内检查	裂缝、龟裂、爆裂、掉块的位置、范围和程度	火灾影响范围：全检
		混凝土碳化深度*和损伤厚度	火灾影响范围：不少于1处/5m
		断面轮廓变形的位置、范围和程度	火灾影响范围：不少于1个断面/5m
		衬砌背后空洞的位置、范围和程度	火灾影响范围：不少于5条测线
		螺栓脱帽松动	火灾影响范围：全检
		止水带破损程度	
		钢筋劣化的位置、范围和程度	
地震	资料调查	滑坡、垮塌等不良地质	—
		节理、断层等地层构造	
		烈度、震源、震级等地震信息	
	洞内、外检查	边（仰）坡滑塌破坏	全检
		裂缝、压溃、错台、掉块等破损的位置、范围和程度	

续表

检查情况分类	检查项目	检查内容	检查密度
地震	洞内、外检查	渗漏水的位置、湿渍面积、pH值*、水量、浑浊和冻结状况	全检
		断面轮廓变形的位置、范围和程度	存在病害的区段，不少于1个断面/10m
		衬砌背后空洞的位置、范围和程度	全检，不少于3条测线
		道床裂缝、脱空、下沉、隆起、渗漏水的位置、范围和程度	全检
		螺栓脱帽松动	
洪灾	资料调查	降水量	—
		受灾历史	
	洞内检查	裂缝的位置、范围、类型、长度和宽度	洪灾影响范围：全检
		渗漏水的位置、湿渍面积、pH值、水量、浑浊和冻结状况	
		断面轮廓变形的位置、范围和程度	洪灾影响范围：不少于1个断面/5m
脱轨	洞内检查	擦痕的位置、范围和程度	脱轨影响范围：全检
		掉块的位置、范围和程度	
		断面轮廓变形的位置、范围和程度	脱轨影响范围：不少于1个断面/5m
		螺栓脱帽松动	脱轨影响范围：全检
其他异常情况（恐怖袭击）	洞内检查	裂缝的位置、范围、类型、长度和宽度	异常情况影响范围：全检
		压溃的位置、范围和程度	
		剥落剥离的位置、范围和深度	
		渗漏水的位置、湿渍面积、pH值*、水量、浑浊和冻结状况	
控制保护区内施工期间	资料调查	历史病害资料	—
		运营期监测数据	
		控制保护区内施工及与隧道之间的相互关系	
	洞内检查	裂缝的位置、范围、类型、长度和宽度	施工影响区段：全检
		压溃的位置、范围和程度	
		剥落剥离的位置、范围和深度	
		渗漏水的位置、湿渍面积、pH值*、水量、浑浊和冻结状况	
		道床裂缝、脱空、下沉、隆起、渗漏水的位置、范围和程度	
		断面轮廓变形的位置、范围和程度	施工影响区段：不少于1个断面/5m

注：带"*"的内容为选测内容。

9.2.5 专项检查

专项检查应满足以下要求：

(1) 专项检查范围应包括病害所在区段及前后不少于 30m 范围内的隧道结构。

(2) 专项检查前应进行资料调查，资料调查应满足表 9.9 的要求。

(3) 专项检查的项目、内容、密度和方法应符合特别定期检查的规定，其中断面检查密度不应少于 1 个断面/10m。

(4) 专项检查应填写专项检查记录表，并应对隧道结构健康度进行评定。

(5) 专项检查完成后，应形成专项检查报告。

资料调查 表 9.9

分类	调查项目	依据资料
隧道信息	线路名、里程桩号	设计资料 竣工资料 监测资料 检查记录 灾害记录 养护记录
隧道信息	建设年份	
隧道信息	设计、施工、监理单位	
隧道信息	隧道长度	
隧道信息	纵坡、平纵曲率半径	
隧道结构	断面形状、尺寸	
隧道结构	结构厚度	
隧道结构	结构强度	
隧道结构	配筋（螺栓）	
隧道结构	结构形式	
隧道历史	使用历史	
隧道历史	灾害历史	
隧道历史	维修、加固历史	
隧道环境	气象条件	地质勘察资料* 巡查报告
隧道环境	水文、工程地质条件	
隧道环境	隧道周边作业活动	

注：带"*"的资料为可选资料。

9.3 地铁隧道结构健康度评定

9.3.1 初始检查健康度评定

明挖法隧道初始检查结构健康度评定标准应满足表 9.10 的要求。

明挖法隧道初始检查结构健康度评定标准 表 9.10

项目		评定标准				
		健康度 1 级	健康度 2 级	健康度 3 级	健康度 4 级	健康度 5 级
主体结构	破损	无	表层存在轻微开裂，以干缩、温缩裂缝为主或有少量轻微的环向裂缝	裂缝以环向裂缝为主，存在少量纵缝或斜裂缝	局部存在纵向裂缝或斜裂缝，因裂缝或压溃混凝土存在掉块的可能性	裂缝发育密集，出现多处纵向裂缝或斜裂缝，因裂缝或压溃已出现掉块

续表

项目		评定标准				
		健康度1级	健康度2级	健康度3级	健康度4级	健康度5级
主体结构	材料劣化	无	材料劣化引起少量轻微的起毛、酥松	材料劣化导致混凝土表层多处出现起毛、酥松	材料劣化导致混凝土酥松、起鼓,存在掉块的可能性	材料劣化导致混凝土起鼓,并出现掉块
	剥落剥离	无	表层出现少量轻微的剥离	表层出现剥离,敲击有空响,尚未出现剥落掉块	表层出现大面积剥离,混凝土存在剥落掉块的可能性	表层多处出现大面积剥离,并多处剥落,混凝土掉块侵入建筑限界
	渗漏水	无	轻微渗漏水,表现为湿渍	渗漏点较稀疏,渗漏水量较小,以湿渍和浸渗为主;洞内积水较少;顶板以外位置出现挂冰	渗漏水类型以滴漏为主局部存在线漏、涌流;洞内已出现积水;顶板出现少量挂冰	渗漏点密集,以线漏、涌流为主,伴有漏泥沙;洞内积水严重;顶板出现明显的挂冰
	钢筋锈蚀	无	混凝土表层出现轻微锈迹	构造筋存在局部锈蚀或因保护层过薄而出现外露	钢筋混凝土沿主筋出现严重的纵向裂缝,保护层起鼓,敲击有空响,主筋出现锈蚀	钢筋混凝土主筋严重锈蚀,混凝土表层已因锈蚀出现掉块并出现钢筋外露
施工缝、变形缝		无	个别接缝位置存在轻微的压溃、错台、湿渍,对结构无影响	压溃、错台分布稀疏,持续发展可能出现掉块;渗漏水水量较小、水质清澈,以浸渗、滴漏为主	多处接缝存在压溃、错台,局部出现混凝土掉块、明显错台;局部存在线漏、涌流或漏泥沙;顶板出现少量挂冰	接缝存在严重的压溃、错台,多处出现混凝土掉块,已影响建筑限界;渗漏水严重,以线漏、涌流为主,伴有漏泥沙;顶板出现明显的挂冰
道床		无	道床两侧边缘出现轻微的裂缝、变形和湿渍	道床局部存在破损、变形,道床和主体结构之间局部出现破损、脱空和浸渗	道床多处存在破损、变形,道床和主体结构之间多处出现脱空,存在涌流,影响轨道的稳定性	整体道床出现严重破损、变形,出现环向裂缝,道床和主体结构间产生严重脱空、涌流并伴有漏泥沙,已导致轨道无法满足正常运营要求
病害发展性		无	趋于稳定	较慢发展	较快发展	迅速发展

矿山法隧道初始检查洞口、洞门结构健康度评定标准应按表9.11执行。

矿山法隧道初始检查洞口、洞门结构健康度评定标准　　　　表 9.11

项目	评定标准				
	健康度1级	健康度2级	健康度3级	健康度4级	健康度5级
洞口	无	边（仰）坡、挡土墙、护坡等有轻微裂缝产生；边沟、排水沟存在轻微破坏	边（仰）坡裂缝发育，存在滑坡、崩塌的初步迹象；挡土墙、护坡等产生开裂、变形、土石零星掉落；边沟、排水沟存在一定裂损、阻塞	边（仰）坡严重开裂；挡土墙、护坡产生严重开裂、明显的永久变形，墙角或坡面有土石堆积；边沟、排水沟完全堵塞、破坏，排水功能失效	边（仰）坡有明显而严重的滑动、崩塌现象；挡土墙、护坡断裂、外倾失稳、部分倒塌
洞门	无	洞门结构表层开裂、起层；墙身存在湿渍	洞门下部结构开裂、起层，并存在剥落剥离；墙身存在浸渗、滴漏；墙背填料存在流失	墙身结构严重开裂、错台；边墙起层、剥落，混凝土块可能掉落，钢筋外露、锈蚀；墙背填料存在大量流失，墙身有明显倾斜、沉陷或错台趋势；壁面线漏或挂冰	洞门结构大范围开裂、砌体断裂、混凝土块已有掉落；墙身出现部分倾倒、倒塌；存在涌流或大面积挂冰等

盾构法隧道初始检查结构健康度评定标准应按表 9.12 执行。

盾构法隧道初始检查结构健康度评定标准　　　　表 9.12

项目		评定标准				
		健康度1级	健康度2级	健康度3级	健康度4级	健康度5级
管片	破损	无	表层存在轻微开裂，存在少量轻微的环向裂缝	裂缝以环向裂缝为主，存在少量纵向裂缝或斜裂缝	局部存在纵向裂缝或斜裂缝，因裂缝或压溃混凝土存在掉块的可能性	裂缝发育密集，出现多处纵向裂缝或斜裂缝，因裂缝或压溃已出现掉块
	材料劣化	无	材料劣化引起少量轻微的起毛、酥松	材料劣化导致混凝土表层多处出现起毛、酥松	材料劣化导致混凝土酥松、起鼓，存在掉块的可能性	材料劣化导致混凝土起鼓，并出现掉块
	剥落剥离	无	表层出现少量轻微的剥离	表层出现剥离，敲击有空响，尚未出现剥落掉块	表层出现大面积剥离，管片存在剥落掉块的可能性	表层多处出现大面积的剥离，并多处剥落，混凝土掉块侵入建筑限界
	渗漏水	无	轻微渗漏水，表现为湿渍	渗漏点较稀疏，渗漏水量较小，以湿渍和浸渗为主；洞内积水较少；封顶块以外位置出现挂冰	渗漏水类型以滴漏为主，局部存在线漏、涌流；洞内已出现积水；封顶块出现少量挂冰	渗漏点密集以线漏、涌流为主，伴有漏泥沙；洞内积水严重；封顶块出现明显的挂冰

续表

项目		评定标准				
		健康度1级	健康度2级	健康度3级	健康度4级	健康度5级
管片	锈蚀	无	混凝土表层出现轻微的锈迹；螺栓表层存在锈迹，钢管片表层出现轻微锈迹	构造筋存在局部锈蚀或因保护层过薄而出现外露；螺栓浅层锈蚀；钢管片表层多处出现锈蚀	钢筋混凝土沿主筋出现严重的纵向裂缝，保护层起鼓，敲击有空响，主筋出现锈蚀；螺栓因锈蚀部分截面减少；钢管片表层存在少量点蚀	钢筋混凝土主筋严重锈蚀，混凝土表层已因锈蚀出现掉块并出现钢筋外露；螺栓因锈蚀全周截面明显减少，螺栓帽锈蚀脱落；钢管片表层普遍存在点蚀
	管片接缝、变形缝	无	个别接缝位置或变形缝存在轻微的压溃、错台、湿渍，对结构无影响	压溃、错台分布稀疏，持续发展可能出现掉块现象；因接缝张开止水条松动出现渗漏水，水质清澈，以浸渗、滴漏为主	多处存在压溃、错台，局部已出现混凝土掉块、明显错台；局部接缝张开，止水条脱落出现线漏、涌流或漏泥沙；顶部出现少量挂冰	出现严重的压溃、错台，多处出现混凝土掉块，已影响建筑界限；渗漏水严重，以线漏、涌流为主，伴有漏泥沙；顶部出现明显挂冰
	螺栓孔、注浆孔	无	填塞物存在轻微的脱落、孔位附近存在湿渍	局部孔位填塞物存在脱落、浸渗、滴漏	多处孔位填塞物存在脱落、滴漏、线漏；出现少量挂冰	孔位填塞物均存在连续的脱落、涌流或伴有漏泥沙；封顶块或邻接块孔位出现明显的挂冰
病害发展性		无	趋于稳定	较慢发展	较快发展	迅速发展

9.3.2 日常检查健康度评定

日常检查健康度评定标准按表9.13执行。

日常检查健康度评定标准　　　　表9.13

项目		评定标准		
		健康度1级	健康度2级或3级	健康度4级或5级
洞口		无	岩土体存在开裂，构造物轻微破损	边（仰）坡存在塌落、落石，构造物结构破损严重，丧失使用功能
洞门		无	裂缝、湿渍、浸渗、滴漏、剥落剥离	倾斜、沉陷、错台，背后填料流失，墙身存在线漏、涌流、挂冰、掉块
隧道结构	破损	无	轻微开裂，裂缝以环向裂缝为主	纵向或斜向裂缝，结构因开裂、压溃出现剥落掉块
	材料劣化	无	起毛、酥松、起鼓	剥落掉块
	剥落剥离	无	轻微剥离，敲击有空响	剥落掉块
	渗漏水	无	湿渍、浸渗、滴漏	线漏、涌流、漏泥沙、挂冰
	锈蚀	无	表层锈迹、浅层锈蚀	钢筋（螺栓）因锈蚀有效截面减少，表层混凝土胀裂，螺栓帽锈蚀脱落；钢管片表层普遍存在点蚀

续表

项目	评定标准		
	健康度1级	健康度2级或3级	健康度4级或5级
施工缝（管片接缝）、变形缝	无	轻微错台、压溃、湿渍、浸渗、滴漏	严重错台、压溃，出现破损、剥落，变形导致止水带脱落、防水失效，出现线漏、涌流、漏泥沙、挂冰
螺栓孔、注浆孔	无	局部脱落、湿渍、浸渗、滴漏	孔位填塞物多处存在脱落并伴有线漏、涌流、漏泥沙、挂冰
管节接头	无	局部变形、破损、湿渍	剪力键存在严重的错台或破损；止水带严重变形或破损，并存在浸渗、滴漏、线漏、涌流
道床	无	破损、脱空、湿渍、浸渗	严重脱空、破损、涌流、漏泥沙，并导致轨道出现异常变形和损坏
病害发展性	无	缓慢发展	较快或迅速发展

当日常检查评定结果为健康度2级或3级时，应在后续日常检查中重点检查；评定结果为健康度4级或5级时，应进行专项检查。

9.3.3 定期检查健康度评定

（1）常规定期检查隧道结构健康度评定应满足初始检查健康度评定的标准。

（2）明挖法和矿山法隧道特别定期检查结构健康度评定标准应满足表9.14～表9.24的要求。

基于裂缝的健康度评定标准　　　　表9.14

	裂缝宽度 b（mm）		裂缝长度 L（m）		健康度
	$b>3$	$b\leqslant3$	$L>5$	$L\leqslant5$	
当裂缝发展时	√				4级或5级
	√			√	3级或4级
		√	√		3级
		√		√	3级
	√				4级或5级
	√			√	3级或4级
		√	√		3级
		√		√	3级
	裂缝宽度 b（mm）			裂缝长度 L（m）			
	$b>5$	$5\geqslant b>3$	$b\leqslant3$	$L>10$	$10\geqslant L>5$	$L\leqslant5$	
当无法确定裂缝是否发展时	√			√			4级或5级
	√				√		3级或4级
	√					√	3级或4级
		√		√			4级
		√			√		3级或4级
		√				√	3级
			√	√	√	√	2级或3级

基于压溃、剥落剥离的健康度评定标准　　　　表 9.15

项目	评定标准				
	健康度 1 级	健康度 2 级	健康度 3 级	健康级 4 级	健康级 5 级
压溃、剥落剥离	无	压溃范围很小,剥落剥离区域直径小于 50mm	压溃范围小于 1m²,剥落块体厚度小于 3cm,剥落剥离区域直径 50~75mm	压溃范围为 1~3m²,剥落剥离区域直径 75~150mm,或有可能掉块	压溃范围大于 3m 或衬砌掉块最大厚度大于衬砌厚度的 1/4,剥落剥离区域直径大于 150mm,危及行车安全

基于材料劣化的健康度评定标准　　　　表 9.16

部位	起层和剥落的可能性		劣化程度（有效厚度/设计厚度）			健康度
	有	无	<1/2	1/2~2/3	>2/3	
拱部	√					5 级
		√				2 级
			√			4 级
				√		3 级
					√	2 级
侧墙	√					4 级
		√				2 级
			√			4 级
				√		3 级
					√	2 级

基于渗漏水的健康度评定标准　　　　表 9.17

项目	评定标准				
	健康度 1 级	健康度 2 级	健康度 3 级	健康度 4 级	健康度 5 级
渗漏水	无	渗漏水使得道床状态恶化,钢轨腐蚀,养护周期缩短,继续发展将会升至 3 级	隧道湿渍、渗水及排水不良引起洞内局部道床积水	隧底涌流、拱部滴漏,严寒地区边墙涌流、漏泥沙,道床下沉,不能保持轨道几何尺寸,影响正常运行	水（沙）突然涌入隧道,淹没钢轨,危及行车安全；拱部线漏、涌流或直接传至接触网
冻害	无	冻融使线路的养护周期缩短	① 冻害致使洞内排水设施破坏；② 冻融使道床漏泥、轨道几何状态恶化；③ 冻害造成衬砌变形、开裂,但未形成纵横交错裂缝	冰楔和围岩冻胀的反复作用使衬砌变形、开裂并构成纵横交错的裂缝	① 冰溜、冰柱、冰锥等不断发展,侵入限界,危及行车安全；② 接触网及电力、通信上挂冰,危及行车安全和洞内作业人员安全；③ 道床结冰（丘状冰锥）,覆盖轨面,严重影响行车安全

173

基于钢筋锈蚀的健康度评定标准 表 9.18

项目	评定标准				
	健康度1级	健康度2级	健康度3级	健康度4级	健康度5级
钢筋截面损失率 r	$0 \leqslant r < 3\%$	$3 \leqslant r < 10\%$	$10\% \leqslant r < 25\%$	$25\% \leqslant r < 40\%$	$r \geqslant 40\%$
钢筋锈蚀	无锈蚀	钢筋表层存在轻微锈蚀	钢筋部分表层存在浅层锈蚀	钢筋部分断面因锈蚀导致截面减少或者大部分钢筋表层存在浅层锈蚀	钢筋全断面存在锈蚀，断面截面明显减少

基于背后空洞的健康度评定标准 表 9.19

项目	评定标准				
	健康度1级	健康度2级	健康度3级	健康度4级	健康度5级
背后空洞 [k：连续长度（m）；s：面积（m²）]	无	$k \leqslant 3$ 或 $s \leqslant 1$	$3 < k \leqslant 5$ 或 $1 < s \leqslant 3$	$5 < k \leqslant 10$ 或 $3 < s \leqslant 5$	$k > 10$ 或 $s > 5$

基于厚度不足的健康度评定标准 表 9.20

项目	评定标准				
	健康度1级	健康度2级	健康度3级	健康度4级	健康度5级
厚度不足 [h_i：有效厚度；h：设计厚度；L：缺陷长度（m）]	衬砌厚度 $0.90 \leqslant h_i/h < 1.00$	① 衬砌厚度 $0.75 \leqslant h_i/h < 0.90$，且长度5；② 衬砌有剥蚀	① 衬砌厚度 $0.60 \leqslant h_i/h < 0.75$，且长度 $L < 5$；② 衬砌厚度 $0.75 \leqslant h_i/h < 0.90$，且长度 $L \geqslant 5$	① 衬砌厚度 $h_i/h < 0.60$，且长度 $L < 5$；② 衬砌厚度 $0.60 \leqslant h_i/h < 0.75$，且长度 $L \geqslant 5$	衬砌厚度 $h_i/h < 0.60$，且长度 $L \geqslant 5$

基于强度不足的健康度评定标准 表 9.21

项目	评定标准				
	健康度1级	健康度2级	健康度3级	健康度4级	健康度5级
强度不足 [q_i：实际强度；q 设计强度；L：缺陷长度，(m)]	衬砌混凝土强度 $0.85 q_i/q \leqslant 1$	衬砌混凝土强度 $0.75 \leqslant q_i/q < 0.85$，且长度 $L < 5$	① 衬砌混凝土强度 $0.65 \leqslant q_i/q < 0.75$，且长度 $L < 5$；② 衬砌混凝土强度 $0.75 \leqslant q_i/q < 0.85$，且长度 $L \geqslant 5$	① 衬砌混凝土强度 $q_i/q < 0.65$，且长度 $L < 5$；② 衬砌混凝土强度 $0.65 \leqslant q_i/q < 0.75$，且长度 $L \geqslant 5$	衬砌混凝土强度 $q_i/q < 0.65$，且长度 $L \geqslant 5$

基于结构变形的健康度评定标准 表 9.22

项目	评定标准				
	健康度1级	健康度2级	健康度3级	健康度4级	健康度5级
水平位移、竖向位移的变形速率 v（mm/年）	无	有变形但速率 $v<3$	变形或移动速率 $10 \geqslant v \geqslant 3$，且有新的变形出现	变形或移动速率 $v>10$	围岩滑动使衬砌移动、变形、下沉发展迅速危及行车安全

基于施工缝、变形缝错台的健康度评定标准 表 9.23

项目	评定标准				
	健康度1级	健康度2级	健康度3级	健康度4级	健康度5级
明挖法隧道施工缝、变形缝错台量 c（mm）	$c \leqslant 10$，施工缝、变形缝位置无渗漏水	$10<c \leqslant 20$，施工缝、变形缝位置出现湿渍	$20<c \leqslant 30$，施工缝、变形缝位置出现浸渗、滴漏	$30<c \leqslant 40$，施工缝、变形缝位置出现线漏	$c>40$，施工缝、变形缝位置涌流或伴有漏泥沙
矿山法隧道施工缝、变形缝错台量 c（mm）	$c \leqslant 20$，施工缝、变形缝位置无渗漏水	$10<c \leqslant 30$ 施工缝、变形缝位置出现湿渍	$30<c \leqslant 40$，施工缝、变形缝位置出现浸渗、滴漏	$40<c \leqslant 50$，施工缝、变形缝位置出现线漏	$c>50$，施工缝、变形缝位置涌流或伴有漏泥沙

基于道床病害的健康度评定标准 表 9.24

项目	评定标准				
	健康度1级	健康度2级	健康度3级	健康度4级	健康度5级
道床病害	无	道床两侧边缘出现轻微的破损、变形、湿渍、浸渗	道床存在破损、下沉、隆起，道床和主体结构之间出现脱空	道床多处存在破损、变形，道床和主体结构之间多处出现脱空，脱空量已超过3mm，局部涌流、漏泥沙，影响轨道的稳定性	道床出现严重破损、变形，出现环向裂缝，道床出现脱空，脱空量已超过5mm或涌流、漏泥沙已导致轨道无法满足正常运营要求

盾构法隧道结构特别定期检查基于管片裂缝、材料劣化、锈蚀、变形和接缝错台的健康度评定标准应满足表 9.25～表 9.29 的要求。

基于管片裂缝的健康度评定标准 表 9.25

项目	评定标准				
	健康度1级	健康度2级	健康度3级	健康度4级	健康度5级
裂缝宽度 b（mm）	$0 \leqslant b<0.2$	$0.2 \leqslant b<0.5$	$0.5 \leqslant b<1.0$	$1.0 \leqslant b<2.0$	$b \geqslant 2.0$

基于管片材料劣化的健康度评定标准　　　　表 9.26

项目	评定标准				
	健康度1级	健康度2级	健康度3级	健康度4级	健康度5级
材料劣化	无	混凝土有轻微的起毛、酥松	混凝土表层多处出现起毛、酥松	材料劣化，稍有外力或振动，即会崩塌或剥落，对行车安全产生重大影响	材料劣化严重，经常发生剥落，危及行车安全

基于钢筋、螺栓、钢管片锈蚀的健康度评定标准　　　　表 9.27

项目	评定标准				
	健康度1级	健康度2级	健康度3级	健康度4级	健康度5级
钢筋、螺栓截面损失率 r	$0 \leqslant r < 3\%$	$3\% \leqslant r < 10\%$	$10\% \leqslant r < 25\%$	$25\% \leqslant r < 40\%$	$r \geqslant 40\%$
钢筋、螺栓、钢管片锈蚀	无锈蚀	表层存在轻微锈蚀	部分表层存在浅层锈蚀	部分断面因锈蚀导致截面减少或者大部分钢筋表层存在浅层锈蚀	全断面存在锈蚀，断面截面明显减少

基于管片变形的健康度评定标准　　　　表 9.28

项目	评定标准				
	健康度1级	健康度2级	健康度3级	健康度4级	健康度5级
通缝管片收敛 ［直径变化量 c，(‰D)］	$0 \leqslant c < 5$	$5 \leqslant c < 8$	$8 \leqslant c < 12$	$12 \leqslant c < 16$	$c \geqslant 16$
错缝管片收敛 ［直径变化量 c，(‰D)］	$0 \leqslant c < 4$	$4 \leqslant c < 6$	$6 \leqslant c < 9$	$9 \leqslant c < 12$	$c \geqslant 12$

注：D 为盾构隧道直径。

基于管片接缝错台的健康度评定标准　　　　表 9.29

项目	评定标准				
	健康度1级	健康度2级	健康度3级	健康度4级	健康度5级
接缝错台量 f (mm)	$0 \leqslant f < 4$	$4 \leqslant f < 8$	$8 \leqslant f < 10$	$10 \leqslant f < 12$	$f \geqslant 12$

9.4 地铁隧道结构监测

隧道运营期间应进行常规监测。当隧道结构健康度为3级、4级或5级且存在影响隧道结构安全和运营安全的病害时，应对病害分布范围进行特殊监测。当在控制保护区内施工时，应对受施工影响的隧道结构进行特殊监测。运营期间监测应与施工阶段监测衔接，位移和收敛监测采用施工阶段已布设的控制点。特殊监测采用自动化监测。监测期间应建立信息反馈渠道。

（1）常规监测

变截面、不同施工工法结合处、泵房、大断面、曲线段和联络通道位置前后20m范围内应加密监测断面，土质隧道宜按5～10m间距布设，岩质隧道宜按10～20m间距布设。常规监测需要满足表9.30的要求。

常规监测　　　　　　　　　　　　　　　　　表9.30

序号	检测项目	监测点布设	监测断面间距	
			土质隧道	岩质隧道
1	竖向位移	至少布设一个测点	10～20m	50～100m
2	水平位移*	两侧边墙至少各布设一个测点		
3	净空收敛	竖向和水平向至少各布设一条测线		
4	道床竖向位移*	道床两侧至少各布设一个测点		

注：带"*"的内容为选测项目。

（2）特殊监测

特殊监测项目测点布设位置宜和常规监测同一项目测点位置相同。特殊监测断面布设范围应覆盖隧道病害段，并应向两侧各延伸50m。当特殊监测数据已稳定半年后，且控制保护区内无施工影响时，可结束监测工作。特殊监测应符合表9.31的规定。

特殊监测　　　　　　　　　　　　　　　　　表9.31

序号	监测项目		监测点布设	监测断面间距	
				土质隧道	岩质隧道
1	隧道结构	竖向位移	两侧边墙至少各布设1个测点	5～10m	10～20m
2		水平位移	两侧边墙至少各布设1个测点		
3		净空收敛	竖向和水平向至少各布设1条测线		
4		道床竖向位移	道床两侧至少各布设1个测点		
5		结构裂缝、变形缝张开量*	典型裂缝位置、结构变形缝两侧	按实际情况布设	
6		盾构隧道管片接缝张开量和错台量*	管片两侧接缝位置		
7		沉管隧道剪力键三向位移*	管节接头剪力键位置	按剪力键实际位置布设	
8	周边环境	地表沉降*	垂直于隧道结构外边线两侧各50m范围内布设	5～10m	
9		地下水位*	各地下水层分层布设	15～25m	
10		岩土体分层竖向位移*	各岩土层的中部布设	与变形监测断面一致	
11		岩土体深层水平位移*	各岩土层的中部布设	与变形监测断面一致	
12		沉管隧道覆土厚度*	沿着隧道轴线方向布设	10m	

注：带"*"的内容为选测项目。

（3）监测频率

监测频率需要满足表9.32的要求。当遇到特殊条件时，需要提高监测和日常检查的频率，主要包括：监测数据变化速率持续增大；地表、建（构）筑物等周边环境因不均匀沉降产生破损；控制保护区内存在邻近施工、超载、卸载和振动作业；暴雨、长时间连续降雨或隧道内因漏水导致洞内积水；在过江（河）隧道段上部存在挖沙、疏浚河道。

监测频率   表 9.32

监测类型		隧道结构监测频率	周边环境监测频率
常规监测		(1~2) 次/年	—
特殊监测	健康度 3 级	1 次/周	—
	健康度 4 级	(2~3) 次/周	1 次/周
	健康度 5 级	1 次/d	(2~3) 次/周
	控制保护区施工期间	(2~3) 次/周	—

9.5 地铁隧道结构保养与维修

9.5.1 日常保养

隧道结构和道床应每年进行一次清洁保养，应清除附着在隧道内壁和设备设施上的粉尘和杂物。当隧道结构出现轻微渗漏时，宜封堵，并应符合现行国家相关规定；当混凝土出现局部的酥松、起鼓、剥离、掉块、露筋时应进行修补；当变形缝、螺栓孔和注浆孔填塞物出现脱落时，应根据原设计方案修复。

9.5.2 明挖法隧道维修

明挖法隧道结构病害维修措施应满足表 9.33、表 9.34 的要求。

明挖法隧道结构病害维修措施（不含渗漏水治理）   表 9.33

维修措施	病害类型						
	地基沉降	结构破损	材料劣化	钢筋锈蚀	变形缝破损	道床破损	道床脱空
地表卸载	—	☆	—	—	☆	—	—
砂浆涂抹	—	★	★	☆	★	★	—
防腐处理	—	—	—	★	—	—	—
粘贴芳纶布	—	★	☆	—	—	—	—
粘贴钢板加固	—	☆	☆	☆	—	—	—
注浆	★	★	—	—	—	☆	★
增大截面	—	☆	★	☆	—	—	—

注：★治理效果较好；☆治理效果一般或在一定条件下适用。

明挖法隧道结构渗漏水维修措施   表 9.34

维修措施	裂缝或施工缝渗漏			变形缝渗漏
	点渗漏	线渗漏	面渗漏	
直接堵塞	★	—	—	—
挂网喷射	☆	—	★	—
注浆堵漏	★	★	★	★
埋管引排	☆	★	☆	★
内装止水带	—	—	—	★
嵌填密封	—	—	☆	☆

注：★治理效果较好；☆治理效果一般或在一定条件下适用。

9.5.3 矿山法隧道维修

外力引起的病害维修措施应满足表 9.35 的要求。

外力引起的病害维修措施 表 9.35

维修措施	外力来源								
	围岩压力	滑坡	水压力	冻胀力	地基沉降	膨胀力	地表超载	地表卸载	振动荷载
边坡加固	—	★	—	—	—	—	—	—	—
背后注浆	★	★	★	☆	★	★	—	★	★
挂网喷射	☆	☆	☆	—	—	☆	—	—	—
锚杆加固	☆	☆	—	—	—	☆	—	—	—
粘贴钢板加固	★	—	—	☆	☆	—	☆	—	—
套拱加固	★	—	—	—	—	—	☆	—	—
灌浆锚固	★	★	—	—	—	★	—	—	—
埋管引排	—	—	☆	☆	—	☆	—	—	—
增设隔热保温层	—	—	—	★	—	—	—	—	—
卸载	—	—	—	—	—	—	★	—	—

注：★治理效果较好；☆治理效果一般或在一定条件下适用。

材料劣化维修措施应满足表 9.36 的要求。

材料劣化维修措施 表 9.36

维修措施	劣化类型			
	起毛、酥松、起鼓	碳化	钢筋锈蚀	剥落剥离
表面清除	★	★	★	☆
砂浆涂抹	☆	☆	☆	☆
防腐处理	—	—	★	—
挂网喷射	—	—	—	★
局部改建	—	☆	—	☆

注：★治理效果较好；☆治理效果一般或在一定条件下适用。

隧道冻害宜采用隔热法或加热法治理。冻害治理前应治理漏水点、疏通排水通道。当隧道结构厚度不足时，宜采用喷射混凝土、锚杆加固或施加套拱的处理方法；当隧道结构存在背后空洞时，宜采用衬砌背后注浆处理方法。渗漏水维修措施（无冰冻时）应满足表 9.37 的要求。

渗漏水维修措施（无冰冻时） 表 9.37

维修措施	渗漏水类型		
	衬砌渗漏	道床渗漏	施工缝、变形缝渗漏
导水、排水	★	☆	★
防水抹面	★	☆	☆
背后注浆	★	★	★
嵌缝	☆	—	☆
局部改建	☆	☆	☆

注：★治理效果较好；☆治理效果一般或在一定条件下适用。

9.5.4 盾构法隧道维修

盾构法隧道病害（不含渗漏水）维修措施应满足表9.38的要求。

盾构法隧道病害（不含渗漏水）维修措施　　　　表9.38

维修措施	病害类型						
	地基沉降	管片收敛变形	管片结构破损	管片材料劣化	钢筋锈蚀	道床破损	道床脱空
地表卸载	☆	☆	☆	—	—	☆	☆
砂浆涂抹	—	—	★	★	☆	★	—
防腐处理	—	—	—	—	★	—	—
粘贴芳纶布	—	☆	★	☆	—	—	—
粘贴钢板加固	—	★	☆	☆	—	—	—
壁后注浆	★	☆	—	—	—	—	☆
洞外双液微扰动注浆	☆	★	—	—	—	—	★

注：★治理效果较好；☆治理效果一般或在一定条件下适用。

盾构法隧道渗漏水维修措施应满足表9.39的要求。

盾构法隧道渗漏水维修措施　　　　表9.39

维修措施	渗漏部位				
	管片环、纵接缝及螺孔	隧道进出洞段	隧道与联络通道相交部位	道床以下管片接缝	预留孔、洞漏水及冰冻管渗漏水
注浆止水	★	★	★	★	—
壁后注浆	★	★	★	★	★
嵌填密封	☆	—	☆	—	—

注：★治理效果较好；☆治理效果一般或在一定条件下适用。

思 考 题

1. 盾构法隧道、矿山法隧道病害的维修措施有哪些？
2. 地铁隧道结构特殊监测的项目有哪些？监测点如何布设？监测断面间距是多少？
3. 简述各类地铁隧道结构定期检查健康度评定的标准。
4. 简述地铁隧道结构特殊检查在不同检查情况下的项目、内容和密度。

参 考 文 献

[1] 蒋雅君. 隧道工程[M]. 北京：机械工业出版社，2021.
[2] 王海彦，骆宪龙，付迎春. 隧道工程[M]. 成都：西南交通大学出版社，2016.
[3] 覃仁辉，王成. 隧道工程[M]. 4 版. 重庆：重庆大学出版社，2015.
[4] 彭立敏，王薇，张运良. 隧道工程[M]. 武汉：武汉大学出版社，2014.
[5] 陈秋南，安永林，李松. 隧道工程[M]. 2 版. 北京：机械工业出版社，2017.
[6] 李新乐. 地铁与隧道工程[M]. 北京：清华大学出版社，2018.
[7] 中华人民共和国住房和城乡建设部. 城市轨道交通岩土工程勘察规范：GB 50307—2012[S]. 北京：中国计划出版社，2012.
[8] 中华人民共和国住房和城乡建设部. 地铁设计规范：GB 50157—2013[S]. 北京：中国建筑工业出版社，2013.
[9] 中华人民共和国住房和城乡建设部. 地下铁道工程施工标准：GB/T 51310—2018[S]. 北京：中国建筑工业出版社，2018.
[10] 中华人民共和国住房和城乡建设部. 岩土锚杆与喷射混凝土支护工程技术规范：GB 50086—2015[S]. 北京：中国计划出版社，2015.
[11] 中华人民共和国住房和城乡建设部. 盾构法隧道施工及验收规范：GB 50446—2017[S]. 北京：中国建筑工业出版社，2017.
[12] 中华人民共和国住房和城乡建设部. 城市轨道交通工程监测技术规范：GB 50911—2013[S]. 北京：中国建筑工业出版社，2013.
[13] 中华人民共和国住房和城乡建设部. 城市轨道交通隧道结构养护技术标准：CJJ/T 289—2018[S]. 北京：中国建筑工业出版社，2018.